rororo sport
Herausgegeben von Bernd Gottwald

Originalausgabe
Redaktion Thorsten Krause

Veröffentlicht im Rowohlt
Taschenbuch Verlag GmbH,
Reinbek bei Hamburg,
Mai 2000
Copyright © 2000 by
Rowohlt Taschenbuch Verlag GmbH,
Reinbek bei Hamburg
Umschlaggestaltung
Büro Hamburg, Susanne Reizlein
(Foto: © Dieter Elsner)
Layout Werner Spiegel
Fotos: Jochen Haase und Dieter Elsner
Satz Minion und Syntax PostScript,
QuarkXPress 4.04
Printed in Germany
Gesamtherstellung Clausen & Bosse, Leck
ISBN 3 499 61002 7

Dieter Elsner / Jochen Haase

Bergsport-Handbuch

Rowohlt Taschenbuch Verlag

BERGSPORT

Zur Jahrtausendwende hat sich unsere Gesellschaft zur Freizeitgesellschaft entwickelt. Immer mehr Menschen haben immer mehr Freizeit. Viele nutzen sie, um Sport zu treiben. Jung und alt pilgern nach der Arbeit in Fitneßstudios, in Turnhallen oder in die Natur. Wir wollen uns dort erholen, körperliche Leistung erfahren, etwas Besonderes erleben, kurz: Sport treiben – zum Beispiel Bergsport. In diesem Sinne kann das Gebirge als eigenständige Sportwelt betrachtet werden, die von Jahr zu Jahr bunter wird. Der Bergsport hat sein Gesicht in den letzten Jahren gewaltig verändert – und der Klettersport als Teil davon ebenso. Die Veränderungen im Klettersport gipfeln darin, daß nicht mehr ausschließlich im Gebirge und am natürlichen Fels geklettert wird, sondern künstliche Kletteranlagen immer mehr im Mittelpunkt des Interesses stehen.

Konnte man sich 1987 noch zum Ziel setzen, mit einem „Handbuch Bergsport" sämtliche sportlichen Betätigungen am Berg zu erfassen, so wird inzwischen auf den ersten Blick klar, daß dieses Unterfangen heute hoffnungslos ist. Wir kommen als Autoren einer Neuauflage also nicht umhin, eine Auswahl zu treffen. Dieser Auswahl soll mit dem Titel „Bergsport-Handbuch" Rechnung getragen werden. Wir haben uns entschlossen, den veränderten Anforderungen durch die Einschränkung auf die „klassischen" Bewegungsformen im Gebirge gerecht zu werden: Gehen, Steigen und Klettern. Sowohl bei der konkreten Auswahl der behandelten Spielformen des Bergsteigens als auch im Aufbau des Buches versuchen wir, die gegenwärtigen Hauptströmungen im Bergsport zu berücksichtigen.

• Bergsport und insbesondere der Klettersport ist zum Trendsport geworden und hat alle gesellschaftlichen Schichten und Altersgruppen erfaßt.

• Die Schienen Gehen, Steigen und Klettern laufen parallel nebeneinander und haben kaum mehr Berührungspunkte. Bergsteiger und Kletterer leben heute mehr als noch vor zehn Jahren in völlig verschiedenen Sportwelten.

• Im klassischen, gemäßigten Bergsteigen sind neben dem Bergwandern vor allem Hochtouren und Klettersteige im Trend.

• Der Einstieg in den Klettersport erfolgt oft an künstlichen Kletteranlagen und nur noch selten im alpinen Gelände.

• Fun ist in, risk ist out! Freude und sportliche Leistung sind die Hauptmotive der jungen Klettergeneration. Das große Abenteuer tritt dafür in den Hintergrund. Dieser Trend spiegelt sich auch bei alpinen Touren wider: Bestens abgesicherte Routen sind gefragt, lebensgefährliche Selbsterfahrungstrips werden kaum mehr geklettert.

• Die klassische Karriere eines Kletterers – vom Bergwandern über das leichte alpine Klettern zu immer höheren Schwierigkeiten – ist zur Ausnahme geworden. Statt dessen werden durch planmäßiges Training im Sportklettern am Fels und in der Halle sehr schnell hohe Schwierigkeitsgrade möglich. Der weitere Werdegang eines Kletterers ist nicht mehr in erster Linie durch die Steigerung der Kletterschwierigkeit, sondern durch das Kletterumfeld geprägt, das ihn vor immer komplexere Anforderungen stellt. Vom Hallenklettern über das Sportklettern im Klettergarten zum alpinen Sportklettern – so sieht der Prototyp einer Kletterkarriere im Jahr 2000 aus. Viele am Klettern Interessierte bleiben in dieser Abfolge schon auf einer der beiden ersten Stufen hängen.

Das bietet dieses Buch

Dieses Handbuch ist zweierlei: Dokumentation und Lehrbuch. Als Dokumentation stellt es dar, welche Hauptrichtungen der Berg- und Klettersport zur Jahrtausendwende eingeschlagen hat. Die Bezeichnung Lehrbuch kann bei einem Buch, das sich zur Aufgabe macht, auf rund 250 Seiten viele Disziplinen des Berg- und Klettersports zu behandeln, nicht heißen, daß in allen Inhaltspunkten ins Detail gegangen wird. Gerade methodische Gesichtspunkte müssen manchmal auf der Strecke bleiben. Jedoch ist es unserer Meinung nach für den Lernprozeß ebenso wichtig, eine einzelne Bergsportdisziplin im Gesamtkontext zu sehen. Nur so sind Gemeinsamkeiten und Unterschiede in den Kategorien Bewegungstechnik, Sicherungstechnik oder Taktik zu erkennen. Solche Zusammenhänge gehen in einer Flut von Details häufig unter. Wir haben uns bemüht,

uns auf das Wesentliche zu konzentrieren und dies korrekt und klar verständlich darzustellen. Wer darüber hinaus methodische Anregungen sucht, der findet im Anhang ein umfangreiches Verzeichnis weiterführender Literatur. Dort finden sich auch weitere nützliche Hinweise zu theoretischen Bereichen wie der Orientierung oder der Wetterkunde. Zu den reinen Winterdisziplinen „Skitouren" und „Skihochtouren" wird in Kürze in der Reihe rororo sport ein eigenes Buch erscheinen.

Als Adressaten für dieses Buch sehen wir vor allem zwei Gruppen an:

• Einsteiger in den Berg- und Klettersport und

• Fortgeschrittene oder Könner einer Disziplin, die sich für eine andere Spielform interessieren.

Zudem sind wir uns sicher, daß auch Experten bei der Lektüre des Buchs den einen oder anderen neuen Aspekt bezüglich Inhalt und Darstellung entdecken werden.

Zum Gebrauch des Buches

Die Einleitung, der Anhang und das Kapitel „Bergsport als Risikosportart" enthalten Informationen und Basiswissen für alle behandelten Disziplinen. Die einzelnen Disziplinen sind in den Kapiteln Gehen, Steigen und Klettern separat behandelt. Sie bauen inhaltlich aufeinander auf. Die Beschreibung jeder Disziplin gliedert sich in die Rubriken Ausrüstung, bewegungstechnische Fertigkeiten, sicherungstechnische Fertigkeiten, Taktik und kognitive Fähigkeiten sowie ggf. Tourenplanung und spezielle Bergrettungsmaßnahmen. Die Abbildung zeigt, inwiefern die Inhalte einzelner Kapitel als Voraussetzung für andere Abschnitte notwendig sind und stellt zugleich einen Wegweiser durch das Handbuch dar.

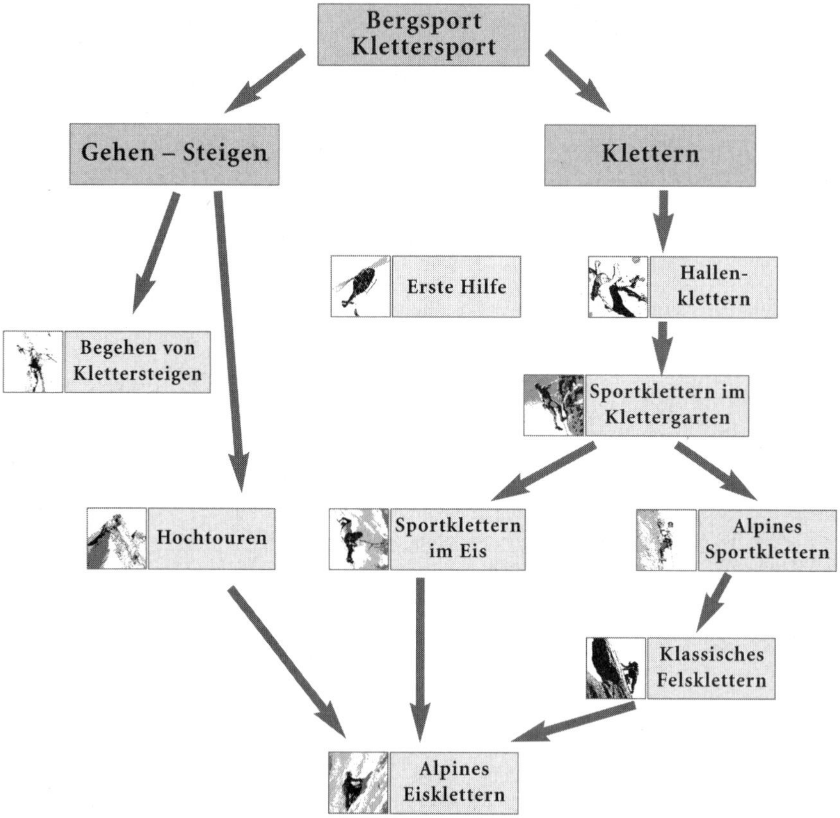

Bergsport
Klettersport

Gehen – Steigen

Klettern

Erste Hilfe

Hallen-klettern

Begehen von Klettersteigen

Sportklettern im Klettergarten

Hochtouren

Sportklettern im Eis

Alpines Sportklettern

Klassisches Felsklettern

Alpines Eisklettern

Bewegungs-raum / Bewegungs-form	Gehen Steigen Laufen	Fahren Gleiten	Klettern	Schwimmen	Fliegen
Künstliche Anlagen Wege Steige	Bergwandern Trekking Begehen von Kletter-Steigen Berglauf	Mountain-biking	Hallenklettern		
Schnee	Skitouren Skihochtouren Hochtouren	Skifahren Snowboard			
Fels	Hochtouren		Sportklettern Klettergarten Alpines Sportklettern Klassisches Felsklettern Big Wall-Klettern		
Eis	Hochtouren		Sportklettern im Eis Alpines Eisklettern		
Wasser		Kajakfahren Rafting	Canyoning		
Luft					Gleitschirm-Drachenfliegen

Übersicht: Bergsportdisziplinen – grau unterlegte Disziplinen werden in diesem Buch behandelt

Leistungsfaktoren des Berg- und Klettersports

Modell sportlicher Leistungsfaktoren

Die sportliche, so auch die bergsportliche, Leistung wird von sechs Faktorengruppen bestimmt. Die Bedingungen sind vielfältig und komplex. Der Schwerpunkt dieses Handbuchs liegt in der Darstellung der Faktoren Bewegungstechnik und Taktik/Wissen.

Gewichtung der Leistungsfaktoren einzelner Disziplinen

Innerhalb der verschiedenen Bergsportdisziplinen sind die verschiedenen Leistungsfaktoren von unterschiedlicher Bedeutung. Die folgende Abbildung stellt die spezifische Gewichtung der Leistungsmerkmale in den unterschiedlichen Disziplinen des Berg- und Klettersports in der Übersicht dar.

Exkurs: Leistungsfaktor Kondition

Bergsportler, insbesondere Kletterer, neigen im allgemeinen dazu, den Leistungsfaktor Kondition überzubewerten. Andere Faktoren, wie z. B. die Bewegungstechnik, die Taktik oder die Psyche, werden dagegen gerne unterschätzt. Wird die Bedeutung der Kondition auch gerne überschätzt, so ist dennoch nicht zu bestreiten, daß in allen Disziplinen des Bergsports gewisse konditionelle Fähigkeiten nötig sind. Für interessierte Leser sollen hier kurz einige Grundlagen zusammengefaßt werden.

Die herausragende Bedeutung kommt im Berg- und Klettersport den Fähigkeiten Kraft und Ausdauer zu.

Kraft

Im biologischen Sinn ist unter Kraft die Fähigkeit des Nerv-Muskel-Systems zu verstehen, durch Muskeltätigkeit Widerständen entgegenzuwirken. Die höchstmögliche Kraft, die ein Muskel gegen einen Widerstand entwickeln kann, bezeichnet man als Maximalkraft. Soll

Faktoren der sportlichen Leistung. Die grau unterlegten Faktoren sind Inhalt des Hauptteils in diesem Handbuch

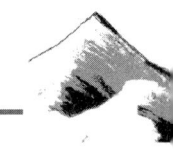

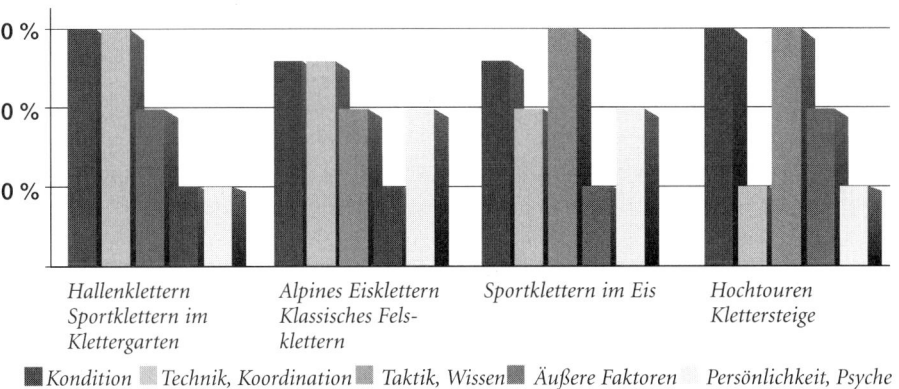

Leistungsfaktoren der Bergsportdisziplinen

■ Kondition ▨ Technik, Koordination ■ Taktik, Wissen ■ Äußere Faktoren ▨ Persönlichkeit, Psyche

eine Kraft über einen längeren Zeitraum hinweg aufrechterhalten werden, so muß ihre Intensität entsprechend geringer sein. In Abhängigkeit von Zeit und Intensität unterscheidet man, wie in Abb. unten dargestellt, verschiedene Kraftarten.

Ausdauer

Bei zunehmender Dauer maximal ermüdender Muskeltätigkeit nimmt die Kraftkomponente ab und die Ausdauer-komponente zu. Bei Belastungszeiten von über 2 Minuten kann nur noch ca. 50 % der Maximalkraft entwickelt werden. Mit wachsender Belastungsdauer nimmt die maximal mögliche Intensität weiter ab. Da sich mit zunehmender Belastungsdauer die Energiebereitstellung und dementsprechend die Trainingsmethoden verändern, ist es sinnvoll, die Ausdauer in verschiedene Bereiche einzuteilen.

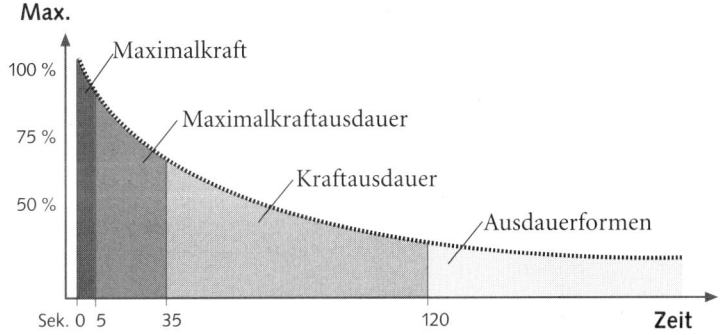

Kraftarten

Unabhängig von dieser Einteilung ist außerdem die Grundlagenausdauer (GLA) von Bedeutung. Sie bezeichnet die sportartunabhängige Ermüdungswiderstandsfähigkeit bei Langzeitbelastungen großer Muskelgruppen. Die GLA ist wichtig für die schnelle Regeneration nach der sportlichen Belastung.

Konditionelle Anforderungen der Disziplinen des Berg- und Klettersports

Die einzelnen Disziplinen des Berg- und Klettersports weisen hinsichtlich der Anforderungen an Kraft und Ausdauer des Sportlers starke Unterschiede auf. Hallenklettern, Sportklet-

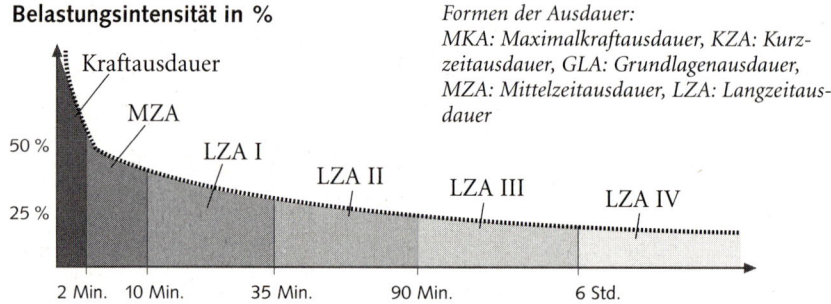

Belastungsintensität in %

Formen der Ausdauer:
MKA: Maximalkraftausdauer, KZA: Kurzzeitausdauer, GLA: Grundlagenausdauer, MZA: Mittelzeitausdauer, LZA: Langzeitausdauer

	Max. Kraft	MKA	Kraft-aus-dauer	GLA	MZA	LZA I	LZA II	LZA III	LZA IV
Hochtouren				●		•	•	●	●
Begehen von Klettersteigen			•	●					
Hallenklettern	●	●	●	●					
Sportklettern im Klettergarten	●	●	●	●					
Alpines Sportklettern	•	•	●	●	●	•	•	●	
Klassisches Felsklettern			●	●	●	●	●	●	
Sportklettern im Eis		●	●	●	●	●			
Alpines Eisklettern				●	●	•	●	●	●

Übersicht: Konditionelles Anforderungsprofil einzelner Disziplinen des Berg- und Klettersports:
● = *große Bedeutung,* • *mittlere Bedeutung*

tern im Klettergarten und im Eis sind kraftorientierte Disziplinen, während Hochtouren und das Begehen von Klettersteigen eindeutig ausdauerorientierte Disziplinen sind. Die übrigen Spielformen erfordern eine ausgewogenere Mischung beider Fähigkeiten. Um ein disziplinspezifisches Konditionstraining gestalten zu können, sollte man über das jeweilige Anforderungsprofil Bescheid wissen. Zur Trainingsplanung sei hier auf die Spezialliteratur verwiesen (siehe Anhang, weiterführende Literatur).

RISIKOSPORTART

„Durch genügend Wissen und Können läßt sich Bergsport völlig risikolos betreiben." Diese Aussage ist eine Illusion. Risikolos Bergsport zu betreiben, bedeutet, gar nicht erst aufzubrechen. Unfälle der Vergangenheit haben gezeigt, daß auch wer alles richtig macht, zum tragischen Opfer werden kann. Es geht folglich im heutigen Bergsport nicht darum, das Risiko zu annullieren, sondern darum, die eigene Situation zu optimieren. Ein Restrisiko wird immer bleiben! Das Verhältnis zwischen dem gesuchten Erlebnis und dem damit verbundenen Risiko sollte allerdings akzeptabel sein, das Restrisiko bewußt in Kauf genommen werden. Darauf kann der Bergsportler durch sein Verhalten entscheidend Einfluß nehmen. Das Wissen um die Risikofaktoren des Bergsports allein ist dazu nicht ausreichend. Es geht im wesentlichen darum, in Risikosituationen richtig zu entscheiden. Dies setzt eine systematische Entscheidungsfindung voraus. Die Situation wird dadurch kompliziert, daß als Entscheidungsgrundlage meist nur ein unsicheres, lückenhaftes Wissen zur Verfügung steht.

Risikofaktoren

Man unterscheidet Risikofaktoren, die vom alpinen Umfeld ausgehen, von solchen, die ihren Ursprung im Menschen selbst haben. Die spezielle Bedeutung der Risikofaktoren für die einzelnen Bergsportdisziplinen wird in den jeweiligen Kapiteln erläutert. Je alpiner das Umfeld ist, in dem sich der Bergsportler bewegt, desto komplexer werden die Risikofaktoren, mit denen er sich konfrontiert sieht.

Alpine Umwelt

Die Risikofaktoren in der alpinen Umwelt sind in der Übersicht tabellarisch aufgelistet. Spezifische Risikofaktoren einzelner Disziplinen werden im entsprechenden Kapitel erläutert.

Gefahr	Kurzbeschreibung	Disziplin
Lawinen	(Schnee-)Lawinen drohen im verschneiten Gebirge grundsätzlich. Die Beurteilung der Lawinengefahr ist äußerst komplex und mitunter sehr schwierig.	• Hochtouren • Alpine Eistouren • Sportklettern im Eis
Spaltensturz	Spaltensturz droht auf schneebedeckten Gletschern. Nach Neuschneefall und bei Durchfeuchtung der Schneedecke ist die Gefahr eines Spaltensturzes besonders groß. Sie läßt sich durch eine geeignete Routenwahl und Sicherungstechnik weitgehend entschärfen.	• Hochtouren • Skihochtouren • Alpines Eisklettern
Wettererscheinungen	Es gibt kaum eine Wettererscheinung, die nicht irgendeine Gefährdung mit sich bringen kann. Die wichtigsten sind: • Sonne, Hitze: Verbrennungen, Hitzschlag; • Kälte, Nässe: Unterkühlung, Erfrierungen; • Schneefall, Nebel: Orientierungsverlust, Anstieg der technischen Schwierigkeiten; • Wind, Sturm: Unterkühlung, Erfrierungen, Erschöpfung; • Gewitter: Blitzschlag. Funktionelle Bekleidung sowie Fähigkeiten im taktischen und kognitiven Bereich schützen gegen diese Gefahren.	• Alpines Sportklettern • Klassisches Felsklettern • Alpines Eisklettern • Hochtouren • Skitouren • Skihochtouren
Höhe	Mit zunehmender Meereshöhe sinkt der Sauerstoffpartialdruck in der Luft. Oberhalb von 3000 m ü. NN besteht grundsätzlich die Möglichkeit ernsthafter Höhenkomplikationen des Organismus. Solche Komplikationen können im schlimmsten Fall zum Tod führen. Der beste Schutz gegen Höhenprobleme ist eine langsame, planmäßige Höhenakklimatisation.	• Hochtouren • Skihochtouren • Expeditionsbergsteigen • Trekking • Alpines Eisklettern
Steinschlag	Steinschlagfördernde Faktoren sind Frostsprengung im Winter und Ausaperung von Steinen aus Firn und Eisfeldern durch Sonneneinstrahlung. Steinschlaggefahr bedeutet Helmpflicht!	• Evtl. Sportklettern im Klettergarten • Evtl. Hochtouren • Alpines Sportklettern • Klassisches Felsklettern • Alpines Eisklettern

Gefahr	Kurzbeschreibung	Disziplin
Eisschlag	Eisschlag droht unter Hängegletschern (Seraks) oder kann von anderen Eiskletterern in Eisrouten erzeugt werden.	• Sportklettern im Eis • Alpines Eisklettern • Hochtouren • Skihochtouren
Wächten-bruch	Grate sind im Winter und Frühsommer oft stark überwächtet. Es ist nicht leicht, zu entscheiden, wo der feste Untergrund aufhört und die Wächte beginnt. Man sollte einen möglichst großen Abstand zur wahrscheinlichen Bruchlinie halten.	• Hochtouren • Skihochtouren • Alpines Eisklettern
Dunkelheit	Einbrechende Dunkelheit bringt neben einer Vergrößerung der klettertechnischen Schwierigkeit vor allem Orientierungsprobleme mit sich. Ihr läßt sich durch eine gute Tourenplanung, evtl. auch durch ein Notbiwak, begegnen.	• Alpines Sportklettern • Klassisches Felsklettern • Alpines Eisklettern • Hochtouren • Skitouren • Skihochtouren
Absturz	„Wer hoch hinaus klettert, kann tief fallen" – das Beherrschen und Anwenden geeigneter sicherungstechnischer Fertigkeiten und moderne Ausrüstung bieten ein hohes Maß an Sicherheit.	• Alle Disziplinen des Berg- und Klettersports

Der Mensch selbst

Der Bergsportler selbst wird bei der Aufzählung alpiner Gefahren gerne vergessen. Dabei ist er es oft, der die genannten Risikofaktoren durch sein Fehlverhalten zur Gefahr werden läßt. Dieses Fehlverhalten kann verschiedene Ursachen haben: fehlende bewegungstechnische und sicherungstechnische Fertigkeiten, konditionelle Defizite, Erfahrungsdefizite oder psychische Ursachen. Den ersten beiden Punkten kann durch gezieltes Training und Lernen relativ einfach begegnet werden (siehe bewegungstechnische bzw. sicherungstechnische Fertigkeiten in den einzelnen Kapiteln).

Schwierig ist es mit der Erfahrung. Sie kommt nicht mit der Zeit von selbst, sondern muß erarbeitet werden.

Erfahrung ist die Essenz aus dem Wissen und den selbstgetroffenen Entscheidungen. Wer sich zwanzig Jahre auf die Entscheidungen des Partners verlassen hat, mag zwar viel unterwegs gewesen sein, sich jedoch vom Erfahrungsniveau eines Anfängers kaum entfernt haben. Doch die erarbeitete alpine Erfahrung ist notwendig, um sich in kritischen Situationen mit unsicherer Informationslage auch einmal auf die Intuition verlassen zu können.

Noch schwieriger ist es allerdings, die psychischen Umstände des Handelns in den Griff zu bekommen. Sie wird bei Risikobetrachtungen gerne übersehen. Doch gerade sie spielt sogar dem erfahrenen Bergsportler in Risikosituationen Streiche, läßt ihn sämtliches bessere Wissen über Bord werfen und verleitet zu Fehlentscheidungen.

In bestimmten Situationen wird z. B. verstärkt, oft unbewußt, ein höheres Risiko eingegangen:

• Nach früheren Mißerfolgen oder „alpinen Durstphasen";
• nach großen Erfolgen: „Ich fühle mich unsterblich";
• wenn untereinander Konkurrenzdenken herrscht: „Nur keine Schwäche zeigen!";
• wenn Experten unter sich sind;
• beim sog. Risikoschubphänomen: Eine Gruppenentscheidung fällt oft riskanter aus als die Summe der Einzelentscheidungen – die größere Risikobereitschaft einzelner setzt sich durch;
• bei autoritärem Führungsstil, der keinen Platz für das Eingestehen eigener Fehler läßt.

Auch der Anfänger sollte sich bemühen, ein Gespür für die Zwänge solcher Situationen zu entwickeln, um Entscheidungen vermeintlich erfahrenerer Partner in Risikosituationen besser bewerten zu können.

Sicherungstheorie

Absturz ist die klassische alpine Gefahr, die gerade der Laie untrennbar mit allen Formen des Bergsports verbindet. Gerade die Weiterentwicklung von Sicherungstheorie und sicherheitsrelevanter Ausrüstung hat in den letzten zwanzig Jahren entscheidend dazu beigetragen, daß das Risiko eines Absturzes durch die korrekte Anwendung geeigneter sicherungstechnischer Fertigkeiten erheblich gemindert werden kann. Im Falle eines Sturzes wirken auf die Sicherungskette (Anseilgurt, Seil, Karabiner, Klemmkeile, Haken, Expreßschlingen, usw.) bestimmte Kräfte. Die Kenntnis der Zusammenhänge im Auftreten dieser Kräfte erleichtert die richtige Anwendung notwendiger Sicherungsmaßnahmen. Zum Verständnis und zur praktischen Umsetzung der disziplinspezifischen sicherungstechnischen Fertigkeiten sollen an dieser Stelle wesentliche Informationen zur allgemeinen Sicherungstheorie beitragen.

Fallenergie, Fangstoßkraft, Bremskraft

Fällt ein Bergsteiger, Fels- oder Eiskletterer, so muß die Fallenergie vom Seil durch Dehnung, durch Reibung in den Zwischensicherungen und am Fels oder Eis und der Gefährtensicherung aufgenommen werden. Die Kraft, die im Seil durch Dehnung auftritt, ist die sogenannte Fangstoßkraft und schwankt theoretisch zwischen 12 kN (1200 kp) bei sehr ungünstiger Sturzsituation (große Sturzhöhe und wenig zur Verfügung stehendem Seil) und 2 kN (200 kp) bei günstiger Sturzsituation (kleine Sturzhöhe bei viel Seil).

Eine taugliche Sicherungsmethode wird einen Sturz nicht grundsätzlich statisch abfangen, sondern mit einer bestimmten Bremskraft mit einem entsprechenden Seildurchlauf mehr oder weniger dynamisch abmildern. Dadurch wird die hohe Fangstoßkraft abgebaut und die gesamte Sicherungskette weniger stark belastet. Dynamisches Sichern bewirkt aufgrund des Seildurchlaufs durch die Bremsvorrichtung eine gewisse Sturzstreckenverlängerung, die aber durch Reibung in den Zwischensicherungen und am Fels oder Eis auf ein vertretbares Maß reduziert wird.

Bremskraft nach oben und unten

Die Gefährtensicherung am Standplatz wird nur mit der einfachen Fangstoßkraft belastet, die Zwischensicherung dagegen annähernd mit der doppelten Fangstoßkraft (zu berücksichtigen ist die Seilreibung im Karabiner der Umlenkung). Deshalb sollte eine optimierte Gefährtensicherung unterschiedliche Bremskräfte aufweisen, je nachdem, ob der Sturzzug an der Bremse nach oben (Belastung der Zwischensicherung, niedrigere Bremskraft) oder nach unten (Belastung ohne Zwischensicherung, höhere Bremskraft) erfolgt.

Diese Forderungen erfüllt zur Zeit nur die Halbmastwurfsicherung (HMS). Die günstigen Bremskraftwerte 2–2,5 kN (200–250 kp) bei Sturzzug nach oben und 2,5–3 kN (250–300 kp) bei Sturzzug nach unten stellen sich bei der HMS automatisch ein.

SEILKUNDE

Seile erfüllen in der heutigen Zeit nahezu alle Anforderungen der Praxis, wie ausreichende Reißfestigkeit, optimale Dehnfähigkeit (nicht zu hoch und nicht zu niedrig) und ausreichende Knotbarkeit. Leider erreicht die Kantenfestigkeit zur Zeit noch keine erwünschten Werte, d. h., Seile können beim Belasten (Sturz) über eine scharfe Felskante abgeschert werden.

Seiltypen, Normanforderungen

Für die verschiedenen Ausprägungs-formen des Bergsports stehen unterschiedliche Seiltypen zur Verfügung: das Einfachseil, das Halbseil und das Zwillingsseil. Zu erkennen sind sie an den entsprechenden Banderolen an den Seilenden. Einfachseile bieten bei einfacher Verwendung – nach dem Stand der Technik – ausreichende Reißfestigkeit. Halbseile und Zwillingsseile dagegen müssen in der Regel im Doppelstrang verwendet werden. Halbseile können auf Gletschern und mit Einschränkungen im Nachstieg im Einfachstrang verwendet werden. Durchmesser und Metergewicht machen allein noch keine Angabe über den Seiltyp.

Neben der Bedeutung der Gebrauchsdehnung, der Knotbarkeit und der Mantelverschiebung werden an die Reißfestigkeit besondere Anforderungen gestellt: In einem genormten Fallversuch werden der Fangstoß (eigentlich Fangstoßkraft: die Kraft im Seil, die beim Abfangen eines Sturzes auftritt) und die Anzahl der bruchfreien Stürze gemessen.

Normsturzseil, Multisturzseil

Die EURO-Norm verlangt eine Mindestanzahl ausgehaltener Normstürze. Dabei werden die Einfachseile in zwei Kategorien eingeteilt:
• Normsturzseile: Seile mit 5–9 ausgehaltenen Normstürzen;
• Multisturzseile: Seile mit 10 und mehr ausgehaltenen Normstürzen.
Multisturzseile sind etwas dicker und schwerer als Normsturzseile.

Banderolen der unterschiedlichen Seiltypen

  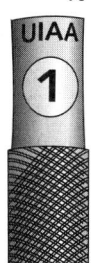

Zwillingsseil   Halbseil   Einfachseil

Übersicht: Seiltypen

Seiltyp	Seildurchmesser	Metergewicht	Prüfung im Doppelstrang	Mindestzahl ausgehaltener Stürze
Einfachseil	10–11,5 mm	60–85 g	Einfachstrang	5
Halbseil	8,5–9 mm	50 g	Einfachstrang	5
Zwillingsseil	8 mm	45 g	Doppelstrang	12

Bei der Fallprüfung wird derzeit nur über eine Metallkante von 5 mm Radius geprüft. Noch ist so gut wie kein Einfachseil in der Lage, einen Normsturz über die 1-mm-Kante zu halten. Allgemein läßt sich sagen:

- Je schärfer eine Kante, desto eher reißt das Seil: Granitkanten und messerscharfe, vom Wasser zerfressene Kanten im Kalk sind besonders gefährlich;
- je größer der Sturzfaktor (und damit der Fangstoß), desto größer ist die Gefahr des Seilrisses;
- je größer das Gewicht des Stürzenden (und damit die Fallenergie), desto größer ist die Gefahr des Seilrisses;
- je mehr Normstürze ein Seil aushält, desto größer ist das Kantenarbeitsvermögen, d. h., es kann mehr Sturzenergie bei Belastung über eine Kante aufnehmen;
- Zwillingsseile haben ein noch höheres Kantenarbeitsvermögen als Multisturzseile.

Länge des Seils, Seilwahl

Seile werden in der Regel in den Längen von 50, 55, 60 und 70 m angeboten. Die Auswahl des Seils ist von verschiedenen Faktoren abhängig:

- Art der Route (Fels, Eis, kombiniert, Gletscher);
- Länge der Route (Klettergarten, kurze Tour bis ca. 5 Seillängen, lange Tour mit 10 und mehr SL);
- Schwierigkeitsgrad der Route;
- Art der Belastung (viel oder wenig Toprope, viele oder wenige Stürze, Scharfkantenbelastung möglich usw.).

Empfehlungen für spezielle Seile sind bei den einzelnen Disziplinen zu finden.

Alterung des Seils

Seile sind heute so konstruiert, daß sie nur noch reißen können, wenn sie über eine Kante belastet werden, wobei es keine Rolle spielt, ob es eine Felskante oder die Betonkante einer künstlichen Kletteranlage ist. Ein Seil wird beim Sportklettern durch häufige Stürze und oftmaliges Ablassen einschließlich Toprope-Klettern vorgeschädigt und darf aus diesem Grund nicht mehr für Klettereien verwendet werden, in denen eine Seilbelastung über Felskanten droht. Durch die Vorschädigung, die zumeist nicht sichtbar ist, kann das Seil schon bei geringer Sturzbelastung reißen. Man sollte also für Sportklettereien und für alpine Unternehmungen unterschiedliche Seile verwenden. Ganz allgemein läßt sich sagen: Multisturzseile können länger verwendet werden als Normsturzseile.

Fabrikneue Seile sollten, um Krangeln zu vermeiden, nach dieser Methode geöffnet werden

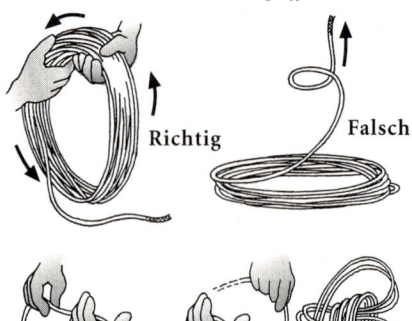

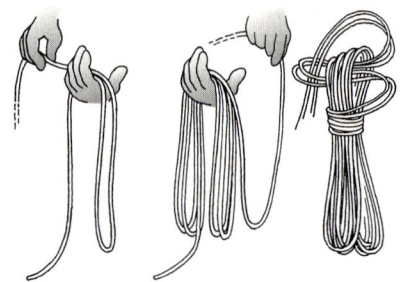

Empfehlenswerte Methode für das Seilaufnehmen

Handhabung, Aufnehmen des Seils

Neue Seile sollte man durch Auslegen so abwickeln, wie es in der Fabrik aufgewickelt wurde. Nur so läßt sich eine unangenehme Krangelbildung (entsteht durch Seilverdrehungen um die Längsachse) vermeiden. Anschließend wird das Seil – sofern kein Seilsack verwendet wird – richtig aufgenommen. Dazu wird von der Seilmitte oder den Seilenden her das Seil in Doppelsträngen (ca. eine Armlänge) aufgenommen. Abschließend werden die 2–3 m langen Enden einige Male um den oberen Teil des Seilbündels gewickelt und fixiert. Will man das Seil als Puppe tragen, müssen die Enden etwas länger gewählt werden.

Pflege des Seils

Ein Seil bewahrt man am besten in trockener, dunkler Umgebung auf. Ein nasses Seil wird am besten an luftigen Plätzen im Schatten getrocknet. Säuren und deren Dämpfe (wie sie in Autobatterien vorkommen) sind unbedingt vom Seil fernzuhalten. Durch solche Chemikalien haben sich bereits einige Unfälle ereignet. Wer sein Seil unbedingt waschen will, nimmt am besten handwarmes Wasser ohne jegliche Zusätze.

Basis-Knotenkunde

Um zahlreiche Wiederholungen zu vermeiden, werden an dieser Stelle die
wichtigsten Knoten – und wie sie geknüpft werden – dargestellt. Spezielle
Knoten werden in den jeweiligen
Kapiteln behandelt.

Der Sackstich (geschlungen):
• Herstellen von Mittel- und End-
  schlingen (Anseilen auf dem
  Gletscher);
• Zusammenbinden von zwei Seilen
  (Abseilen)

**Der Sackstich (gesteckt in
Tropfenform):**
• zum Anseilen

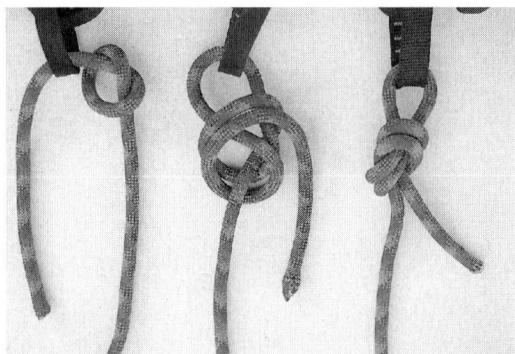

**Der Sackstich (gesteckt in
Ringform = Bandschlingen-
knoten):**
• zum Knüpfen von Schlingen
  aus Band- und Rundmaterial;
• zum Anseilen mit Achterschlinge (ohne Abb.)

Der Achterknoten:
• zum Anseilen

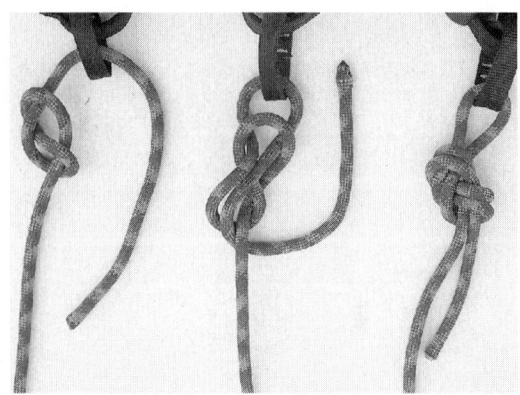

Der Mastwurf:
• zur Selbstsicherung am
  Standplatz;
• zum Verspannen von Keilen;
• bei der Reihenschaltung

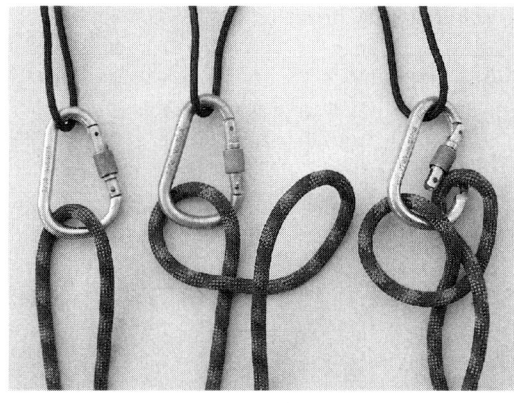

Der Halbmastwurf:
• für die Gefährtensicherung

Der Schleifknoten:
• zur Fixierung des Halb-
  mastwurfknotens
  (rechts mit Absicherung)

Der Prusikknoten:
• zur Selbstsicherung beim Abseilen
  (gelegt)

Der Prusikknoten gesteckt:
• in der Bergrettung

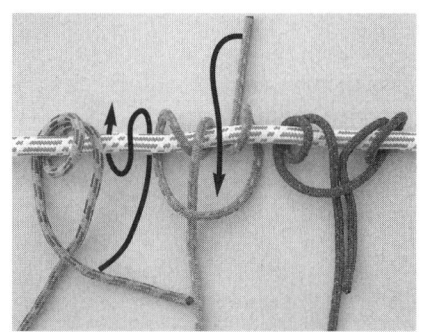

Der Ankerstich:
• für die Selbstsicherungsschlinge an
  den Abseilständen

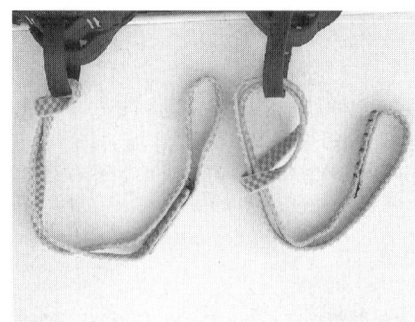

Der Ankerstich:
• zur Vorbereitung der Gardaschlinge
  (Mitte);
• zum Abbinden von Haken;
• zum Einrichten einer Umlenkung (mit
  Karabiner!!) um einen Baum

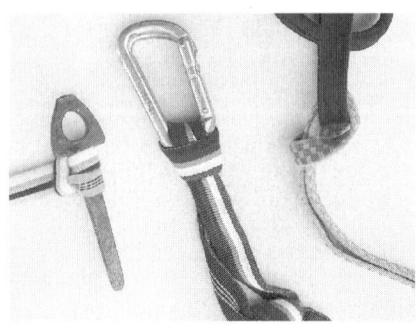

Systematisch entscheiden: Die 3 x 3 Filtermethode

Für Experten ist es oft schwierig, für Anfänger unmöglich, alle genannten Risikofaktoren in einem Entscheidungsprozeß richtig einzuschätzen und zusammenzufügen. Dies gilt um so mehr, als daß schon die Beurteilung einzelner Faktoren für sich – an der Spitze steht die Lawinengefahr – derart komplex ist, daß Fehlentscheidungen kaum verwundern können. Ein Hilfsmittel in diesem Dilemma ist ein systematisches Vorgehen bei der Entscheidungsfindung. Zwei Grundregeln der Entscheidungs-findung (vgl. Engler 1998) lauten:

1. Alle Informationen einholen, bevor Interpretation und Bewertung zugelassen werden;
2. Aussagen müssen durch Faktoren abgesichert und begründbar sein.

Eine Systematik für die Planung und Durchführung von alpinen Unternehmungen bietet die 3 x 3 Filtermethode. Sie unterteilt den Entscheidungsprozeß in drei Ebenen (Filter):

1. Tourenplanung zu Hause (regional);
2. Entscheidungen vor Ort und unterwegs auf Tour (lokal);
3. Ja-Nein-Entscheidung in der Risikosituation (zonal).

Auf jeder dieser drei Ebenen werden Informationen in drei Kategorien gesammelt:

1. Verhältnisse;
2. Gelände;
3. Mensch.

Die Erkenntnisse werden einzeln ausgewertet und schließlich zu einer Entscheidungsgrundlage zusammengefügt – gefiltert.

Für jede der drei Ebenen werden die Informationen in den drei Kategorien „Verhältnisse", „Gelände", „Mensch" zunächst völlig unabhängig voneinander gesammelt und bewertet. Welche Informationen sprechen für eine positive, welche für eine negative Entscheidung? Erst in der Endbilanz werden die Plus- und Minuspunkte zu einer Entscheidung auf der jeweiligen Ebene zusammengeführt.

Diese Art der systematischen Entscheidungsfindung hat mehrere Vorteile:

• Wichtige Gesichtspunkte werden seltener übersehen;
• die Überlagerung der drei Ebenen (Filter) bringt eine gewisse Sicherheitsreserve mit sich: Eine Fehlentscheidung in der vorhergehenden Phase wird schon in der nächsten Phase offensichtlich und kann problemlos korrigiert werden;
• psychisches Fehlverhalten (siehe Risikofaktor Mensch, Seite 20) kann leichter vermieden werden.

Die 3 x 3 Filtermethode als Hilfsmittel gewinnt bei der Planung und Durchführung von Bergsportaktivitäten um so mehr an Bedeutung, je alpiner der Charakter der geplanten Unternehmung ist. Von herausragendem Stellenwert ist die 3 x 3 Filtermethode bei der Beurteilung der Lawinengefahr, dem komplexesten alpinen Risikofaktor.

1. Filter: Regional (Tourenplanung)

	Verhältnisse (Wetter, Schnee, Eis ...)	Gelände	Mensch
Mögliche Schlüsselfragen	• Großwetterlage? • Wetterprognose? • Wie ist die Schnee- und Lawinensituation? • Wie sind die Eisverhältnisse? • Ist der Fels schon trocken?	• Welche Schwierigkeiten erwarten uns? • Welches Gelände erwartet uns? • Wo sind mögliche Gefahrenstellen? • Welche Tourenmöglichkeiten und Alternativen gibt es?	• Wer und wie viele Personen kommen mit (Können, Kondition, Erfahrung)? • Wer führt? • Sind in psychischer Hinsicht risikofördernde Situationen zu erwarten? • Wer nimmt welche Ausrüstung mit?
Mögliche Informationsquellen (Fremdinformationen)	• Wetterbericht; • Lawinenlagebericht; • Fachleute (manche Hüttenwirte, Bergführer).	• Literatur (Führer); • Gebietskenner; • Topographische Karten (1:25000); • Anstiegsskizzen; • Wandfotos.	• Offene Gespräche untereinander; • leichtere Touren zum Kennenlernen.

Entscheidung:	• Für ein bestimmtes Tourenziel; • für ein Alternativziel.	Absage einer geplanten Tour.

2. Filter: Lokal (vor Ort und auf Tour)

	Verhältnisse	Gelände	Mensch
Mögliche Schlüsselfragen	• Entwickelt sich das Wetter wie vorhergesagt? • Sind die Verhältnisse (Lawinen-, Schnee-, Eis-, Felsverhältnisse) wie erwartet?	• Haben wir die Länge des Unternehmens unterschätzt? • Ist das Gelände schwieriger, als aus der Karte ersichtlich? • Stimmen Realität und Wandfoto/Routenbeschreibung überein?	• Sind wir in der erwarteten körperlichen und psychischen Verfassung? • Sind Spannungen im Team erkennbar? • Sind wir im Zeitplan? • Ist heute einfach nicht unser Tag?

Entscheidung:	Fortführung der geplanten Tour.	• Umkehr; • Routenänderung.

3. Filter: Zonal (Ja-Nein-Entscheidung in der Risikosituation)		
	Verhältnisse	**Gelände**	**Mensch**
Mögliche Schlüsselfragen	• Wie sind die möglichen Risikofaktoren in dieser konkreten Situation zu beurteilen (z. B. Wetter, Lawinengefahr, Steinschlag, Absturz)? • Ist die Absicherung, die Felsqualität zuverlässig genug?	• Wie steil ist dieser Hang wirklich? • Was passiert, wenn ich hier stürze? • Kann ich diese Stelle sicher klettern? • Können wir später noch umkehren? • Welche Alternativen haben wir?	• Fühle ich mich innerlich oder äußerlich unter Druck? • Habe ich in dieser Situation ein gutes oder ein schlechtes Gefühl? • Was kann schlimmstenfalls passieren? Bin ich bereit, dieses Risiko in Kauf zu nehmen?
Mögliche Informationsquellen	• Eigene Beobachtungen; • evtl. bestimmte Tests (Felsqualität, Lawinengefahr).	• Eigene Beobachtungen; • Vergleich mit bisherigen Erfahrungen.	• Selbstbeobachtung; • Nachdenken; • Intuition.

Entscheidung:	**Ja!** **Gehen!** In die Route einsteigen. Die Stelle klettern. Den Hang befahren.	**Nein!** **Nicht gehen!** Nicht einsteigen. Die Stelle nicht klettern. Den Hang nicht befahren.

Umgang mit unsicherem Wissen: Das Entscheidungsszenario

Könnte auf alle Schlüsselfragen mit hundertprozentiger Sicherheit die richtige Antwort gegeben werden, so würde die 3 x 3 Filtermethode den Bergsport tatsächlich weitgehend risikofrei machen. Tatsächlich ist jedoch sicheres Wissen so gut wie nie der Fall. Die Hauptgründe für unsicheres Wissen in konkreten Situationen sind (1.) ein Informationsdefizit – es stehen zum Entscheidungszeitpunkt zuwenig sichere Informationen zur Verfügung – und (2.) ein Erfahrungsdefizit – es fehlt die Erfahrung, um gesammelte Informationen richtig zu interpretieren. Beispiele: Plane ich etwa im Sommer eine Klettertour in den Dolomiten, so kann ich höchstens eine Gefährdung durch Lawinen oder Eisschlag mit Sicherheit ausschließen. In allen anderen Belangen operiere ich bestenfalls mit Wahrscheinlichkeiten. Ist z. B. gutes Wetter vorhergesagt, so besteht eine gute Chance, daß diese Prognose auch zutrifft. Die Realität zeigt allerdings auch oft genug das Gegenteil. In vielen Fällen muß ich mich zudem damit abfinden, daß zum Zeitpunkt der Entscheidung wichtige Informationen gänzlich fehlen. Plane ich eine Hochtourenwoche mit einer mir unbekannten Tourengruppe, so kann ich die Stärken und Schwächen der Teilnehmer bei der Planung nicht berücksichtigen. Ich kenne sie ja nicht.

Angemessen entscheiden

Im Bergsport muß man sich daran gewöhnen, mit unsicherem, lückenhaftem Wissen umzugehen. Es gilt, Wege zu finden, um angemessene Entscheidungen zu fällen. Wichtig ist, unsicheres Wissen als solches zu erkennen und sich einzugestehen. Ein erster Schritt dazu ist, auch die unbekannten und unsicheren Faktoren in die Informationen mit einzubeziehen. Sie werden mit einem sogenannten Risikoaufschlag belegt – man läßt besondere Vorsicht walten.

Wer sich in der Phase der Tourenplanung für eine Tour oder ein Tourengebiet entscheidet, muß sich bewußt sein, daß diese Entscheidung lediglich auf einer Interpretation der gewonnenen und der nicht gewonnenen Informationen über die Verhältnisse, das Gelände und die Teilnehmer beruht. Die meisten Entscheidungen können sich nur auf Vorannahmen, Szenarien stützen – nicht auf die Realität. Bei jeder Entscheidung muß daher klar sein, bis zu welchem Punkt sie aufgrund der herrschenden Informationslage gültig sein kann. Ist dieser Punkt erreicht, dann sollte eine Überprüfung stattfinden, sollten fehlende Informationen gesammelt worden sein und ausgewertet werden.

Beispiel: Ich führe eine Hochtourengruppe mit mir unbekannten Teilnehmern. Aufgrund der Tourenausschreibung nehme ich an, daß alle Teilnehmer über eine gute Steigeisentechnik verfügen. Für die Gipfelflanke der beabsichtigten Tour ist diese unerläßlich. Mein Checkpunkt ist der Sattel unterhalb des Gipfels. Bis dorthin muß ich

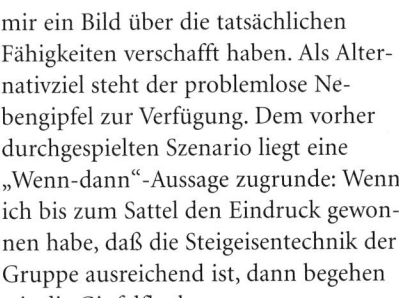

mir ein Bild über die tatsächlichen Fähigkeiten verschafft haben. Als Alternativziel steht der problemlose Nebengipfel zur Verfügung. Dem vorher durchgespielten Szenario liegt eine „Wenn-dann"-Aussage zugrunde: Wenn ich bis zum Sattel den Eindruck gewonnen habe, daß die Steigeisentechnik der Gruppe ausreichend ist, dann begehen wir die Gipfelflanke.

Entsprechende Szenarien lassen sich für alle Entscheidungssituationen alpiner Unternehmungen entwerfen. Die Entscheidung sollte immer mit einem gesetzten Entscheidungs- und Handlungsrahmen verknüpft sein. Klare Entscheidungsszenarien sind der einzige Weg, um die menschliche Psyche (siehe Risikofaktor Mensch) weitgehend in den Griff zu bekommen. Das Wissen um die Unsicherheit meines Wissens macht mein Wissen sicherer!

Worst-Case-Szenario

Beim Worst-Case-Szenario wird bei unsicherer Informationslage bei jedem Gesichtspunkt vom schlimmsten möglichen Fall ausgegangen. Mit dieser Annahme trifft man eine Entscheidung, durch die man sich entweder auf der sicheren Seite bewegt oder ganz bewußt ein erhöhtes Risiko eingeht.

Beispiel: eine klassische Klettertour im Sommer. Für den Nachmittag sind Wärmegewitter angesagt. Eine Seilschaft ist weit hinter dem Zeitplan zurück und kennt den Abstieg nicht. Der Himmel ist zwar wolkenlos, doch die Wetterseite kann nicht eingesehen werden. Die Seilschaft steht vor der Entscheidung, aus der Route auszuqueren oder sie zu vollenden. Der schlimmste mögliche Fall wäre, daß sich trotz des blauen Himmels bereits ein Gewitter aufbaut und der Abstieg kompliziert und schwer zu finden ist. Das Ausqueren ist daher die einzig sichere Entscheidung. Klettert die Seilschaft weiter, so geht sie bewußt das Risiko ein, am Gipfel oder beim Abstieg von einem Gewitter überrascht zu werden.

Je größer die Unsicherheit, mit der vermeintliches Wissen behaftet ist, desto wichtiger ist das Arbeiten mit Entscheidungsszenarien und klar vorgegebenen Handlungsrahmen.

KLETTERSTEIGE

Klettersteige – ein Verbrechen am Berg, ein Relikt aus dem berg-
steigerischen Mittelalter, Eisenwege für „Möchtegernkletterer".
Klettersteige – faszinierende Möglichkeit für Bergwanderer, in
die Erlebniswelt des Kletterers hineinzuschnuppern. Belächelt,
verteufelt, beliebt – egal, welche Einstellung man zu Klettersteigen
hat, Fakt ist, daß das Begehen von Klettersteigen boomt. Allerorten
entstehen neue „Ferratas" durch steilste Wände. Die Gründe für
diesen Trend liegen auf der Hand:

- Talnähe bedeutet gute Erreichbarkeit.
- Optimale Versicherung bietet Kletterspaß bei
  minimalem Risiko.
- Die notwendigen bewegungstechnischen und
  sicherungstechnischen Fertigkeiten sind leicht
  erlernbar.
- Man ist nicht unbedingt auf einen Kletterpartner
  angewiesen.

Trotzdem sollte man sich bewußt sein, daß auch das Begehen
eines Klettersteigs ein alpines Unternehmen ist, welches
zum sicheren und erlebnisreichen Gelingen bestimmte
Fertigkeiten und Kenntnisse erfordert.

Ausrüstung

Bekleidung

Grundsätzlich gelten bei der Wahl der Bekleidung dieselben Grundsätze wie beim Bergwandern. Auf zwei Besonderheiten sei jedoch hingewiesen:
Schuhe: Solide Bergschuhe mit harter Profilgummisohle eignen sich zum Begehen von Eisenleitern und Eisenstiften besonders gut. Reine Kletterschuhe eignen sich hier nicht.
Handschuhe: Dünne Handschuhe (Leder) schützen vor Verletzungen durch beschädigte Drahtseile und gewährleisten einen guten Griff.

Sicherungsmittel

Zur Grundausrüstung beim Begehen von Klettersteigen gehören Helm, Brust- und Sitzgurt-Kombination mit Einbindestück (1,5 m Bandmaterial) oder Komplettgurt, Klettersteig-Set, erhältlich in verschiedenen Ausführungen.
U. U. können außerdem hilfreich sein: Einfachseil (20–30 m), 1 HMS-Karabiner, Bandschlinge (einfache Schulterlänge) zur Gefährtensicherung schwächerer Tourenpartner, Steigeisen bzw. Pickel zum Queren steiler Firnfelder im Zu- bzw. Abstieg.

Sonstige Ausrüstung

Orientierungsmaterial: topographische Gebietskarte, Kompaß und Höhenmesser.
Notfallausrüstung: Bergapotheke (siehe Unfall, Rettung, Erste Hilfe), Biwaksack, Alu-Rettungsfolie.
Rucksack: 20 bis max. 40 l (bei Mehrtagesunternehmen), möglichst mit schmaler, schlanker Form.

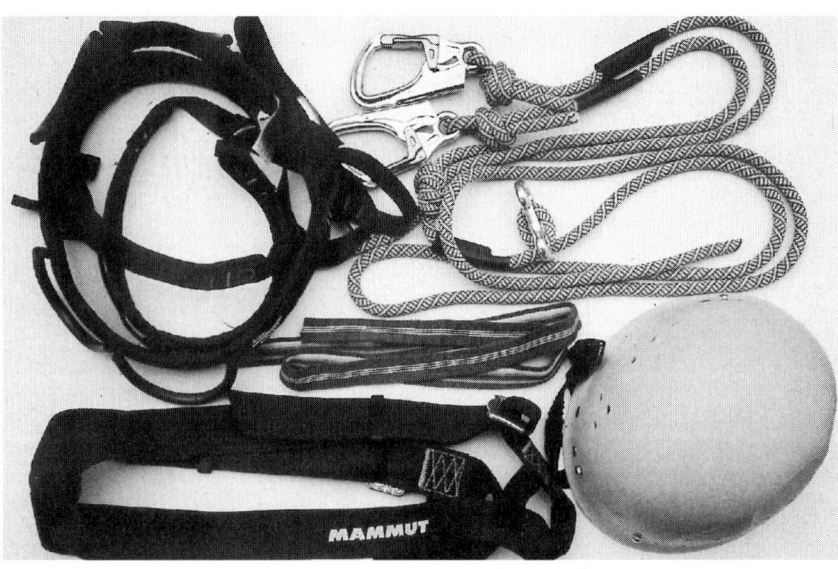

Bewegungstechnische Fertigkeiten

Ein Vorteil von Klettersteigen liegt gerade darin, daß sie keine besonderen Bewegungstechniken erfordern. In modernen Klettersteigen dienen die künstlichen Anlagen oftmals nur der Sicherung. Zur Fortbewegung werden hier möglichst natürliche Haltepunkte im Fels benutzt. Das Beherrschen elementarer (Fels-)Klettertechniken im Auf- und Abstieg ist daher hilfreich, aber auch leicht erlernbar und insgesamt vollkommen ausreichend.

Elementare Klettertechnik im Aufstieg

Drei-Punkte-Regel: Von den vier möglichen Kontaktpunkten (zwei Füße, zwei Hände) mit dem Fels oder künstlichen Fortbewegungspunkten sollen möglichst drei Halt haben und jeweils nur einer weiterbewegt werden. Dieser Grundsatz dient sicherem, kontrolliertem Klettern.

Körperschwerpunkt (KSP): Der KSP befindet sich in der Bewegung über der Trittfläche eines Fußes (z. B. linkes Bein), der andere Fuß wird höher gesetzt. Es erfolgt eine Verlagerung des KSP über die neue Trittfläche (des rechten Beins), und das Bein wird durchgedrückt. Das andere (linke) Bein wird nachgeholt bzw. gleich höher gesetzt. Die Hubarbeit erfolgt vorwiegend mit den Beinen, die Hände erhalten möglichst nur das Gleichgewicht. Lediglich in senkrechten oder überhängenden Klettersteigpassagen muß mit den

Armen aktive Zugarbeit geleistet werden.

Zweifelhafte Tritte kann man durch Anklopfen mit dem Schuh auf Festigkeit prüfen.

Im natürlichen Fels setzt man die Schuhspitzen am besten auf waagrechte Tritte. Diese sind Reibungstritten vorzuziehen. Auf Leitersprossen und Eisenstiften setzt man den Fuß mit der Schuhmitte auf.

Es sind kleine bis mittlere Schritthöhen zu wählen (vor allem bei einem gefüllten Rucksack), d. h., man sollte nicht zu hoch antreten, da sonst der Kraftaufwand in der Oberschenkelmuskulatur zu groß wird.

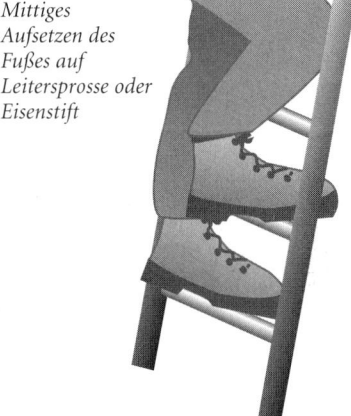

Mittiges Aufsetzen des Fußes auf Leitersprosse oder Eisenstift

Abklettern

In leichtem Gelände: Das Abklettern erfolgt im leichten Gelände am ökonomischsten mit dem Gesicht talwärts. Auf diese Weise können Griff- und Trittmöglichkeiten gut erkannt werden, man bewahrt die Übersicht und kommt zügig voran. Auch hier gelten

die Grundsätze der Drei-Punkte-Regel und der KSP-Verlagerung.

In schwierigerem Gelände: Hier ist das seitliche Abklettern das beste Mittel. Auch bei dieser Technik hat man einen guten Überblick über die Tritt- und Griffolge. Bergseitiger und talseitiger Arm können Stütz- und Haltefunktion übernehmen.

In schwierigem und steilem Gelände oder an Leitern bzw. Eisensprossen: Hier klettert man am besten mit Blick zum Fels gerichtet ab. Dabei werden die Beine gebeugt und möglichst tiefliegende Griffe gefaßt. Dann wird mit den Füßen so weit wie möglich abgestiegen, bis die Arme gestreckt sind. Jetzt können die Arme wieder tiefer fassen, usw. Während dieses Vorgangs wird der Oberkörper hin und wieder zurück gebeugt, um die vorhandenen Tritte zu sehen.

Sicherungstechnische Fertigkeiten

Zu den Besonderheiten von Klettersteigen gehört es, daß künstliche Versicherungen, wie z. B. Drahtseile und Eisenklammern, dem Klettersteiggeher ermöglichen, sich im absturzgefährdeten Gelände selbst zu sichern. Die Gefährtensicherung wird die Ausnahme bleiben, die in bestimmten Situationen aber sehr nützlich sein kann. Grundsätzlich gilt auf Klettersteigen derselbe Grundsatz wie in allen Kletterdisziplinen: Jeder Klettersteiggeher sollte im absturzgefährdeten Gelände zu jedem Zeitpunkt gesichert sein.

Klettersteigsets
Da ein Sturz auf einem Klettersteig einen wesentlich höheren Sturzfaktor aufweisen kann als beim klassischen

Anseilen mit Kombigurt

Hüft-, Brustgurt, verbunden mit Achterband

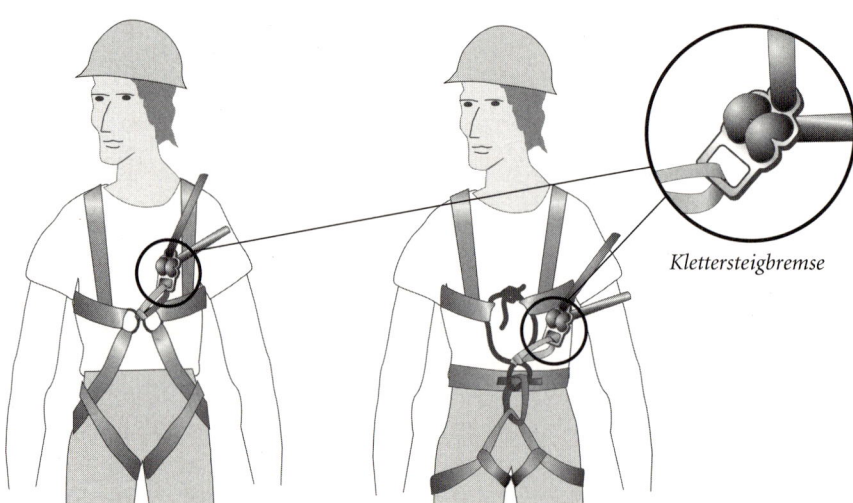

Klettersteigbremse

V-Form – *richtige Anwendung der Klettersteigbremse*

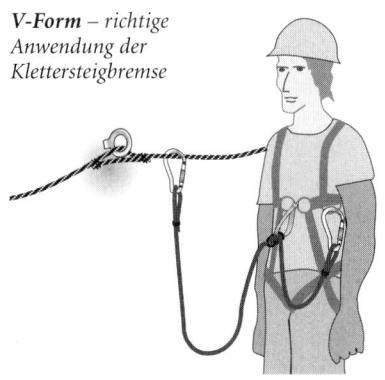

Y-Form – *richtige Anwendung der Klettersteigbremse*

V-Form – *nur beim Umhängen dürfen kurzzeitig beide Seilstränge eingehängt sein*

Y-Form – *beim Umhängen ist kurzzeitig nur ein Seilstrang eingehängt*

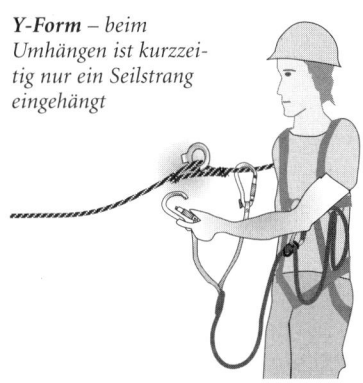

Felsklettern, sind alle Methoden der Selbstsicherung ohne die Verwendung spezieller Klettersteigbremsen nicht ausreichend. Klettersteigbremsen sind neben speziellen Klettersteigkarabinern ein Teil von Klettersteigsets, die im Fachhandel in verschiedensten Ausführungen angeboten werden.

Es gibt prinzipiell zwei Arten von Klettersteigsets: Klettersteigsets in Y-Form und in V-Form. Sie unterscheiden sich bezüglich ihrer Handhabung. Bei fachgerechter Anwendung bieten beide Prinzipien größtmögliche Sicherheit. Besonders beim Umhängen der

Selbstsicherung muß sorgfältig gearbeitet und ein günstiger Zeitpunkt (nicht zu spät) gewählt werden.

Wichtig: Zwischen zwei Fixierungen des Stahlseils darf sich immer nur ein Kletterer befinden. Das Einbinden geschieht bei beiden Systemen auf dieselbe Weise, direkt im Anseilpunkt des Klettergurts. Bei Verwendung von Hüft- und Brustgurt werden die beiden Gurte durch das „Achterband" verbunden.

Der Kreuzungspunkt der Acht ist der Anseilpunkt. Es sind somit zur Selbstsicherung auf Klettersteigen nur zwei spezielle Knoten notwendig: (1.) der

Ankerstich zur Fixierung des Kletter-
steigsets bei verschiedenen Fabrikaten
und (2.) der Sackstich für das Achterband.

Gefährtensicherung

In bestimmten Situationen kann es auf
Klettersteigen notwendig oder zumindest hilfreich sein, einen Tourenpartner
zusätzlich zu seiner Selbstsicherung
durch die Gefährtensicherung nachzusichern, z. B. bei einem ängstlichen, lei-
stungsschwächeren oder verletzten Partner oder bei schwierigen äußeren Ver-
hältnissen (schlechtes Wetter, Schnee,
Eis). Die Gefährtensicherung eines
Nachsteigers hat gegenüber der reinen
Selbstsicherung den Vorteil, daß der
Kletterer im Fall eines Sturzes sofort im
straffen Seil hängt und nicht erst einige
Meter bis zur letzten Fixierung des
Stahlseils stürzt. Die Gefährtensiche-
rung gibt Vertrauen und schützt vor
Verletzungen, kostet aber auch Zeit.
Deshalb sollte sie nur in kurzen,
besonders ausgesetzten oder heiklen
Passagen angewendet werden.
Zusätzliches Material: 1 kurzes
Einfachseil (20–30 m), 1 HMS-
Karabiner, 1 Bandschlinge.

*Bandschlinge mit Ankerstich an einem
Fixpunkt der Sicherungsanlage,
HMS-Karabiner eingehängt*

Der Klettersteiggeher muß wissen, wie
man sich richtig anseilt und wie man
die Halbmastwurf (HMS)-Bremse zur
Sicherung eines Nachsteigers einsetzt.

Anseilen

Vor- und Nachsteiger binden sich direkt
im Anseilpunkt (wo schon das Kletter-
steigset fixiert ist) in jeweils ein Ende
des Kletterseils ein. Das geschieht mit
einem gesteckten Achterknoten.

HMS-Bremse

• Der stärkere Partner steigt, wie gewohnt, selbstgesichert voran. Wenn er
das Ende der heiklen Passage bzw. das
Seilende erreicht hat, befestigt er die
Bandschlinge mit einem Ankerstich
an einem soliden Fixpunkt der
Steiganlage und hängt den HMS-
Karabiner in die Bandschlinge ein.
• Er selbst bleibt selbstgesichert.
Nachdem das Seil zum Nachsteiger
straffgezogen ist, wird es mit Halbmastwurf in den HMS-Karabiner eingelegt.

Halbmastwurf

• Nun kann der Nachsteiger nachkommen. Das Sicherungsseil wird durch die HMS-Bremse eingezogen. Dazu schiebt eine Hand das Seil in den Knoten, während die zweite Hand das Seil aus dem Halbmastwurf herauszieht. Die zweite Hand ist die Bremshand. Sie darf das aus dem Knoten laufende Seil niemals (auch während des Umgreifens nicht) loslassen.

Taktik und kognitive Fähigkeiten

Klettersteige sind zwar künstliche Anlagen, führen aber dennoch durch alpines Gelände mit all seinen Gefahren. Daher ist es zum einen notwendig, die speziellen Risikofaktoren von Klettersteigen zu kennen, zum anderen wichtig, eine sinnvolle Tourenplanung durchzuführen.

Spezielle Risikofaktoren
Generell wird der Klettersteiggeher von den Gefahren des Bergsports bedroht. Spezielle Risikofaktoren auf Klettersteigen sind Steinschlag, Blitzschlag und Absturz bei ungünstigen äußeren Verhältnissen.
Steinschlag: Die Gefahr, von herabstürzenden Steinen getroffen zu werden, droht vor allem bei starkem Andrang, wenn der Steig weiter oben Gehpassagen aufweist oder Schotterbänder nutzt und in Querungen von Rinnen. Der

Helm ist zwar Pflicht, kann aber nur begrenzten Schutz gegen Steinschlag bieten. Wichtiger ist das taktische Verhalten des Klettersteiggehers. Dieses beinhaltet die richtige Tourenauswahl genauso wie das Erkennen und zügige Passieren möglicher Gefahrenzonen.
Blitzschlag: Von allen Witterungsverhältnissen sind auf Klettersteigen Gewitter am meisten zu fürchten. Die „Eisenwege" ziehen nämlich nicht nur viele Bergsportler, sondern auch Blitze magnetisch an. Es gibt nur selten Schutz- oder Fluchtmöglichkeiten. Das oberste Gebot heißt daher, durch eine geschickte Tourenplanung das Horrorszenario „Gewitter im Klettersteig" unter allen Umständen zu vermeiden. Wird man trotzdem von einem Gewitter überrascht, so läßt sich das Risiko eines Blitzschlages durch bestimmte Verhaltensweisen nur noch begrenzt beeinflussen:
• Meide Grate und sonstige exponierte Stellen!
• Weg vom Eisen!
• Suche dir einen einigermaßen sicheren Platz: eine flache Stelle mit Abstand zur Wand!
• Setze dich dort auf Seil oder Rucksack!
Absturz: Bei günstigen äußeren Bedingungen kann es zu einem wirklichen Absturz auf Klettersteigen eigentlich nur durch einen groben Fehler in der Sicherungstechnik kommen. Anders sieht es bei ungünstigen Verhältnissen aus. Gerade im Frühjahr, Frühsommer oder Spätherbst muß man unter Umständen damit rechnen, daß Teile der künstlichen Sicherungsanlagen noch

oder schon wieder von Schnee bedeckt sind. In diesem Fall ist keine durchgehende Selbstsicherung gewährleistet. Besonders im Frühjahr und auf wenig begangenen Klettersteigen sollte man den Sicherungsanlagen mit einem gewissen Argwohn begegnen. Schneemassen oder Alterung könnten zu Beschädigungen geführt haben. Außerdem sollte man sich bewußt sein, daß konsequente Selbstsicherung auf Klettersteigen zwar in der Regel vor einem tödlichen Absturz schützt, nicht aber unbedingt vor Sturzverletzungen. Die Sicherungsanlagen erlauben doch meist Stürze bis zu mehreren Metern. Daher ist die Schwierigkeit des beabsichtigten Klettersteigs bei der Tourenauswahl besonders zu berücksichtigen.

A Unschwierig: abgesicherte, trassierte Steige und sehr einfache Klettersteige. Stellenweise durch steiles Felsgelände auf natürlichen Felsbändern oder künstlichen Weganlagen führende Steige. Sicherungen in Form von Stahlseilen, Ketten oder Geländer dienen vorwiegend nur dem Sicherheitsgefühl in exponiertem Gelände, werden aber zur Fortbewegung kaum benötigt. Ohne künstliche Sicherungsanlagen wären die technischen Schwierigkeiten allenfalls mit I auf der UIAA-Skala zu bewerten.

B Mäßig schwierig: mäßig steiles Felsgelände. Sicherungen in Form von Stahlseilen, Klammern, Trittstiften und Leitern dienen zur Fortbewegung. Ohne künstliche Sicherungen wäre Kletterei bei geringen Schwierigkeiten (I–II) erforderlich.

C Schwierig: steiles Felsgelände. Überwiegend durch Stahlseile, Klammern, Trittstifte oder Eisenleitern gesicherte Steige. Gesicherte Abschnitte erfordern bereits ein gewisses Maß an Armkraft. Ohne Sicherungen wäre Kletterei im Schwierigkeitsgrad II–III erforderlich.

D Sehr schwierig: sehr steiles Felsgelände, streckenweise senkrechte Wandpartien. Meist nur durch Stahlseile und gelegentliche künstliche Tritthilfen gesicherte, streckenweise sehr exponierte Route. Es ist ein gehöriges Maß an Armkraft erforderlich. Ohne Sicherungen wäre Kletterei im Schwierigkeitsgrad III–IV zu bewältigen. Für Ungeübte nicht zu empfehlen, allenfalls mit Gefährtensicherung durch versierte Tourenpartner.

E Extrem schwierig: streckenweise extrem exponierte und in senkrechtem, trittarmem Fels verlaufende, vorwiegend nur durch Stahlseile gesicherte Routen mit wenigen künstlichen Tritthilfen. Die schwierigsten Stellen erfordern Klettertechnik oder sehr große Armkraft. Ohne künstliche Anlagen wäre z. T. sehr schwierige Kletterei (V–VI) erforderlich. Diese Klettersteige haben eindeutig Sportcharakter und sind für Ungeübte nicht zu bewältigen. In diese Kategorie fallen auch sog. „Sportklettersteige" mit extremen technischen Anforderungen, dafür in Tal- oder Hüttennähe.

Tourenplanung

Bei der Planung einer Klettertour geht
es in erster Linie darum, einen geeigneten Klettersteig auszuwählen. Die Überlegungen, die man dabei anstellen sollte,
stimmen in vielerlei Hinsicht mit der
Planung einer Bergwanderung überein:
Jahreszeit, Wettersituation und zeitliche
Planung sind bekannte, feste Größen
für eine gute Tourenplanung. Neu ist
für den Bergwanderer die richtige
Einschätzung der Schwierigkeit eines
Klettersteigs. Veröffentlichungen in
Alpinzeitschriften und Gebietsführerli-
teratur bieten dafür eine umfangreiche
Planungsgrundlage.

Die Bewertung der klettersteig-
technischen Schwierigkeit
geschieht meist nach einer
fünfstufigen Skala. Die
Bezeichnungen sind zwar nicht
immer einheitlich, folgen
jedoch alle ungefähr einem
Schema (siehe Abb. links).

Tips für die Praxis:

- *Begehbarkeit des Klettersteigs und
Verhältnisse vor Ort prüfen; unter
Umständen Rücksprache mit dem
Hüttenwirt;*
- *Witterungsverlauf ständig im Auge
behalten;*
- *bei „Überfüllung" Alternativziel in
Erwägung ziehen oder verzichten;*
- *bei Gruppenunternehmungen auf eine
sinnvolle Reihenfolge der Teilnehmer
achten. Dabei sind konditionelle und
Erfahrungsunterschiede zu berücksichtigen, weil ein stärkeres einem schwäche-
ren Gruppenmitglied jederzeit helfen
kann.*

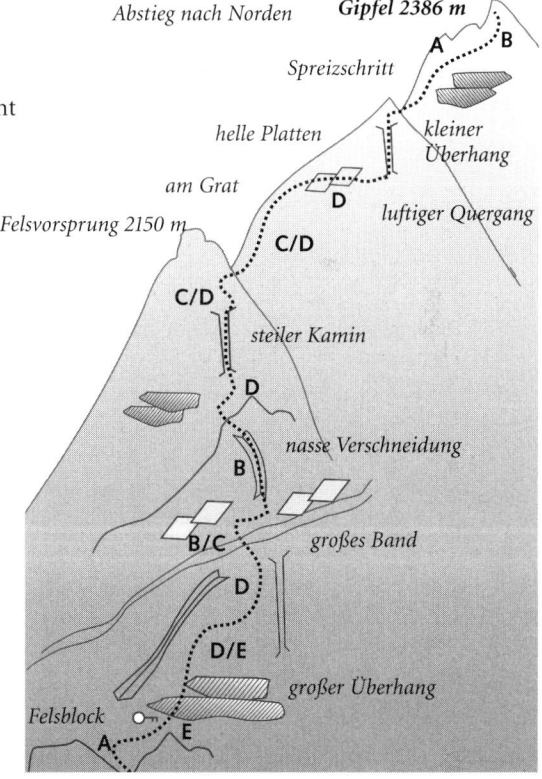

Beispiel für eine Anstiegsskizze

Einstieg 1850 m

HOCHTOUREN

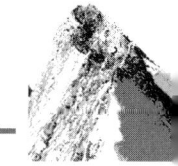

Unter Hochtouren sind Normalanstiege auf die Dreitausender der Zentralalpen und die Viertausender der Westalpen zu verstehen. Die Besteigung dieser Gipfel ist meist mit dem Begehen von Gletschern verbunden und mit der Fortbewegung in Schnee und Eis. Der Gipfelaufbau (meist sind es Grate) verlangt oft Kletterei (häufig jedoch in vereistem Fels) in den unteren Schwierigkeitsgraden (I–III) oder das Begehen von mittelsteilen Firn- bzw. Eisflanken.

Ausrüstung

Bekleidung

Bei der Bekleidung sollte man auf eine möglichst große Variabilität achten. Man sollte darauf vorbereitet sein, während einer Tour mit einem großen Temperaturbereich konfrontiert zu sein, auf Gletschern in der Sonne zu brüten und auf Graten im Sturm zu frieren. Das Zwiebelprinzip, mehrere Bekleidungsschichten übereinander, z. B. Funktionsunterwäsche, darüber eine Faserpelzschicht und außen Goretex-Material, empfiehlt sich, weil es die Anpassung an verschiedene Temperatur- und Wetterlagen ermöglicht (siehe Kapitel Sportklettern im Eis, Bekleidung). Auch bei schönstem Wetter sollte man die Haut möglichst bedeckt halten, um sich vor Sonnenschäden zu schützen. Mütze und Handschuhe sind Standard, bei Neuschnee oder aufgeweichten Gletschern sind Gamaschen sehr empfehlenswert. Bei Schlechtwettereinbrüchen können eine Sturmhaube und eine Schneebrille gute Dienste leisten.

Schuhe: Man hat die Wahl zwischen Plastik- und Lederbergschuhen. Der Plastikbergschuh schützt gut gegen Nässe und Kälte, sein herausnehmbarer Innenschuh trocknet auch gut, das Steigeisen mit Kipphebelbindung hält problemlos. Als Nachteil nimmt man in Kauf, bei wärmerer Witterung buchstäblich „im eigenen Saft" zu stehen, außerdem ist der Schuh relativ schwer und klobig. Im Lederbergschuh geht man bequem, er ist zum Klettern im Fels gut geeignet, da man im Sprunggelenk beweglicher ist. Dafür ist er wesentlich empfindlicher bei Kälte und Nässe.

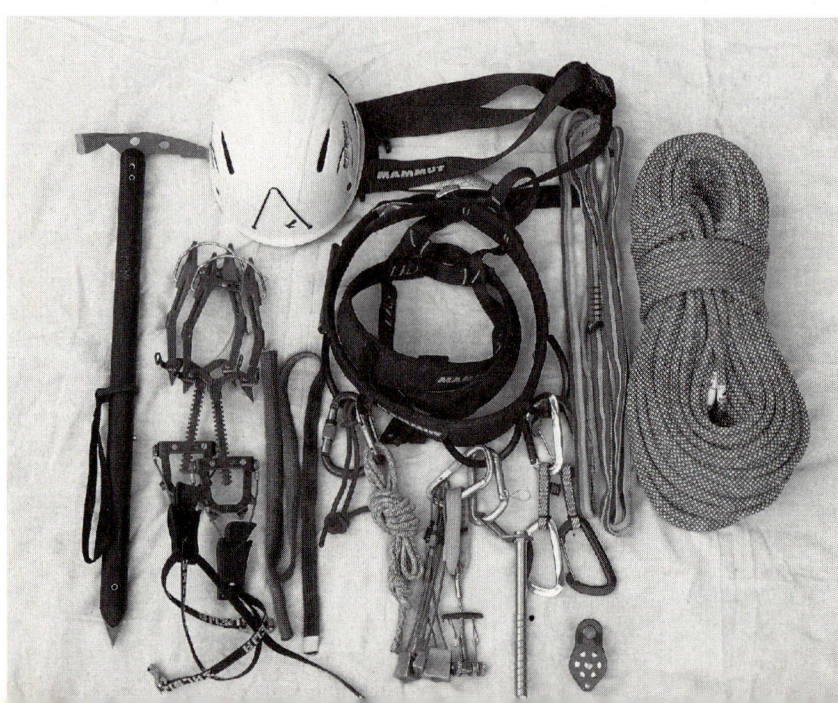

Sicherungsmittel

Die folgende sicherungstechnische Ausrüstung benötigt ein Seilschafts-mitglied bzw. die Seilschaft für eine leichte bis mittelschwere Hochtour. Bei anspruchsvolleren Unternehmungen sind zusätzlich Sicherungsmittel nötig (siehe Kapitel „Klassisches Felsklettern" und „Alpines Eisklettern").

Seil: imprägniertes Halbseil (für reine Gletscherbegehungen), 40–50 m lang (je nach Größe der Seilschaft); Einfachseil, falls dem Gletscher noch Felsgelände folgt, in dem gesichert wird;

Hüftgurt: verstellbare Beinschlaufen und vier Materialschlaufen;

Brustgurt: leichtes Modell (Achterband);

Anseilstück: Bandmaterial, ca. 1,5 m lang, offen;

Karabiner: 1 HMS, 1 Karabiner mit Verschlußsicherung, ca. 3–4 Normalkarabiner;

Reepschnurschlingen: eine lange (ca. 2 m), ein Kurzprusik, Reepschnurdurchmesser 5–6 mm;

Bandschlingen (am besten genäht): mit den beiden Standardlängen, die, einfach bzw. doppelt genommen, gut umgehängt werden können, für Felsgrate 2–3 weitere Schlingen;

Steigklemme und Seilrolle: sehr empfehlenswert, wenn man viel auf Gletschern unterwegs ist, da Rettungsmaßnahmen wesentlich erleichtert werden;

Eisschraube: mit scharfen Zähnen, von Hand eindrehbar;

Steigeisen: am besten mit Gelenk und Kipphebelbindung; Steigeisen in Kastenbauweise neigen eher zur gefährlichen Stollenbildung als Steigeisen in Scheren-

bauweise. In jedem Fall ist die Verwendung von Antistollplatten ratsam;

Pickel: Allroundmodell, das mit hängendem Arm gerade bis zum Boden reichen soll, Haue mit mittlerer Krümmung, Schaufel gerade.

Sonstige Ausrüstung

Sonnenschutz: Sonnencreme, Lippenschutz, Gletscherbrille und Sonnenhut sind auf Gletschern unverzichtbare Ausrüstungsgegenstände;

Orientierungsmaterial: topographische Gebietskarte, Kompaß und Höhenmesser;

Notfallausrüstung: Bergapotheke (siehe Unfall, Rettung, Erste Hilfe), Biwaksack, Alu-Rettungsfolie;

Rucksack: bei Hochtouren bis zu einer Woche ist ein Rucksack mit einem Volumen von 40–45 l vollkommen ausreichend. Ein größeres Volumen verführt nur dazu, zuviel mitzunehmen.

Bewegungstechnische Fertigkeiten

FORTBEWEGUNG IN SCHNEE UND WEICHEM FIRN

Die sichere Fortbewegung in Schnee und Firn ist nicht nur auf Hochtouren eine wichtige bewegungstechnische Fertigkeit. Im späten Frühjahr findet man auch in tieferen Lagen noch Schneefelder, meist an Schattenhängen, wo der Schnee sich auch bis in den Herbst hinein halten kann.

Anstiege in Schnee und Firn
Während das Gehen in weichem Schnee kaum Probleme bereitet, ist im harten Schnee und Firn darauf zu achten, daß die Trittfläche leicht hangeinwärts geneigt ist, weil dadurch die Gefahr des Abrutschens deutlich reduziert ist.

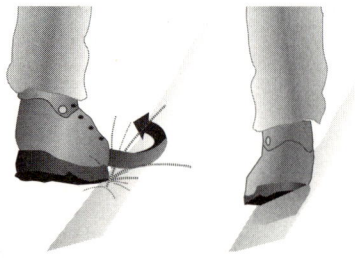

Anstieg in der Fallinie

Einkerben der Tritte im Firn

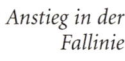

- Flaches bis mittelsteiles Gelände bewältigt man am besten in Serpentinen; dies ist nicht so kraftraubend wie der gerade Anstieg in Fallinie.
- Im steileren Gelände steigt man direkt in Fallinie an, wobei die Tritte mit den Fußspitzen durch mehr oder weniger festes Einschlagen geschaffen werden. Die Hände können als Gleichgewichtshilfe auf dem Schnee abstützend eingesetzt werden.

Querungen in Schnee und Firn
Häufig sind schneegefüllte Rinnen zu queren. Sind diese nicht zu steil, so setzt man den Bergfuß wie beim schrägen

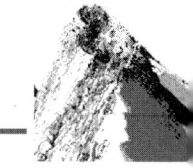

Anstieg, der Talfuß wird mit der Ferse und talwärts gerichteter Fußspitze eingekerbt.

• In sehr steilem Gelände wird mit dem Gesicht zur Wand gequert, wobei die Hände vor dem Körper abstützen. Die Füße werden mit Nachstellschritten weitergesetzt. Auch bei Querungen ist auf hangeinwärts geneigte Trittflächen zu achten.

Abstieg in Schnee und Firn

Im flachen und mittelsteilen Gelände wird in Fallinie mit dem Gesicht zum Tal abgestiegen. Die Schneebeschaffenheit muß aber das Hineintreten von

Tritten noch zulassen. In hüftbreiter Beinstellung wird mit der Ferse bei angehobener Fußspitze eine hangeinwärts geneigte Trittfläche geschaffen. Mit einer leichten Vorlage des Rumpfes wird das Körpergewicht über und auf das jeweilige Standbein verlagert.

• Wird das Gelände zu steil und/oder ist der Schnee zu hart für einen Abstieg vorwärts, so muß rückwärts, also mit dem Gesicht zum Hang, abgestiegen werden.

Abfahren in Schnee und Firn

Bei aufgefirntem Schnee und entsprechendem Gelände (nicht zu steil, keine Absturzgefahr) kann abgefahren werden.

• Eine mittlere Schrittstellung mit leicht gebeugten Kniegelenken sorgen für ein gutes Gleichgewicht.
• Die Fußspitzen zeigen in Fallinie nach unten, die Fußsohlen befinden sich in hangparalleler Stellung.
• Der Oberkörper wird leicht nach vorne gebeugt; um das Gleichgewicht besser zu stabilisieren, werden die Arme seitlich gehalten.

Verhalten bei Stürzen in Schnee und Firn

Beim Ausrutschen auf einem Schneefeld kann durch richtiges Verhalten Schlimmeres verhindert werden. Dabei führt ein Ausgleiten im Aufstieg meist zu einem Sturz in Bauchlage, ein Ausgleiten im Abstieg zu einem Sturz in Rückenlage.

Absteigen im Firn

Stabilisation in Rückenlage

Drehen in Bauchlage

Abbremsen in Bauchlage

Liegestützposition

Sturz in Bauch- bzw. Seitenlage

- Es wird schnellstmöglich versucht, in eine gespreizte Liegestützstellung zu kommen.
- Die Fußgelenke sind fest, die Fußspitzen zeigen senkrecht zum Hang.
- Die Finger und die Fußspitzen werden kräftig in den Schnee gedrückt.
- Der Oberkörper wird mit den Armen in eine Liegestützposition hochgedrückt, wodurch eine stark abbremsende Wirkung erzielt wird.
- Der gesamte Körper wird während des Bremsvorgangs unter Spannung gehalten.

Sturz in Rückenlage

- Der ganze Körper wird angespannt und mit seitlich abgespreizten Armen stabilisiert.

- Dann wird der Körper durch einen schwunghaften Einsatz eines Armes um die Längsachse gedreht, um in Bauchlage zu kommen. Der andere Arm wird zum Körper herangezogen.
- Abbremsen wie oben.

 *Tips für die Praxis:*

- *Beim Gehen im Schnee Handschuhe tragen;*
- *Skistöcke erleichtern das Gehen in Schnee und Firn erheblich, weil man mit ihnen besser das Gleichgewicht halten kann;*
- *das Abbremsen nach Stürzen kann im nicht felsdurchsetzten, absturzsicheren, sanft auslaufenden Gelände geübt werden;*
- *ist der Schnee beinhart gefroren, unbedingt rechtzeitig die Steigeisen anlegen.*

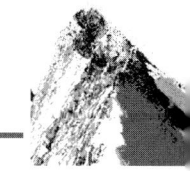

Gehen mit Steigeisen

Ist der Schnee hart gefroren oder bewegt man sich bereits im Eis, so wird mit Steigeisen gegangen. Das Gehen mit Steigeisen entspricht im wesentlichen der normalen Gehtechnik. Dabei ist auf eine etwas breitere Fußstellung (ca. hüftbreit) zu achten, damit sich beim Nach-vorne-Bringen des Fußes die Zacken nicht am anderen Bein (Schuh, Gamasche, Hose) verfangen. Ein etwas höheres Anheben des Fußes vermeidet, daß die Zacken am Untergrund hängen bleiben.

Im flachen Gelände sind auch beim Gehen mit Steigeisen Stöcke sehr hilfreich. Wird das Gelände steiler, so kommen spezielle Steigeisentechniken zur Anwendung. Grundsätzlich werden zwei Technikprinzipien unterschieden: die Vertikalzackentechnik und die Frontalzackentechnik.

Die Vertikalzackentechnik wird bei Hochtouren im mäßig steilen und mittelsteilen Gelände angewendet. Möglichst alle senkrecht stehenden Zacken werden im Eis eingesetzt. Das Steigen mit dieser Technik ist wesentlich kraftsparender als das Gehen nur auf dem Vorderfuß, bei dem die Wadenmuskulatur stark beansprucht wird. Im Rahmen der Vertikalzackentechnik gibt es viele Variationen, die sich v. a. durch eine unterschiedliche Handhabung des Eispickels auszeichnen. Hier beschränken wir uns auf zwei Techniken, die auf Hochtouren sinnvoll angewendet werden können.

Vertikalzackentechnik mit Stützpickel

Gelände: mäßig geneigt bis mittelsteil; Pickelgebrauch: der Pickel wird mit der bergseitigen Hand als Stütze verwendet, der Pickelkopf wird von oben umfaßt und die Spitze stützend eingesetzt, die Haue zeigt nach hinten;

- der Pickel wird aus der Ausgangsstellung (hüftbreite, V-förmige Fußstellung) bergseitig eingesetzt; das Gewicht lastet auf dem bergseitigen Bein;
- das talseitige Bein wird am Standbein vorbeigeführt und mit der ganzen Sohle parallel zur Eisoberfläche wieder aufgesetzt;
- das Gewicht lastet jetzt auf dem Talbein und dem unveränderten Eis-

pickel. Jetzt wird das bergseitige Bein hinter dem Standbein vorbeigeführt und das Steigeisen eingesetzt – damit ist die Ausgangsstellung wieder erreicht;

• da man größere bzw. längere Hänge am zweckmäßigsten in Serpentinen

Wende talwärts

ansteigt, sind Änderungen der Anstiegsrichtungen notwendig. Dazu ist eine Übergabe des Pickels in die andere Hand (die zur bergseitigen wird) notwendig;

• bei der Wende bergwärts geht man eine Kurve bergwärts, wobei die hüftbreite, V-förmige Bein- und Fußstellung erhalten bleibt, um nicht am anderen Bein hängenzubleiben und eine stabile Position für den Wechsel des Pickels einzunehmen;

• wird das Gelände für einen solchen Richtungswechsel zu steil, so erfolgt die Wende talwärts. Aus dem Schräganstieg zeigen die Fußspitzen deutlich talwärts. Zur Wende wird der vordere bergseitige Fuß belastet, und das andere Bein wird mit einem Aufdrehen des Oberkörpers (Blick ins Tal) hüftbreit höher gesetzt. Die Füße nehmen jetzt eine deutliche V-Stellung ein, der Wechsel des Pickels in die andere Hand kann erfolgen.

Tips für die Praxis:
• *Mit zunehmender Steilheit zeigen die Fußspitzen immer mehr talwärts, und die Schrittlänge wird kürzer;*
• *mit Lederschuhen ist die Beweglichkeit im Sprunggelenk größer als mit Plastikschuhen und die Vertikalzakkentechnik besser anzuwenden.*

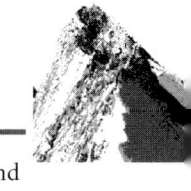

Vertikalzackentechnik im Abstieg;
Gelände: mäßig geneigt bis mittelsteil

Fußstellung im Abstieg

Vertikalzackentechnik mit Stützpickel im Abstieg

• Die Fußstellung ist parallel-offen, leichte V-Stellung.

• Aus einer Körperstellung mit leicht gebeugten Kniegelenken und nach vorn gebeugtem Oberkörper erfolgt der Pickeleinsatz so weit wie möglich talwärts.

• Das Gewicht wird auf den eingesetzten Eispickel gestützt, und man steigt mit sorgfältig gesetzten Steigeisen in eher kleinen Schritten (ganze Sohle setzt auf) bis auf Höhe des eingesetzten Pickels ab.

• Der eingesetzte Pickel erhöht während der Schritte ganz erheblich die Stabilität.

Stürzen mit Steigeisen

Kommt es zu einem Ausrutschen und Sturz mit Steigeisen, sollte man versuchen, die Beine sofort anzuheben, um mit den Steigeisen nicht „einzustechen", was meist Sprunggelenksverletzungen und ein Überschlagen zur Folge hat. Ohne Eisgerät wird in Bauchlage mit angewinkelten Unterschenkeln versucht, mit den Händen zu bremsen. Die Chancen, auf diese Weise einen Sturz zu bremsen, sind jedoch nicht sehr groß. Dies unterstreicht die Bedeutung des Pickels schon im harten Firn über 30° Steilheit. Beim Sturz mit Eisgerät greift eine Hand am Pickelkopf, die andere Hand unten am Schaft. Man drückt die Haue fest in den Schnee bzw. das Eis. Auch in diesem Fall sind die Unterschenkel angewinkelt.

Frontalzackentechnik

Die Frontalzackentechnik findet in steileren Passagen Anwendung, die mit der Vertikalzackentechnik nicht mehr begehbar sind. Die nach vorne schauenden Zacken werden in das Eis gesetzt. Das Steigeisen des unbelasteten Beins wird mit waagrechtem Vorderfuß ins Eis gesetzt. Die Kraft zum Einsetzen der Frontalzacken im Eis wird durch den Rückschwung einer Pendelbewegung des Unterschenkels erzielt. Nach dem Setzen der Eisen wird der Fuß in der gleichen Stellung belassen, da so die Eisen in einer stabilen Stellung bleiben. Die Fußstellung ist in etwa hüftbreit. Ist

Stützpickel

Kopfstützpickel von hinten

das Gelände nicht allzu steil, so greift auch das erste vertikal stehende Zackenpaar und trägt zur Stabilisierung bei. Die Variationen der Frontalzackentechnik werden ausführlich im Kapitel „Sportklettern im Eis" behandelt. An dieser Stelle werden nur zwei Einsatzmöglichkeiten im Rahmen von Hochtouren beschrieben, wo es manchmal durchaus notwendig sein kann, kürzere Steilstufen bzw. Flanken mit der Frontalzackentechnik zu überwinden.

Frontalzackentechnik mit Stützpickel

Gelände: kurze, steile Passagen;
• die Frontalzacken der Steigeisen werden im geraden Anstieg in das Eis gesetzt;
• der Pickel wird am Pickelkopf umfaßt und je nach Länge etwa auf Kniehöhe eingesetzt; er dient zur Erhaltung des Gleichgewichts, das Gewicht lastet auf den Beinen;
• jetzt erfolgen zwei Schritte nach oben, bevor der Pickel erneut höher gesetzt

wird. Zur weiteren Stabilisierung kann die freie Hand – je nach Steilheit – auf dem Eis stützend eingesetzt werden.

Frontalzackentechnik mit Kopfstützpickel

Gelände: mittelsteile bis steile Flanken mit griffigem Eis;
• Pickelgebrauch: Es wird von oben auf den Pickelkopf gegriffen und der Pickel mit der Haue etwas über Hüfthöhe stützend eingesetzt;
• die Haue des Pickels wird so hoch eingesetzt, daß von Anfang an ein stützendes Belasten möglich ist. Die freie Hand kann zusätzlich zur Gleichgewichtserhaltung auf dem Eis abstützen;
• Schritte aufwärts, bis ein Knie etwa auf Höhe des Pickelkopfs ist;
• Anheben des Gerätes und erneutes Höhersetzen.

Tips für die Praxis:

- Durch das fehlende Einschlagen des Eisgerätes (dadurch muß es nicht mühsam wieder herausgehebelt werden) ist diese Technik nicht nur kraftsparend, sondern auch sehr schnell;

- zur weiteren Kraftersparnis läßt sich diese Pickeltechnik sehr gut mit einer Mischform des Fußeinsatzes kombinieren. Dabei wird jeweils ein Fuß in Frontalzackentechnik, der andere in Vertikalzackentechnik eingesetzt (siehe Kapitel „Sportklettern im Eis"). Nach einer bestimmten Strecke wird für jeden Fuß die Technik gewechselt.

Frontalzackentechnik mit Kopfstützpickel

ELEMENTARE BEWEGUNGTECH-NISCHE FERTIGKEITEN IM FELS (BIS SCHWIERIGKEITSGRAD III)

Da bei Hochtouren neben der Begehung von Gletschern, Firn- und Eisflanken auch Klettereien im Fels vorkommen, wird an dieser Stelle auf elementare Bausteine der Klettertechnik eingegangen. Da man Hochtouren mit festen Bergschuhen (Leder oder Kunststoff) unternimmt, gelten die folgenden Ausführungen im besonderen für derartiges Schuhwerk.

• Drei-Punkte-Regel: Von den vier Kontaktpunkten mit dem Fels (zwei Füße, zwei Hände) sollen möglichst drei am Fels sein und jeweils nur einer weiterbewegt werden. Dieser Grundsatz dient vor allem sicherem, kontrolliertem Klettern, was besonders bei nassem und/oder vereistem Fels von großer Bedeutung ist.

• Der Körperschwerpunkt (KSP) befindet sich in der Bewegung über der Trittfläche eines Fußes (z. B. linkes Bein), der andere Fuß wird höher gesetzt. Es erfolgt eine Verlagerung des KSP über die neue Trittfläche (rechtes Bein), und das Bein wird durchgedrückt. Das andere (linke) Bein wird nachgeholt bzw. gleich höher gesetzt.

- Die Hubarbeit erfolgt vorwiegend mit den Beinen, die Hände erhalten das Gleichgewicht.
- Zweifelhafte Tritte kann man durch Anklopfen mit dem Schuh auf Festigkeit prüfen.
- Die Schuhspitzen setzt man am besten auf waagrechte Tritte, die v. a. bei nassem und vereistem Fels Reibungstritten vorzuziehen sind.
- Es sind kleine bis mittlere Schritthöhen zu wählen (vor allem bei einem gefüllten Rucksack), d. h., man sollte nicht zu hoch antreten, da sonst der Kraftaufwand in der Oberschenkelmuskulatur zu groß wird.

- Die Griffe sollten möglichst senkrecht nach unten belastet werden; zweifelhafte Griffe sind durch Anklopfen mit dem Handballen oder durch vorsichtige Belastung auf Festigkeit prüfen.
- Das Abklettern im Schwierigkeitsgrad I–II erfolgt am ökonomischsten mit dem Gesicht talwärts. Auf diese Weise können Griff- und Trittmöglichkeiten leichter erkannt werden, man bewahrt die Übersicht und kommt zügig voran. Auch hier gelten die Grundsätze der Drei-Punkte-Regel und der KPS-Verlagerung.
- Kurze Steilstufen werden mit dem Gesicht bergwärts überwunden.

Spreizen am Fels

Treten mit schweren Schuhen

Abklettern mit dem Gesicht talwärts

Hubarbeit aus Beinen

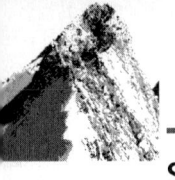

Sicherungstechnische Fertigkeiten

Um sich auf Gletschern, Graten und im leichten Felsgelände situationsgerecht gesichert bewegen zu können, benötigt man bestimmte sicherungstechnische Fertigkeiten. Hier wird v. a. auf die Begehung von Gletschern eingegangen, die Sicherungstechnik auf Graten wird nur kurz angeschnitten. Zur Sicherungstechnik im Klettergelände verweisen wir auf die entsprechenden Kapitel im Bereich „Klettern".

BEGEHUNG VON GLETSCHERN

Gletscher sind fließende Eismassen, die durch ihre Bewegung an bestimmten Stellen aufreißen und Spalten bilden. Diese Gletscherspalten sind je nach Jahreszeit überwächtet, ganz mit Schnee bedeckt oder offen. Ein schneebedeckter Gletscher wird in der Regel angeseilt begangen! Durch das Seil wird ein Sturz in eine Spalte zwar nicht verhindert, der Sturz kann jedoch von den Seilschaftsmitgliedern gehalten werden.

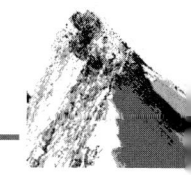

Anseilen

Das Anseilen geschieht am besten mittels Hüft- und Brustgurt, die durch ein Achterband verbunden werden.

- Ein ca. 1,5 m langes Schlauchbandstück wird mittels Sackstich in die Anseilschlaufe des Hüftgurts geknüpft. Die beiden Enden des Schlauchbandes werden durch die Anseilschlaufen des Brustgurtes geführt und mit dem Sackstich in Ringform (Bandschlingenknoten) verbunden.

- Das Seil wird nun mittels Sackstich und Karabiner (mit Verschlußsicherung) in beide Ringe des Achterbandes eingehängt. Beim Komplettgurt (deutlich schlechtere Möglichkeit einer Anseilkombination) werden die beiden Anseilschlaufen ebenfalls mit einem Anseilstück (Länge ca. 80 cm) mittels Sackstich verbunden.

- Jetzt wird das Seil – analog zur oben beschriebenen Methode – mit Sackstich und Verschlußkarabiner in den entstandenen Seilring (Schlauchbandring) eingehängt.

- Jedes Seilschaftsmitglied sollte die Prusikschlingen, eine Bandschlinge und 2–3 Karabiner griffbereit am Gurt haben. Bandschlinge und Prusikschlingen müssen dabei möglichst kurz abgebunden sein, damit sie sich auf keinen Fall in den Steigeisen verhängen können.

- Für das Halten von Stürzen wäre ein Anseilen nur am Hüftgurt idealer (nahe am KSP), jedoch kann ein Spaltensturz mit Rucksack dann problematisch werden. Ist der Rucksack nicht besonders schwer, so ist es trotzdem vorteilhaft, auf den Brustgurt zu verzichten. Dann sollte aber eine Rucksackabwurfschlinge vorbereitet werden, um im Falle eines Spaltensturzes den Rucksack schnell von den Schultern zu bringen.

Anseilen mit Hüft- und Brustgurt

Vorbereitete Rucksackabwurfschlinge

Seilschaftsgröße und Abstände

Eine Seilschaft kann bei Hochtouren aus zwei, drei, vier oder fünf Mitgliedern bestehen. Die Seilabstände zwischen den einzelnen Mitgliedern sind grobe Richtwerte und sollten den Verhältnissen angepaßt werden.

• Die Zweierseilschaft sollte nach Möglichkeit vermieden werden, da bei einem Spaltensturz sowohl das Halten des Sturzes als auch die Bergung des Gestürzten problematisch sind. Besser ist es, sich zu einer größeren Seilschaft zusammenzuschließen. Gibt es keine Alternative, so empfiehlt es sich bei der Zweier- und evtl. auch noch bei der Dreierseilschaft, mehrere Achterknoten als Bremsknoten ins Seil zu knüpfen. Diese Bremsknoten befinden sich am geeignetsten im mittleren Seildrittel zwischen zwei Seilschaftsnachbarn. Auf diese Weise ist gewährleistet, daß sich das Seil bei einem Spaltensturz zunächst einschneiden kann und dann die Bremsknoten wirksam werden können.

Spaltensturz versus Mitreißunfall

Die Abwägung dieser beiden Gefahren ist entscheidend dafür, ob es sinnvoll ist oder nicht, einen Gletscher „gletschermäßig angeseilt" zu begehen. Man sollte sich bewußtmachen, daß es einer gletschermäßig angeseilten Seilschaft in einem harten Firnhang, der steiler ist als 35 Grad, nicht möglich sein wird, den Sturz eines stolpernden Seilschaftsmitglieds zu halten. Der Seilschaftsabsturz ist dann die unvermeidliche Folge. Daher kann es im steileren Gletschergelände auch sinnvoll sein, auf das Seil zu verzichten bzw. Sicherungsmethoden aus dem Kletterbereich anzuwenden.

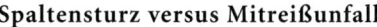

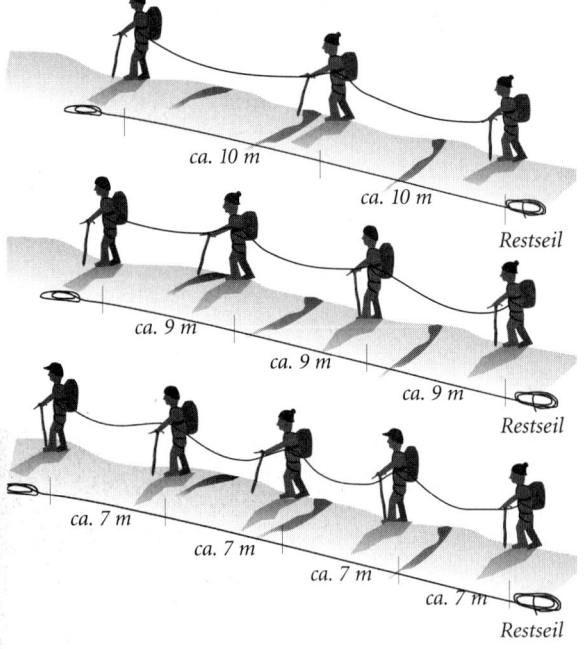

ca. 10 m
ca. 10 m
Restseil

ca. 9 m
ca. 9 m
ca. 9 m
Restseil

ca. 7 m
ca. 7 m
ca. 7 m
ca. 7 m
Restseil

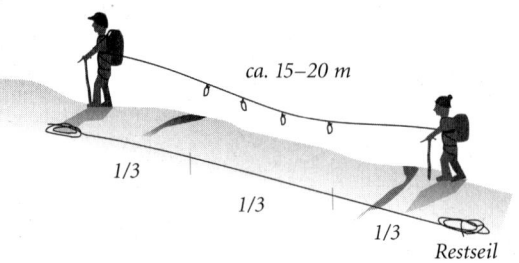

ca. 15–20 m
1/3
1/3
1/3
Restseil

Funktionelle Anordnung von Bremsknoten

BEGEHEN VON GRATEN

Viele Gipfelanstiege in den Zentral- und Westalpen führen über Grate. Dies sind sowohl blockige Felsgrate, Eis- und Firngrate als auch kombinierte Grate, auf denen je nach Schwierigkeit gleichzeitig gegangen, geklettert oder die Gefährtensicherung angewendet wird.

• Auf flachen, aber ausgesetzten Blockgraten ist es möglich, das Seil kürzer (15–20 m) abzubinden, das Seil jeweils um Felszacken zu legen bzw. laufenzulassen und gleichzeitig zu gehen.

• Wird der Grat steiler und schwieriger, wird SL für SL gesichert, wobei die vielen Gratzacken ideale Fixpunkte sind, die für den Standplatz und für das Anbringen von Zwischensicherungen verwendet werden (siehe Kapitel „Klassisches Felsklettern").

• Gleichzeitiges angeseiltes Gehen an einem Firn- oder Eisgrat ist höchst problematisch (gemeint ist hier nicht die Seilschaft Bergführer mit Gast), da die Mitreißgefahr sehr groß ist. Sind sich beide bzw. alle Partner sicher und beherrschen sie das Gelände, so gehen sie am besten seilfrei. Wird das Gelände schwieriger und/oder werden die Verhältnisse ungünstiger (z. B. Blank-

eis), so wird von Stand zu Stand gesichert.

Detaillierte Angaben zur Sicherungstechnik in Fels und Eis finden sich in den Kapiteln „Klassisches Felsklettern" und „Alpines Eisklettern".

Tips für die Praxis:

• *Aus Sicherheitsgründen ist es im Klettergelände empfehlenswert, das Seil direkt mittels Sackstich oder Achterknoten in das Achterband einzubinden;*

• *auf kombinierten Graten ist es meist am günstigsten, mit Steigeisen zu klettern;*

• *auf stark zerklüfteten Felsgraten mit vielen Zacken und Türmen ist es sinnvoll, etwas kürzere Seillängen zu gehen, da sonst die Seilreibung zu groß wird;*

• *ist ein längeres leichtes Gratstück ohne Absturzgefahr zu überbrücken, dann nimmt jeder Seilpartner knapp die Hälfte des Seils auf und bindet es ab, um dieses Teilstück gemeinsam zurücklegen zu können.*

Gleichzeitiges Gehen am Blockgrat

Kombinierter Grat

Taktik und kognitive Fähigkeiten

Taktische Überlegungen sind zum einen in der Phase der Planung, zum anderen auch während einer Hochtour notwendig, um ein sicheres und erlebnisreiches Gelingen zu gewährleisten. In beiden Phasen ist Voraussetzung, daß man die speziellen Risikofaktoren einer Hochtour kennt.

Spezielle Risikofaktoren

Der Mensch ist mit seinen Unzulänglichkeiten natürlich auch auf Hochtouren ein immanenter Risikofaktor (siehe Kapitel „Bergsport als Risikosport"). Doch spezielle Gefahren lauern v. a. im Bereich des alpinen Umfeldes.

Lawinen: Lawinengefahr besteht grundsätzlich nicht nur im Winter, sondern kann auch den Hochtourengeher im sommerlichen Gebirge betreffen. Folgende Faktoren können dabei die Lawinengefahr ansteigen lassen:

- frühsommerliche Verhältnisse mit noch großen Schneemengen;
- sommerliche Neuschneefälle in größerer Menge oder
- Durchfeuchtung der Schneedecke aufgrund starker Erwärmung.

Letzteres ist besonders in die Tourenplanung einzubeziehen: steile Querungen am Nachmittag sind besonders kritisch.

Steinschlag: Unter Flanken, Felswänden, Moränen besteht grundsätzlich Steinschlaggefahr. Sie nimmt mit der Tageserwärmung zu.

Spaltensturz: die Gefahr Nummer eins auf Hochtouren. Man kann sich jedoch weitgehend gegen unangenehme Folgen eines Spaltensturzes schützen, indem man Gletscher vorschriftsmäßig angeseilt begeht und über Kenntnisse der Spaltenbergung (siehe „Spezielle Bergrettung") verfügt. Alleingeher wiegen sich auf ausgetretenen Pfaden gerne zu Unrecht in Sicherheit.

Absturz: Die Gefahr abzustürzen wird auf Hochtouren v. a. in steileren Firnflanken unterschätzt. Schon in hartgefrorenen Hängen über 30 Grad Steilheit kann eine gletschermäßig angeseilte Seilschaft den Sturz eines einzelnen kaum halten. Ein solcher Sturz führt dann unweigerlich zu einem Mitreißunfall und dem Absturz der ganzen Seilschaft. Deshalb muß unbedingt rechtzeitig auf das Seil verzichtet bzw. zu anderen Sicherungstechniken gegriffen werden.

Tip für die Praxis:
• Die Gefahr eines Spaltensturzes wird oft überschätzt, die Gefahr eines Mitreißunfalls generell unterschätzt.

Wettererscheinungen: Kälte und Nässe stellen besonders bei Unfällen oder Notbiwaks eine ernste Gefahr dar. Schneefall und Nebel machen die Orientierung schwierig und langwierig. Gewitter gehören besonders in den Sommermonaten zum Alltag. Sie lassen sich bei Hochtouren durch eine geeignete Zeitplanung aber gut vermeiden. Gelingt dies nicht, bringen Blitzschlag gepaart mit den bereits genannten Wettererscheinungen den Bergsteiger

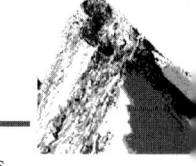

schnell in größte Probleme. Besonders gefährdet ist er dabei an exponierten Stellen, wie Graten etc.

Wächtenbruch: Gipfelanstiege folgen oft Firngraten. Es ist nicht immer leicht zu erkennen, wo das überwächtete Gelände beginnt; dabei ist auch eine vorhandene Spur kein Sicherheitsgarant.

Höhe: Auf vielen Hochtouren der Westalpen bewegt man sich oberhalb von 3500 m, einer Höhe, die im Organismus viele Arten von Höhenkomplikationen hervorrufen kann. Übernachtungen auf hochgelegenen Hütten sollten nur im gut akklimatisierten Zustand in Betracht gezogen werden.

TOURENPLANUNG

Oft werden schon bei der Planung Fehler gemacht, die eine Hochtour scheitern lassen. Es gilt, ein geeignetes Tourenziel und -gebiet auszuwählen, einen vernünftigen Zeitplan zu erstellen, taktische Vorüberlegungen anzustellen und sich eine Orientierung zu verschaffen.

Tourenziel und -gebiet

Die wichtigsten Kriterien für ein geeignetes Tourenziel sind die technische Schwierigkeit, die Jahreszeit und die zu erwartende Wettersituation.

Technische Schwierigkeiten: Über alle gängigen Hochtouren existiert eine umfangreiche Führerliteratur, die Auskunft über die zu erwartenden Anforderungen gibt. Jahreszeit: Die beste Jahreszeit für Hochtouren im Alpenraum ist zwischen Mitte Juni und Anfang September. In den Westalpen

trifft man zu Beginn dieses Zeitraums unter Umständen noch auf viel Schnee, der die Anforderungen steigert. Anfang September muß man hier bereits wieder mit dem ersten Wintereinbruch rechnen.

Wettersituation: Die zu erwartende Wettersituation ist oft entscheidend für die Wahl des Tourenziels. Besonders bei langen Unternehmungen sollte die Wettervorhersage Luft für etwaige Verzögerungen der Tour lassen. Bei unsicherer Informationslage sollte man sich weniger anspruchsvolle Ausweichziele zurechtlegen.

Zeitliche Planung

Auch ein realistischer Zeitplan trägt entscheidend zum Gelingen einer Hochtour bei. Folgende Überlegungen sollten darin eingehen:

• Zeitangaben in Führern sind generell für gute Verhältnisse und zügige Seilschaften kalkuliert. Daher sollte man evtl. einen Zeitaufschlag einrechnen;

• größere Neuschneemengen, schlechte Sichtverhältnisse, großer Andrang sind Faktoren, die sich stark verzögernd auswirken;

• falls die Route durch die Tageserwärmung lawinengefährdet wird, ist ein besonders früher Start wichtig.

Taktische Vorüberlegungen

Die Tourenplanung sollte außerdem spezielle Überlegungen zu Ausrüstung, Logistik und Akklimatisierung beinhalten.

Ausrüstung: Es kommt darauf an, alles Notwendige, aber nichts Überflüssiges

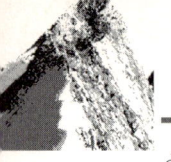

dabeizuhaben. Man muß sich bewußt sein, daß jedes überflüssige Kilo Kraft und Zeit kostet. Daher sollte man sich angewöhnen, wirklich jeden Ausrüstungsgegenstand in die Waagschale zu werfen. Teile der Gruppenausrüstung wie Biwaksack oder Bergapotheke sollten von vornherein klar zugeteilt werden, um sie nicht mehrfach mitzutragen.

▶ *Tip für die Praxis:*
• *Die gesamte Ausrüstung für eine einwöchige Hochtour paßt in einen 40-l-Rucksack. Z. B. wird auf mehrtägigen Hochtouren generell zuviel Wechselwäsche eingepackt.*

Logistik: Solche Überlegungen betreffen die Anreise, mögliche Stützpunkte im Tal und während der Tour sowie die Verpflegung unterwegs. Ist die geplante Hütte bewirtschaftet, oder muß man sich auf Selbstversorgung einstellen? In den Monaten Juli und August sollte man auf den Hütten Reservierungen

vornehmen. Entscheidend ist auch die Frage nach der Verpflegung. Je nach Trainingszustand, Höhenlage und Vorermüdung muß mit einem Flüssigkeitsbedarf von 2–5 l pro Tag und Person kalkuliert werden. Flüssigkeitsmangel mindert die Leistungsfähigkeit erheblich. Daher sollte man untertags schon zwischen einem und zwei Litern an Getränken zur Verfügung haben. Für die feste Tagesverpflegung eignen sich besonders Energieriegel, Schokolade und Trockenobst.

Akklimatisierung: Plant man eine Tour auf Höhen über 3500 m, so ist es wichtig, sich vorher gut zu akklimatisieren. Das kann z. B. dadurch geschehen, daß man eine kürzere, einfachere Route im selben in den Höhenbereich vorschiebt, um dann nach einem Ruhetag im Tal zur eigentlich geplanten Unternehmung aufzubrechen. Besondere Vorsicht ist bei Übernachtungen auf hochgelegenen Hütten geboten. Eine solche Nacht im nicht akklimatisierten Zustand wird meist in sehr unangenehmer Erinnerung bleiben.

Orientierung

Fundierte Kenntnisse im Umgang mit Karte, Kompaß und Höhenmesser sind auf Hochtouren unverzichtbar. Darüber hinaus hat sich als günstig erwiesen, wenn man eine knappe Routenskizze mit den markantesten Wegpunkten vorbereitet, um nicht alle 5 m auf die Karte schauen zu müssen. Bei schlechtem Wetter sollte man die Karte mit einer wasserdichten Folie schützen (Kartentasche).

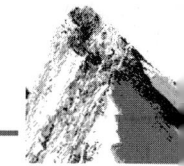

Während der Hochtour

Im Tourengebiet, beim Hüttenaufstieg und während der Tour müssen die Vorannahmen der Tourenplanung laufend überprüft und ggf. korrigiert werden. Ist für den nächsten Morgen ein Start bei Dunkelheit geplant, so ist es wichtig, daß man sich schon am Vortag markante Orientierungspunkte einprägt, die mit der Stirnlampe auch erkannt werden. Ein frühmorgendliches „Verhauen" hat schon oft die schönste Tourenplanung zunichte gemacht. Rucksack und Material werden bereits am Vorabend gerichtet, um den morgendlichen Start nicht zu verzögern. Das Anfangstempo sollte so gewählt werden, daß es auch für das schwächste Gruppenmitglied angenehm ist.

Folgende Entscheidungen sind auf Hochtouren laufend zu treffen und zu überprüfen:

Steigeisen – ja oder nein? Im hartgefrorenen Firn kann man Steigeisen nicht früh genug anlegen, auch im flacheren Firngelände stören sie nicht. Bei Neuschnee bzw. durchfeuchtetem Firn verzichtet man oft besser auf Steigeisen, da diese sowieso nur Stollen bilden.

Seil – ja oder nein? Verschneite Gletscher begeht man generell angeseilt. Harte Firnhänge über 30 Grad Steilheit sollten aber wegen der drohenden Mitreißgefahr nicht mehr „gletschermäßig angeseilt" begangen werden. Leichtes Klettergelände, steilere Firnflanken und Grate begeht man je nach persönlichem Können seilfrei oder mit entsprechender Sicherungstechnik aus dem Bereich „Klettern".

Pickel oder Skistöcke? Auf spaltigen Gletschern und in Flanken über 30 Grad Steilheit muß der Pickel immer griffbereit sein. Nur so ist es möglich, den eigenen Sturz oder den Sturz eines Gefährten abzufangen (siehe „Bewegungstechnische Fertigkeiten").

Auch die zeitliche Orientierung sollte man nicht aus den Augen lassen. Dazu vergleicht man den tatsächlichen Tourenverlauf ständig mit dem Zeitplan. Auf gröbere Abweichungen muß entsprechend reagiert werden. Eventuell ist es sinnvoller, zum Ausgangspunkt zurückzukehren. Vielleicht läßt sich aber auch auf ein anderes Ziel ausweichen, das realistischer ist.

Nahrungsaufnahme

Je länger die Unternehmung dauert, desto wichtiger ist es, auch während der Kletterei regelmäßig Nahrung zu sich zu nehmen. Die Nahrungsaufnahme soll einerseits den Wasser- und Elektrolyt-Haushalt des Organismus in einem funktionsfähigen Bereich halten, andererseits die Energieversorgung sicherstellen. Wird die Nahrungsaufnahme vernachlässigt, so sind erhebliche Leistungsverluste unvermeidlich. Diese Leistungsverluste betreffen sowohl koordinative als auch konditionelle Fähigkeiten. Sie bedeuten damit nicht nur ein langsames Tempo, sondern stellen im anspruchsvollen Gelände ein großes Sicherheitsrisiko dar. Um dies zu vermeiden, empfiehlt es sich, in einem Abstand von 1,5–2 Std. Nahrung in fester und flüssiger Form nachzuführen.

Spezielle Bergrettungsmaßnahmen

Spaltenbergung: Die Rettung aus einer Gletscherspalte erfordert von den Beteiligten ein flexibles Handeln, das von verschiedenen Faktoren abhängt: Der Größe der Seilschaft, der Beschaffenheit des Schnees auf dem Gletscher (bei Blankeis ist ein Spaltensturz kaum wahrscheinlich), der Frage, welches Seilschaftsmitglied in der Spalte hängt, der Überwächtung des Spaltenrandes, usw. Hier werden die grundlegenden Verfahren dargestellt, mit denen nahezu alle Situationen gemeistert werden können.

Knoten

Folgende spezielle Knoten kommen bei der Spaltenrettung zur Anwendung:
• Prusikknoten: Dieser Klemmknoten wird am Reepschnurende auch in der „gesteckten" Version verwendet;
• Gardaknoten;
• Kreuzklemmknoten.

Fixierung des Gestürzten

Allen Verfahren ist als erster Schritt der Bau einer Fixierung gemeinsam.

• Normalerweise übernimmt derjenige diese Aufgabe, der dem Gestürzten folgt (bei richtigem Seilabstand und leicht gespanntem Seil ist dies auch möglich). Er hebt den T-Graben aus und überträgt die Last mittels Prusikschlinge auf den Pickel.

• Der dritte (bei einer Viererseilschaft natürlich auch der vierte) hält während dessen den Gestürzten. Die Tiefe des T-Grabens ist abhängig von der Schneekonsistenz: Bei feuchtem Schnee, der sich gut verdichten läßt, reichen ca. 40 cm; bei weichem Schnee muß tiefer gegraben werden und die Fläche des Ankers größer sein (Rucksack). Der dünne Graben für die Bandschlinge sollte vom Anker annähernd waagrecht herausführen.

• Nach dem Einlegen des Ankers mit Schlinge wird dieser mit Schnee zuge-

belastetes Seil

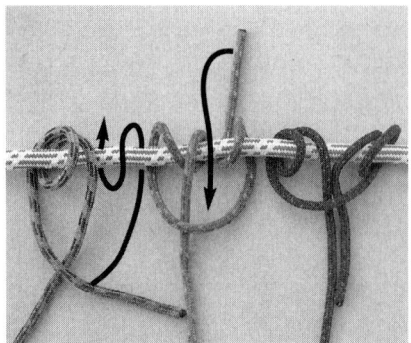

Gesteckter Prusik

Gardaknoten

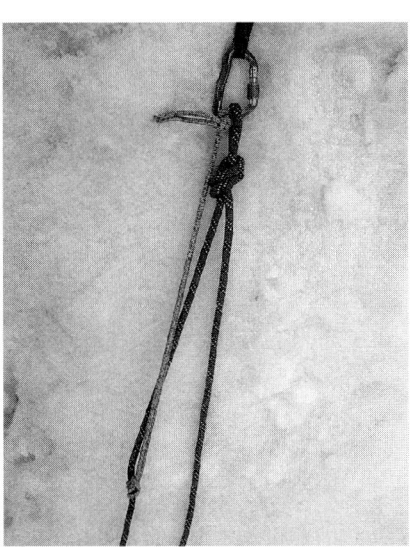

*Fixierung des Lastseils am T-Anker mit abge-
knotetem Prusik, Hintersicherung durch
Hauptseil*

deckt und Schicht für Schicht gut ver-
dichtet. Danach kann die Last mittels
Prusikschlinge behutsam auf den T-
Anker übertragen werden. Das Haupt-
seil wird zur Hintersicherung mittels
Sackstich oder Mastwurf ebenfalls im
Lastkarabiner fixiert.

• Die in die Spalte gestürzte Person
kann sich bei Spaltenwandkontakt
(der nicht immer gegeben ist) an der
mitgeführten Eisschraube (siehe Ausrüstung) selbst sichern. Dies erleichtert die Rettungsarbeiten der Partner
ganz wesentlich.

• Damit hat der vorderste Retter seine
Aufgabe zunächst erfüllt. Er steht auf
dem Anker und hintersichert diesen
zusätzlich.

RETTUNG DURCH DIE GEFÄHRTEN

Klassische „Lose Rolle"

Dieses Verfahren bringt in den aller-
meisten Fällen den schnellsten Erfolg
und kann als wichtigste Spaltenber-
gungsmethode angesehen werden. Wir
beschreiben das Verfahren hier für eine
Dreierseilschaft bei einem Sturz des
Seilschaftsersten. Bei anderen Seil-
schaftskonstellationen muß es nur
leicht verändert werden.

• Der Mittelmann bleibt gesichert auf
dem T-Anker stehen. Der Hintermann
macht die Puppe mit dem Restseil auf
und geht an einer Prusikschlinge gesichert zum Spaltenrand (der Prusikknoten wird dabei mitgeschoben). Es
ist bei der Selbstsicherung vorteilhaft,
daß ein Ende des Prusiks frei bleibt, da
dieses später noch zur Rücklauf-sperre
verwendet werden kann.

• Er nimmt Kontakt zum Gestürzten
auf. Falls dieser aktionsfähig ist, läßt er

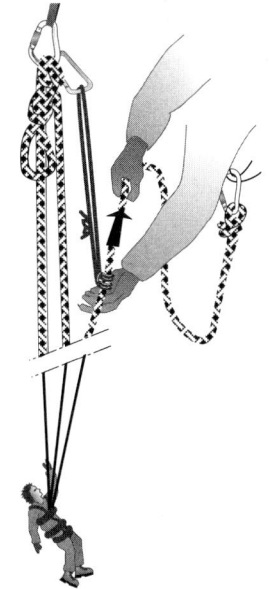

ihm eine Seilschlinge mit einem Karabiner hinab („Lose Rolle").

- Der Gestürzte hängt den Karabiner in seinen Anseilpunkt ein.
- Der Retter am Spaltenrand stellt nun noch eine Rücklaufsperre her, da ein Hochziehen ohne Ausruhen meist nicht möglich ist. Die Rücklaufsperre kann mit einem gesteckten Prusikknoten am freien Strang der Selbstsicherungsschlinge erfolgen. Falls das Material vorhanden ist, läßt sich die Rücklaufsperre einfacher und schneller realisieren – mit Hilfe zweier Kurzprusikschlingen, die man mit einem Karabiner verbindet.
- Um ein Einschneiden des Zugseils am Spaltenrand zu verhindern, legt man am besten einen Pickel unter das Zugseil, den man am Lastseil sichert.

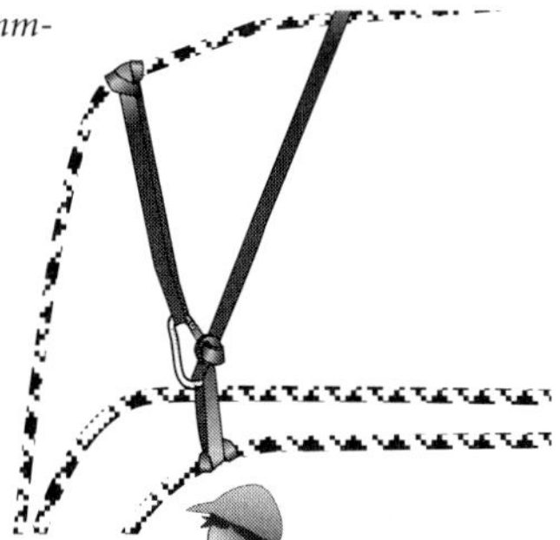

Schema: „Lose Rolle" in Aktion

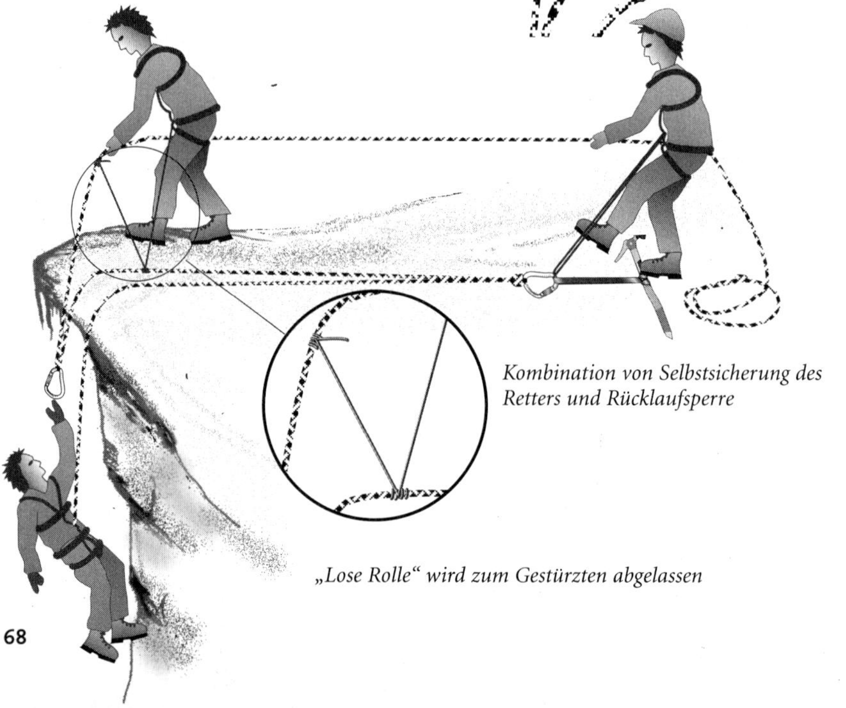

„Lose Rolle" ohne Prusikschlingen

Stehen zuwenig Prusikschlingen zur Verfügung, so kann man sich auch mit einer kurzen und einer langen Bandschlinge weiterhelfen. Der Retter kann damit das Verfahren „Lose Rolle ohne Prusikschlinge" durchführen (vgl. Freudig/Martin, 1995). Der Hintermann kommt dabei mit der längeren Bandschlinge mittels Kreuzklemmknoten, der mitgeschoben wird, nach vorn an den Spaltenrand. Mit der kürzeren Schlinge bringt er, wie in der Abbildung dargestellt, die Rücklaufsperre an.

Kreuzklemmknoten

Kombination von Selbstsicherung des Retters und Rücklaufsperre

„Lose Rolle" wird zum Gestürzten abgelassen

Tips für die Praxis:

- *Das Hochziehen gelingt am besten, wenn das Seil von der Rolle direkt nach oben gezogen werden kann. Dazu muß man dicht am Spaltenrand stehen und sollte auf eine kurze Selbstsicherung achten (ca. 50–60 cm, je nach Körpergröße). Läuft das Seil noch über den Spaltenrand, so ist wesentlich mehr Zugkraft nötig;*
- *die Zugarbeit wird am besten aus den Beinen heraus geleistet, indem man aus der Hocke heraus zunächst mit beiden Händen zieht und dabei aufsteht. Eine Hand schiebt dann die Rücklaufsperre nach unten;*

- *eine Seilrolle und eine Steigklemme erleichtern den ganzen Vorgang ganz wesentlich, da die Reibung in der „Losen Rolle" vermindert wird und die Steigklemme wesentlich besser nach unten geschoben werden kann als ein nasser Prusikknoten;*
- *der Gestürzte kann u. U. mithelfen, indem er sich am fixen Seil (nicht an dem, das gezogen wird!) jeweils mit dem Zug von oben hochzieht;*
- *bei einer Zweierseilschaft muß der Retter zunächst unter der vollen Last die Fixierung, die absolut verläßlich sein muß, bauen und anschließend das Hochziehen durchführen.*

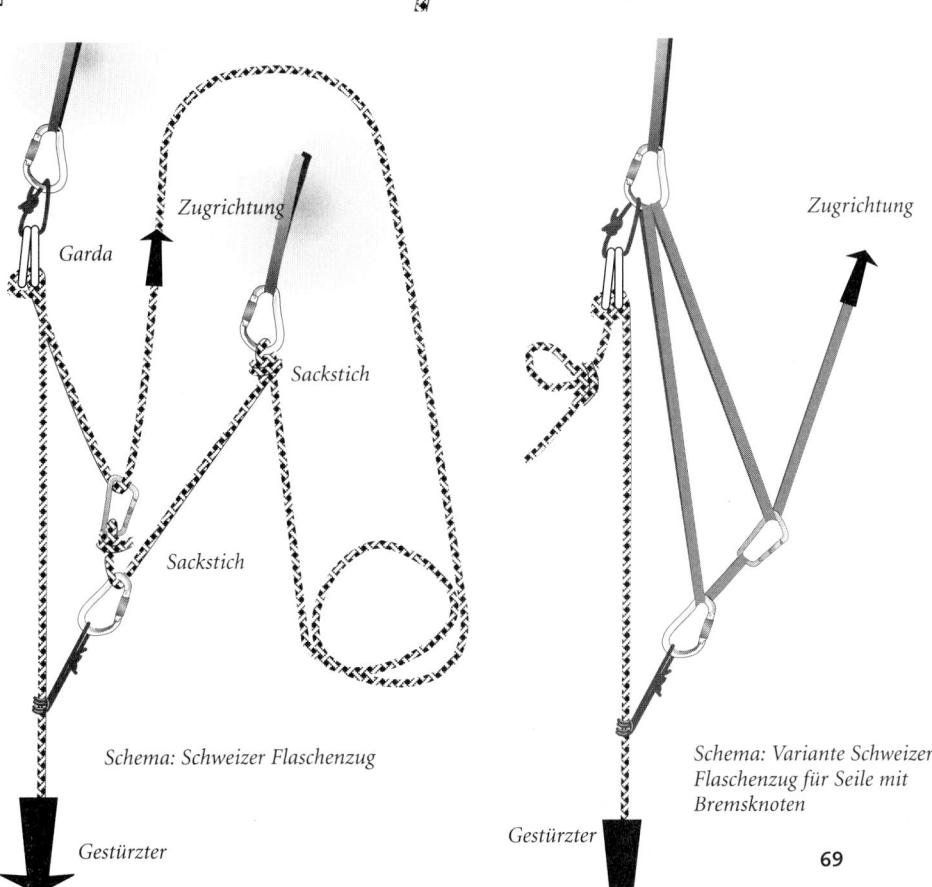

Zugrichtung

Garda

Sackstich

Sackstich

Schema: Schweizer Flaschenzug

Gestürzter

Zugrichtung

Schema: Variante Schweizer Flaschenzug für Seile mit Bremsknoten

Gestürzter

69

Mannschaftszug

Stehen genügend Helfer zur Verfügung (z. B. bei einer Fünferseilschaft), so kann der Gestürzte nach der Kontaktaufnahme des vordersten Helfers mit dem Gestürzten auf Kommando behutsam herausgezogen werden. Besondere Vorsicht ist bei einem eingeschnittenen Seil geboten, damit der Gestürzte nicht unkontrolliert unter den überhängenden Spaltenrand gezogen wird. Der vorderste Helfer steuert deshalb die Rettung vom Spaltenrand aus.

Flaschenzug

In ganz seltenen Fällen muß der Gestürzte mit einem Flaschenzug geborgen werden, wenn z. B. der Gestürzte die „Lose Rolle" nicht einhängen kann, zuwenig Seil zur Durchführung der „Losen Rolle" zur Verfügung steht, der Retter es nicht schafft, den Gestürzten hochzuziehen oder der Gestürzte nicht prusiken kann.

Man verwendet dann am besten den Schweizer Flaschenzug, der im Kapitel „Alpines Sportklettern", „Spezielle Bergrettungsmaßnahmen", beschrieben ist. Sind Bremsknoten in das Seil geknüpft, so muß der Flaschenzug etwas abgeändert werden, da die Knoten natürlich nicht durch die Rücklaufsperre wandern. Für die zweite Rolle wird eine separate Schlinge oder das Seilende benutzt (also nicht das Seil, das von der Rücklaufsperre kommt). So kann die Rücklaufsperre entlastet werden, wodurch der oder die Knoten auf die andere Seite gebracht werden kann bzw. können.

Schema: Selbstrettung mit einer langen und einer kürzeren Prusikschlinge

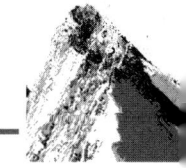

SELBSTRETTUNG

Prusikverfahren

Sind die Seilschaftsmitglieder nicht in der Lage, den Gestürzten zu bergen, so muß dieser selbst aus der Spalte steigen. Dazu wird normalerweise die Prusikmethode angewendet. Obwohl es inzwischen zahlreiche, meist recht aufwendige und komplizierte Verfahren gibt, empfehlen wir die Methode mit einer langen (4 m) und einer kürzeren (2 m) Prusikschlinge.

• Die kürzere Prusikschlinge knotet man bereits als Vorbereitung für das untere Verfahren kurz unterhalb des Prusikknotens mit einem Sackstich ab. Für den meist kurzen Aufstieg zum Spaltenrand reicht diese Methode aus. Durch wechselseitiges Höherschieben und Belasten der Schlingen gewinnt man schnell an Höhe.

Selbstrettung mit Gardaschlinge

Mit dem Prusikverfahren ist es sehr schwierig, manchmal sogar unmöglich, einen überwächteten Spaltenrand mit eingeschnittenem Seil zu überwinden. Dieses Problem kann bei der Selbstrettung mit Gardaschlinge gelöst werden.

• Voraussetzung ist, daß man mit dem Prusikverfahren bereits etwas Höhe und damit einen Durchhang im Seil gewonnen hat. Dieses Seil wird dann mittels Gardaschlinge in die Anseilschlaufe des Hüftgurtes eingehängt. Das freie Ende wird mittels Karabiner in die oben abgeknotete kürzere Prusikschlinge gehängt; das andere Ende dieser Prusikschlinge ist am Anseilpunkt befestigt.

• Die zweite Prusikschlinge, die zu Beginn des Hochsteigens genutzt wurde, kann jetzt entfernt werden. Nun kann man sich selbst am Seil, das von der abgebundenen Prusikschlinge herabkommt, hochziehen – bis die Gardaschlinge beim Prusikknoten angelangt ist. Dieser wird wieder hochgeschoben, usw.

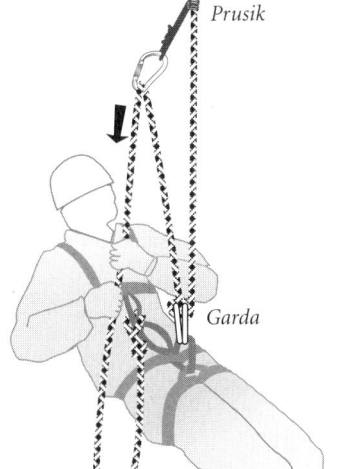

Prusik

Garda

Selbstrettung mit Gardaschlinge

> *Tips für die Praxis:*
> • *Alle Rettungsverfahren sollten vor der Begehung von Gletschern geübt werden. Dies kann zuerst außerhalb des Gletschers an der Wächte eines Bachbettes (oder am Balkon) geschehen;*
> • *greift ein Prusik einmal nicht, läßt sich seine Klemmwirkung durch eine zusätzliche Wicklung verbessern;*
> • *sehr dünne und/oder weiche Prusikschlingen lassen sich schlecht verschieben;*
> • *auch eine Steigklemme ohne Griff (leichter, platzsparend) erleichtert den Aufstieg wesentlich.*

Klettern – Ausprägungsformen, Fachbegriffe und Schwierigkeitsgrade

Klettern ist wie Gehen, Laufen, Hüpfen, Springen, usw. eine Grundtätigkeit, die jeder Mensch zumindest in der Kindheit in irgendeiner Form (auf einen Baum, über eine Mauer, auf die Sprossenwand, auf eine Leiter) schon ausgeführt hat. Wir behaupten, daß für den Einstieg ins Klettern keine speziellen Voraussetzungen nötig sind, d. h., daß man in nahezu jedem Alter mit dem Klettern beginnen kann.

AUSPRÄGUNGSFORMEN

Die Ausprägungsformen des Felskletterns sind so vielfältig, daß sich selbständige Disziplinen herausgebildet haben. So unterschiedlich die Spielformen auch erscheinen bzw. sich darstellen, so schwer lassen sie sich voneinander exakt abgrenzen. Die Grenzen gehen fließend ineinander über. Im folgenden werden die wichtigsten Fachbegriffe, die immer wieder in Zeitschriften und Büchern auftauchen und bei vielen Kletterern Verwendung finden, erklärt.

Alpinklettern/Klassisches Klettern
Als alpines Felsklettern ist das klassische Felsklettern zu verstehen, wie es in vielen Gebirgstouren anzutreffen ist. Hier können sich überwiegend freie Kletterei und kurze technische Passagen abwech-

seln. Die Sicherungspunkte sind im allgemeinen Normalhaken, Keile aller Art, Sanduhren, Felsköpfl, usw.

Alpines Sportklettern
In den letzten Jahren sind zahlreiche Kletterer dazu übergegangen, das Frei- bzw. Sportklettern ins Gebirge zu übertragen. D. h., es wird versucht, mehrere Seillängen lange Routen im Gebirge frei zu klettern. Die Sicherungspunkte sind häufig gebohrte Haken, die ein Höchstmaß an Sicherheit versprechen, wobei auch Klemmkeile und -geräte Anwendung finden können. Daß diese beiden Formen des Kletterns in bezug auf Tourenvorbereitung, psychische Beanspruchung, Orientierung, Ausrüstung, Sicherungstechnik, alpine Erfahrung und physische Belastung ganz andere Anforderungen stellen als z. B. das Klettern in den Mittelgebirgen, versteht sich von selbst.

Bouldern
Die Bezeichnung kommt vom englischen Wort „boulder" (Felsblock) und bedeutet seilfreies Klettern bis zu einer Höhe, von der noch abgesprungen werden kann. Für manche Kletterer ist das Bouldern die reinste Form des Kletterns, für andere ist es die ideale Trainingsform für das Sportklettern. Die Möglichkeit zum Bouldern bieten Felsblöcke (zwei der bekanntesten Bouldergebiete sind Fontainebleau bei Paris und die Hueco Tanks in Texas), Einstiege von längeren Routen (deshalb sind diese oft recht abgeklettert und glatt) und künstliche Boulderwände. Äußerst günstig für das Bouldern ist ein ebener

Boden am Wandfuß, damit ein gefahrloses Abspringen möglich ist.

Freiklettern (Freeclimbing)

Freiklettern bedeutet Klettern nur an den natürlichen Strukturen des Felses. Seil, Haken, Klemmkeile, Schlingen, usw. werden dabei ausschließlich zur Sicherung verwendet. Freiklettern bedeutet nicht, wie in den Medien fälschlicherweise oft behauptet, Klettern ohne Sicherung.

Sportklettern

Die Bezeichnung „Sportklettern" ist im wesentlichen identisch mit der des Freikletterns und grundsätzlich nicht abhängig vom gekletterten Schwierigkeitsgrad. Bezeichnend für das Sportklettern ist, daß es überwiegend in den Klettergebieten der Mittelgebirge, in den Klettergärten in Talnähe und in Kletterhallen ausgeübt wird. Dabei ist die Kletterei nur selten länger als eine Seillänge. Die Routen sind in der Regel gut abgesichert, d. h. in nicht allzu großen Abständen mit soliden Zwischenhaken versehen; am Ende der Route findet sich eine verläßliche Umlenkung.

Technisches Klettern

Werden zur Fortbewegung und, strenggenommen, auch zum Ausruhen künstliche Hilfsmittel (Haken, Keile, Karabiner, Schlingen, Trittleitern usw.) benutzt, spricht man von technischem Klettern.

Wettkampfklettern

Dabei handelt es sich um Klettern mit leistungssportlichem Charakter, das inzwischen ausschließlich an künstlichen Kletterwänden stattfindet. Durch klar definierte Wettkampfrouten und für alle Teilnehmer gleiche Ausgangsbedingungen (für alle sind die jeweiligen Routen unbekannt) ist ein objektiver Leistungsvergleich möglich.

FACHBEGRIFFE

Im Sportkletterbereich haben sich für die Begehungsstile folgende Bezeichnungen etabliert:

Ausbouldern

Unter Ausbouldern versteht man das Erlernen bzw. Einstudieren von Bewegungsabläufen in einer Kletterroute. Dies kann im Toprope oder auch im Vorstieg geschehen. Ausbouldern ist oft eine notwendige Voraussetzung für eine spätere Durchsteigung einer Route.

Clean Climbing

Durchsteigen einer Route, in der nur mobile Sicherungsmittel verwendet werden: Klemmkeile, Friends, Schlingen, usw. Nach der Durchsteigung sind keine Spuren des Kletterers zu sehen.

Flash

Wird eine Route beim ersten Versuch sturzfrei geklettert, nachdem man die Route vorher inspiziert hat (z. B. beim Abseilen oder durch Beobachtung eines anderen Kletterers in derselben Route), nennt man die Begehung einen Flash.

Free Solo

Seilfreie Durchsteigung einer Route, die höher ist als die mögliche Absprunghöhe an Boulerblöcken. Free-Solo-Klettern beinhaltet immer das Risiko eines Sturzes mit Verletzungs- oder Todesfolge.

On Sight

On Sight wird eine sturzfreie Begehung einer unbekannten Route im Vorstieg im ersten Versuch genannt, wobei der Kletterer die Route nur vom Boden aus besichtigen darf. Auch darf er vorher keinem anderen Kletterer bei einem Versuch oder einer Begehung zuschauen. Eine On-Sight-Begehung stellt die sportlich am höchsten zu bewertende Leistung dar.

Pinkpoint

Hängen die Zwischensicherungen bereits in der Route, die dem Kletterer bekannt sein kann, so wird die Begehung Pinkpoint genannt (en libre).

Rotpunkt

Rotpunkt nennt man die sturzfreie Begehung einer Route im Vorstieg, wobei ausschließlich natürliche Felsstrukturen zur Fortbewegung und zum Ruhen benutzt werden. Alle Zwischensicherungen werden während des Kletterns angebracht. Die Route kann aus früheren Begehungen bereits bekannt sein.

Toprope

Bei einer Toprope-Begehung wird die Route mit Seilsicherung von oben durchstiegen. Obwohl von vielen Kletterern eine Toprope-Begehung als sportlich unbedeutend eingestuft wird, hat sie doch aus methodischer Sicht, zu Zwecken des Trainings und zum Erlernen und Einstudieren von Bewegungsabläufen, eine unstrittige Berechtigung.

SCHWIERIGKEITSGRADE

Seit Beginn des Klettern ist es üblich, Kletterrouten zu bewerten. Die Angaben von Schwierigkeitsgraden sind bei der Planung und Auswahl von Kletterrouten hilfreich, ja sogar notwendig. Sie haben aber auch Aussagekraft über den persönlichen Leistungsstand. Der Erstbegeher einer Route macht in der Regel einen Bewertungsvorschlag, indem er die Route mit anderen ihm bekannten Routen ähnlichen Charakters vergleicht. Grundlage für die Bewertung ist in erster Linie die Kletterschwierigkeit, die sich aus Griff- und Trittgröße, Anzahl der Griffe und Tritte, Komplexität der Kombinationsmöglichkeiten von Griffen und Tritten, der Art der Kletterei (Wand, Riß, Platten, usw.), der Steilheit und der Länge ergibt. Weltweit sind verschiedene Bewertungssysteme zu unterscheiden (siehe Übersicht). Ein einheitliches System gib es bis heute nicht. Neben der Skala der UIAA (Union Internationale des Associations d'Alpinisme) hat sich das französische Bewertungssystem in den letzten Jahren immer mehr durchgesetzt. Es ist das vor allem im Sportkletterbereich anerkannte System und findet in nahezu allen Sportklettergebieten Anwendung.

UIAA-Skala	Frankreich	USA	England		Australien	Elbsandstein
V+	5a	5.7	4b			VIIa
VI –	5b	5.8	4c			VIIb
VI	5c	5.9	5a	E1		
VI+	5c+	5.10a	5b		19	VIIc
	6a			E2		
VII-	6a+	5.10b				
VII	6b	5.10c	5c		20	VIIIa
		5.10d				VIIIb
VII+	6b+	5.11a		E3	21	VIIIc
	6c				22	
VIII-	6c+	5.11b	6a		23	IXa
		5.11c			24	IXb
VIII	7a	5.11d		E4	25	IXc
VIII+	7a+	5.12a	6b		26	Xa
	7b	5.12b				
IX-	7b+	5.12c				
IX	7c	5.12d		E5	27	
IX+	7c+	5.13a	6c		28	Xb
	8a	5.13b			29	
X-	8a+	5.13c		E6	30	
X	8b	5.13d	7a		31	
		5.14a			32	
X+	8b+	5.14b				Xc
	8c					
XI-	8c+	5.14c	7b	E7	33	
XI	9a	5.14d				

Aktuelle Vergleichstabelle unterschiedlicher Bewertungssysteme

HALLENKLETTERN

Das Klettern in der Halle hat in den letzten Jahren eine ungeahnte
Entwicklung genommen. Es dürfte kaum noch Kletterer geben, ganz
gleich, ob Anfänger oder Spitzenkönner, die nicht – zumindest in der
kalten Jahreszeit – in der Halle klettern, ob zum Erlernen des Kletterns,
zum Training, als Selbstzweck oder zum Wettkampf. Die Vorteile des
Hallenkletterns liegen auf der Hand: Es kann witterungsunabhängig
ausgeführt werden, man kann am Abend klettern, es gibt zahlreiche
verläßliche Sicherungen, es existieren keine Naturgefahren, für viele
ist die Anfahrt viel kürzer als zu den Felsen draußen, und zudem ist
es familienfreundlich und sehr gesellig. Deshalb wollen wir das Kapitel
zum Klettern und die dazu notwendigen sicherungstechnischen
Fertigkeiten mit dem Hallenklettern einführen. Das macht auch
deshalb Sinn, weil sich nahezu alle Fertigkeiten und Fähigkeiten von
der Halle auf den Klettergarten übertragen lassen.

Ausrüstung

Bekleidung
Hose: möglichst bequem, sie darf keine Bewegungen einschränken.
Schuhe: mittelharte Schuhe, die eng sitzen.

Sicherungsmittel
Seil: Da in der Halle keine Felskanten als Umlenkkanten vorkommen, sondern nur Karabiner, ist es ohne weiteres möglich, alte Seile zu benutzen. Empfehlung: Wenn man die jeweils ersten, meist stark strapazierten und unhandlich gewordenen Meter eines alten Seils auf jeder Seite abschneidet, hat man ein taugliches Hallenseil.
Hüftgurt: Durch Probehängen kann der bequemste Hüftgurt ermittelt werden.
Sichern: HMS-Karabiner, Achter, GriGri.
Magnesiabeutel: je nach Geschmack, nicht zu klein.

Bewegungstechnische Fertigkeiten

FERTIGKEITEN DES ANFÄNGERS UND FORTGESCHRITTENEN

Elementares Treten und Greifen
Bei den ersten Versuchen an der Kletterwand werden Erfahrungen im Treten, Greifen und der Positionierung des Körpers gemacht. Je nach Neigung der Wand, Tritt- und Griffgröße unterscheiden sich die Erfahrungen. In geneigten Bereichen der Kletterwand (gute Hallen besitzen eine solche) ist das exakte Setzen der Füße am besten zu erlernen, wobei gleich zu Beginn die verschiedenen Bereiche der Sohle (Ballen, Außenrist, Innenseite) miteinbezogen werden können. Zudem muß der Kletterer sehr stark auf seine Körperhaltung achten, um das Gleichgewicht nicht zu verlieren.

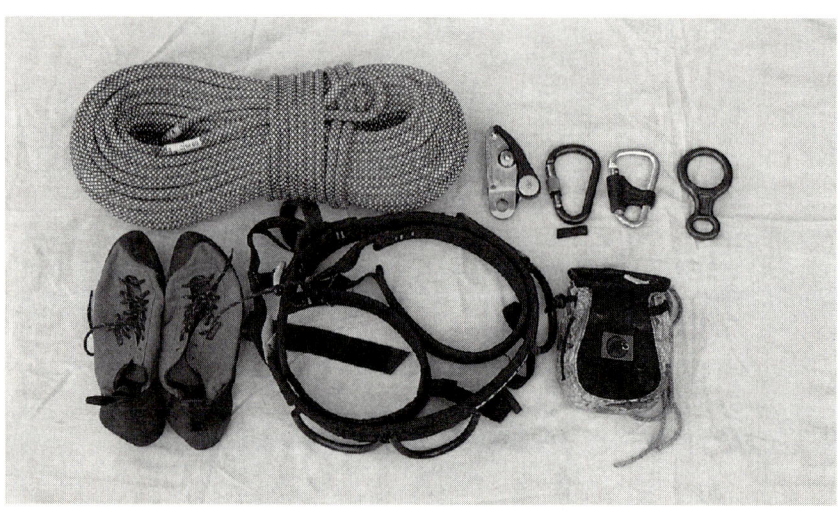

In senkrechten Wandbereichen richtet sich seine Aufmerksamkeit mehr und mehr auf die verschiedenen Grifformen, die verschiedenen Belastungsrichtungen von Griffen und die Auswahl der Tritte.

Körperschwerpunkt (KSP)

Der Schwerpunkt des menschlichen Körpers liegt im Bereich des Bauchinnenraums. Man kann sich quasi das gesamte Körpergewicht zentriert auf diesen Punkt vorstellen. Die Position des Körperschwerpunkts ist bei jeder Klettertechnik von zentraler Bedeutung. Eine gute, d. h. kraftsparende, Klettertechnik zeichnet sich dadurch aus, daß der Körperschwerpunkt möglichst oft senkrecht über der Standfläche liegt. Nur dann befindet sich der Körper in einer stabilen Position, und zum Gleichgewichtserhalt ist ein minimaler Kraftaufwand in der Armmuskulatur notwendig. Die Standfläche kann entweder die Trittfläche eines Fußes sein oder sich

zwischen den Trittflächen beider Füße (Abb. links) bzw. einer Trittfläche und einer Stützfläche aufspannen.

In der Kletterbewegung lassen sich zwei Pendelbewegungen des Körperschwerpunkts unterscheiden:

- Pendelbewegung um die Körperquerachse: Um einen Fuß versetzen zu können, muß der KSP über die Trittfläche des anderen Fußes verlagert werden (Abb. rechts). Zum Erhalt des Gleichgewichts tragen die Arme bzw. Hände bei. Das unbelastete Bein wird höher gesetzt, dann erfolgt die Verlagerung des KSP über dieses Bein, und das ursprüngliche Standbein kann unbelastet nachgesetzt werden;
- Pendelbewegung um die Körpertiefenachse: Um einen besseren Überblick über bestehende Trittmöglichkeiten zu erhalten oder den Fuß exakt auf einen Tritt zu setzen, ist es notwendig, daß der KSP hinter die Trittfläche wandert. Man nimmt dabei in Kauf, daß sich die Belastung der Armmuskulatur

Körperschwerpunkt senkrecht über der Standfläche (aufgespannt zwischen beiden Beinen)

Körperschwerpunkt senkrecht über der Standfläche (Standfläche als Trittfläche eines Fußes)

kurzzeitig erhöht. Nachdem der Fuß gesetzt ist, wandert der KSP zurück über die Trittfläche.

Fußtechnik

In engem Zusammenhang mit der richtigen Position des Körperschwerpunkts steht eine exakte Fußtechnik. Nur wenn es gelingt, die Füße optimal zu setzen und zu belasten, kann der KSP ideal über die Trittfläche gebracht werden. Damit spart man entscheidend an Kraft. Die Fußtechnik ist deshalb ein wichtiger Schwerpunkt beim Erlernen des Kletterns. Allgemein zeichnet sich eine gute Fußtechnik durch folgende Punkte aus:

Antreten mit der Fußinnenseite

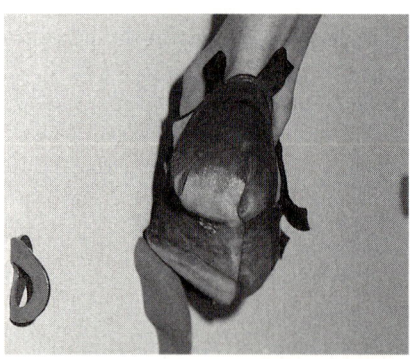

- gezieltes visuelles Suchen eines geeigneten Trittes;
- in Löchern und Mulden (Halle mit Strukturen) wird normalerweise frontal, d. h. mit der Fußspitze, angetreten;
- Leisten können mit der Fußinnenseite, dem Fußballen, der Fußaußenseite, mit dem Außenrist belastet werden;
- Der Fuß wird ruhig, kontrolliert und exakt gesetzt (es geht um Millimeter);
- nach dem Setzen wird der Fuß nicht mehr bewegt bzw. gewippt.

Antrethöhe

Die Antrethöhe ist ein wichtiger Faktor für eine ökonomische Klettertechnik. Grundsätzlich gilt: Man sollte den Trittabstand nur so groß wählen, daß der Belastungswechsel auf den neuen Tritt mit geringem Kraftaufwand möglich ist. Andererseits bedeutet ein zu kleiner Trittabstand nur wenig Höhengewinn; das Optimum liegt in der Mitte. Der Anfänger hat meist das Problem, auch kleine Trittmöglichkeiten als solche zu erkennen.
Bei guten Griffen und schlechten Zwischentritten kann es vorteilhaft sein, den Trittabstand größer zu wählen. Ist

Antreten mit der Außenseite des Fußes

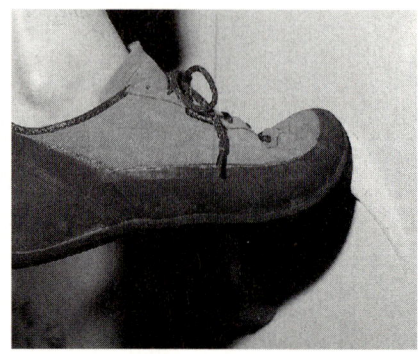

Antreten mit dem Ballen

er so groß, daß man ihn mit einem Schritt nicht überwinden kann, so tritt man mit dem Fußballen an der Wand auf Reibung an und setzt den anderen Fuß auf den hohen Tritt.

> *Tips für die Praxis:*
> • *Ist ein Trittabstand bei schlechten Griffen sehr groß und sind keine Zwischentritte erkennbar, muß über das nach oben gesetzte Bein aufgestanden werden (einbeinige Kniebeuge). Dabei kann das andere Bein durch*

Antreten an glatter Wand

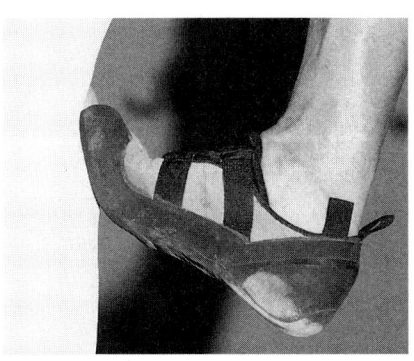

Reibungstritt

> *mehrmaliges Anpressen an die Wand den Vorgang unterstützen;*
> • *um Untergriffe gut verwenden zu können, ist meist ein hohes Antreten notwendig;*
> • *tritt man zu tief an, erreicht man häufig den nächsten Griff nur überstreckt, wodurch die Handlungsfähigkeit stark eingeschränkt ist.*

Trittwechsel

Unter Trittwechsel versteht man das Wechseln der Füße auf einem Tritt. Es gibt verschiedene Situationen, in denen ein Trittwechsel erforderlich ist: Bei Querungen, um den Körper ins Gleichgewicht zu bringen, wenn man auf dem einen Bein steht und sich der nächste Tritt auf der Seite des Standbeines befindet, zur Vorbereitung des Eindrehens, beim Problem der „offenen Türe" (siehe unten), usw. Trittwechsel können auf unterschiedliche Art und Weise durchgeführt werden:
• Wechsel durch Antreten auf einem Zwischentritt;
• langsame, kontrollierte Herabnahme des Fußes vom Tritt, während sich der andere Fuß zeitgleich auf diesen Tritt schiebt;
• schnelles Umspringen auf dem Tritt.

Reibungstritte

In Kletterhallen mit strukturierten Wänden, aber auch an abschüssigen angeschraubten Tritten kommt die Reibungstechnik zur Anwendung. Dabei sind einige wichtige Technikschwerpunkte zu beachten:
• Der Körperschwerpunkt liegt senkrecht über der Trittfläche;

- in der Regel werden Reibungstritte mit der Fußspitze zur Wand belastet;
- durch ein horizontales Anheben der Ferse kommt es zu einer optimalen Kraftübertragung auf den Tritt;
- bei guten Griffen kann der Körperschwerpunkt ein wenig hinter die Trittfläche verlagert werden, dadurch wird die Reibung der Füße an der Wand verbessert.

Greifen

In der Halle gelingt es relativ schnell, Griffe richtig zu belasten und einen optimalen Formschluß herzustellen. Für den Anfänger ist es zunächst sinnvoll, große und rundliche Griffe zu verwenden, um allzu hohe Belastungen der Gelenke, Sehnen und Bänder zu vermeiden.

- Ein zentrales Thema ist das „weiche Greifen": Man hält sich nur mit der gerade noch ausreichenden Kraft fest, um diese nicht zu vergeuden.
- Griffe können mit unterschiedlichen Fingerstellungen gehalten werden: hängend, flach, aufgestellt mit Daumenunterstützung und spitz. Aufgestellte und spitze Fingerstellungen sind für die Gelenke äußerst belastend und sollten – zumindest vom Untrainierten – möglichst gemieden werden.
- Griffe können je nach Art der Belastung in Zug- und Stützgriffe unterteilt werden. Zuggriffe werden in

Aufleger

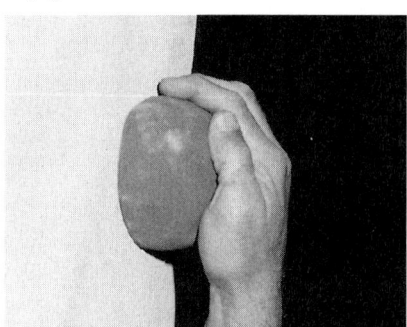

Leiste, Finger aufgestellt mit Daumenunterstützung

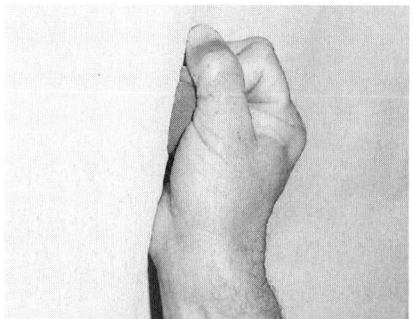

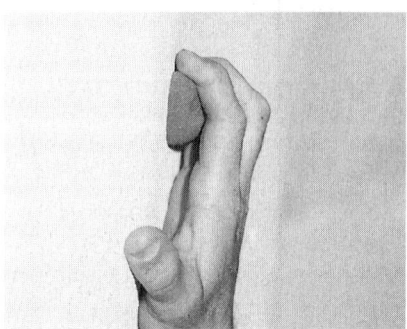

Leiste, Finger hängend

Zwei- bzw. Dreifingerloch (Bündeln der Finger)

Obergriffe, Seitgriffe und Untergriffe eingeteilt. Stützgriffe können alle möglichen Formen ausmachen und werden zunächst oft gar nicht als „Griff" wahrgenommen. Bei Zangengriffen unterstützt der Daumen ganz wesentlich die Haltearbeit.

Steigtechnik

Die Steig- oder Leitertechnik ist die elementare Technik beim Wandklettern, mit dem in der Halle im allgemeinen begonnen wird. Sie ist charakterisiert durch folgende Bewegungsmerkmale:
- kleine bis mittlere Schritthöhen sind zu Beginn am ökonomischsten;
- die Hubarbeit wird in erster Linie von den Beinen geleistet;

- die Arme bzw. Hände verhindern nur das Nach-hinten-Kippen;
- durch bewußte Schwerpunktverlagerung auf das Standbein kann das andere Bein unbelastet nach oben gesetzt (unbelastetes Antreten) und danach belastet werden usw.;
- Griffe in Brust- und Kopfhöhe sind vorzuziehen. Eine Überstreckung des Körpers durch zu hohes Greifen ist zu vermeiden (Überblick über Tritte und Griffe geht verloren, Gefahr des Abrutschens vom Tritt, KSP-Verlagerung ist kaum noch möglich);
- eine wichtige Möglichkeit, ein Bein zu entlasten (um es höher zu setzen), ist das Stützen des gleichseitigen Armes. Die Standfläche wird nun zwischen einem Fuß und der gegenseitigen Hand aufgespannt.

Zangengriff

Belastung eines Untergriffs

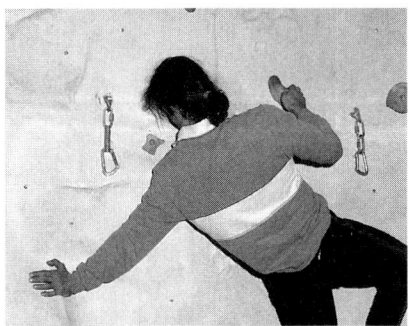

Belastung eines Stützgriffs

Eindrehtechnik

War die Eindrehtechnik noch vor einigen Jahren dem Repertoire des Könners zuzurechnen, so gehört sie heute gerade beim Hallenklettern zu den Grundformen der Technik. Sie gehört zu den wichtigsten Fertigkeiten für ökonomisches Klettern im senkrechten bis überhängenden Gelände. Die Eindrehtechnik beruht auf dem Drehen des Körpers um die Längsachse. Dadurch wird der Körperschwerpunkt auf eine Linie mit dem fixierten Griff und dem belasteten Tritt gebracht. Durch die Verwringung wird außerdem eine hohe Körperspannung aufgebaut und die Schulter des greifenden Arms dem Zielgriff angenähert. Diese Technik dient der Überwindung weiter Griff- und Trittabstände, mit ihr kann die „offene Türe" (siehe unten) in Überhängen überwunden werden, und sie findet in Quergängen Anwendung.

Eingedrehte Positionen

Gegendrucktechnik

Die Gegendrucktechnik wird angewendet, um mit Hilfe von Kanten und Seitgriffen trittarme oder trittlose Stellen zu überwinden. Dabei treten die Füße relativ nahe bei den Händen an, der Abstand des Körpers zu den Griffen wird größer. Während die Arme möglichst gestreckt sind, sind die Beine leicht gebeugt. Auf diese Weise wird zwischen Händen und Füßen ein Gegendruck erzeugt. Die Füße werden dabei meist mit den Fußballen aufgesetzt.

Gegendrucktechnik

Je näher die Füße an die Hände heran-
kommen, desto stabiler, aber auch
anstrengender wird die Bewegungsausführung. Je größer der Abstand der
Füße zu den Händen ist, desto größer
ist die Gefahr, daß die Füße abrutschen.
Die Gegendrucktechnik wird am ökonomischsten und sichersten ausgeführt:
mit gestreckten Armen, leicht gebeugten
Beinen, mittlerem Abstand zwischen
Händen und Füßen, flüssigen Bewegungen, kleinräumigem Nachgreifen und
Nachtreten und dem Überkreuzen der
Arme bei guten Griffen bzw. gut griffi-
ger Kante.

Spreiztechnik

Mit dem Spreizen können Verschneidungen (zwei Wände treffen in einem
bestimmten Winkel aufeinander) in
idealer Weise überwunden werden. Aber
auch in der Wand hat die Spreiztechnik
große Bedeutung, da senkrechte Strukturen durch Erzeugung des Gegendrucks genutzt werden können. Die
wichtigsten Merkmale dieser Technik:

- Durch Ausspreizen der Beine an die
  Verschneidungswände wird der Körperschwerpunkt über die Trittfläche
  gebracht, wodurch sich die Stabilität
  des Körpers so erhöht, daß man oft
  sogar ohne Einsatz der Arme stehen
  kann (Abb. links);
- durch die horizontalen Kraftkomponenten, die sich aus der Spreizstel-
  lung ergeben, kann an den Verschnei-
  dungswänden auch auf Reibung angetreten werden. Dies ist um so schwieriger, je offener der Verschneidungs-
  winkel wird, da der Druck nicht mehr
  senkrecht auf die Wand erzeugt werden kann;
- die kraftsparendste und eleganteste
  Möglichkeit, um mit dem Spreizen
  höher zu kommen, ist das Entlasten
  eines Fußes durch Stützen des gleichseitigen Armes (etwa auf Hüfthöhe).
  Dadurch ist in der Regel ein exaktes
  unbelastetes Höhertreten möglich.
  Anschließend erfolgt der gleiche Vorgang mit der anderen Seite;

*Entlasten und Höhersetzen des Fußes durch
Stützen des gleichseitigen Arms*

- das Abstützen kann auch mit den Handballen und Daumen auf Reibung erfolgen, wobei die Finger nach außen oder unten außen zeigen;
- der andere Arm auf der Seite des belasteten Fußes kann entweder auch Stützen (kraftsparendste Möglichkeit) oder Zuggriffe nutzen;
- auch ein Stützen mit beiden Armen (Handballen) an einer Verschneidungswand ist durchaus hilfreich und stabilisiert den Körper.

AUSGEWÄHLTE FERTIGKEITEN DES KÖNNERS

Froschtechnik

Mit Hilfe der Froschtechnik lassen sich Kletterstellen, deren Schwierigkeit in großen Trittabständen liegt, sehr ökonomisch überwinden. Besonders kantenähnliche Wandstrukturen fordern zur Anwendung der Froschtechnik her-

Froschstellung

aus, da es hier leichter ist, die Hüfte und damit den Körperschwerpunkt über die Standfläche zu bringen.

- Nach dem hohen Antreten wird auf der Ferse abgesessen und der Körperschwerpunkt über diesen Tritt verlagert.
- Der zweite Fuß wird etwa auf der Höhe des anderen Fußes gesetzt, wobei die Knie jeweils nach außen zeigen, der Körperschwerpunkt wird nun über die Trittfläche verlagert.
- Jetzt wird aus der beidbeinig abgehockten Position höher gegriffen, der Körperhub erfolgt aus beiden Beinen mit Unterstützung der Arme.
- Es ist auch möglich, mit einer Hand erst beim Aufstehen höher zu greifen.

Dynamisches Klettern

Die dynamische Kletterbewegung ist durch einen nicht unterbrochenen Bewegungsfluß gekennzeichnet. Der Körper wird beschleunigt, und der Umkehrpunkt der Bewegung wird zum Weitergreifen genützt (Greifen im toten Punkt). Dynamisches Klettern findet in verschiedenen Situationen Anwendung, z. B. zur Überwindung der „offenen Türe", zur Überwindung großer Griffabstände, wenn kleine Griffe zum Weitergreifen nicht mehr gehalten werden können, und um Kraft zu sparen. Grundsätzlich unterscheidet man dynamisches Klettern horizontal zur Wand und dynamisches Klettern nach oben.

- Dynamisches Klettern horizontal zur Wand: Eine Möglichkeit, das Problem der „offenen Türe" zu lösen, ist, den Körper zur Wand hin zu beschleunigen, wobei der Zielgriff nicht zu weit entfernt sein darf. Die Bewegung ist im Bereich des Umkehrpunktes deutlich verlangsamt, diese Verzögerung wird für ein gezieltes Weitergreifen genützt. Durch ein Strecken der Arme kann Schwung geholt werden. Die Beschleunigung muß wohldosiert ausfallen, da bei zu heftiger Beschleunigung zu große Haltekräfte notwendig werden.

- Dynamisches Klettern nach oben: Häufig wird beim dynamischen Klettern nach oben parallel zur Wand beschleunigt. Dabei wird die Bewegung mit einer Beschleunigung der Hüfte eingeleitet, gefolgt von der Beschleunigung des Oberkörpers. Das Greifen geschieht, wie oben beschrieben, im Umkehrpunkt der Bewegung. Bei der Bewegungsausführung ist auf folgende Punkte zu achten:
  - Das Schwungholen und Beschleunigen der Hüfte erfolgt an gestreckten Armen;
  - die Hüfte muß mit der Beschleunigung möglichst nahe an die Wand gebracht werden, damit die Hubarbeit aus den Beinen erfolgen kann;

- das Schwungholen erfolgt durch ein starkes Beugen der Kniegelenke und
- die Beschleunigung wird durch ein Strecken der Beine erreicht.

Klettern von Überhängen und Dächern

Das Klettern von Überhängen und Dächern kann in der Halle sehr gut erlernt und trainiert werden. Das entscheidende Problem im Überhang besteht darin, das Drehmoment nach außen zu beherrschen. Je weiter die Hände vom Körperschwerpunkt (KSP) weg greifen, desto größer wird das Drehmoment. Die Gefahr des Loslösens der Füße nimmt damit zu. Die Folge davon wäre ein Pendeln des Körpers unter die Aufhängepunkte, die Hände. Dieser Pendelschwung kann meist nicht abgefangen werden. Das Drehmoment kann verringert werden, indem man vor dem Nachgreifen der zweiten Hand hoch antritt und dadurch denn Abstand zwischen Griff und Tritt verkürzt.

Verkürzen des Abstandes Tritt-Griff im Dach

- Um im Überhang oder Dach stabile Positionen einzunehmen und die Arme zu entlasten, können die Füße entgegengesetzt zur Belastungsrichtung der Griffe auf Gegendruck eingesetzt werden (bei Untergriffen funktioniert dies sehr gut durch ein Antreten nach unten, oder die Fußspitzen können v. a. hakend agieren).
- Zur Fortbewegung findet vor allem die Eindrehtechnik Anwendung.
- Um aus dem Überhang oder Dach zu klettern, eignet sich besonders der „Foothook" an oder über der Dachkante: Die Ferse wird auf einen Tritt oder Griff an oder über der Dachkante gesetzt und kann einen großen Teil der Zugarbeit übernehmen. Dadurch wird die Belastung der Arme erheblich vermindert. Um für das Höhergreifen der zweiten Hand eine stabile Position zu erhalten, pendelt das andere Bein aus oder tritt im Dach an.
- Das Aufrichten über der Dachkante ist manchmal sehr unangenehm und erfordert eine besondere Technik. Sehr bewegliche Kletterer können an oder über der Dachkante breitbeinig antreten und mit der Froschposition in der Wand zum Stehen kommen. Nicht so bewegliche Kletterer setzen einen Fuß an oder auf die Dachkante, lassen das andere Bein zunächst auspendeln, um es später so weit zu hinterkreuzen, daß eine stabile Position gefunden wird. Dadurch kann der KSP sehr nahe unter die haltende Hand gebracht und mit der anderen Hand weitergegriffen werden.

Foothook an Dachkante

ZENTRALE PROBLEME BEI DER KLETTERBEWEGUNG

Eine Bewegungstechnik steht nicht für sich allein im leeren Raum, sie ist vielmehr dazu da, ein bestehendes Bewegungsproblem zu lösen. Beim Klettern finden sich zwei zentrale Technikprobleme, mit denen sich sowohl Anfänger als auch Könner konfrontiert sehen.

„Es kann nicht weitergetreten werden"

Das Problem, nicht weitertreten zu können, weil der betreffende Fuß nicht entlastet werden kann, tritt in allen Könnensstufen auf. Zur Problemlösung bieten sich verschiedene Möglichkeiten an:

- Schwerpunktverlagerung über das Standbein (siehe Körperschwerpunkt);
- Antreten unter dem Körperschwerpunkt (aus Spreizstellungen);
- durch Stützen auf der betreffenden Seite Entlastung des Beins (besonders bei Spreizstellungen);
- Anlegen des Ellbogens im Moment des Höhertretens (im Moment des Höhertretens z. B. des rechten Beins preßt rechter Ellbogen an die Wand);
- belastetes Weitertreten (Ausnahmelösung für den Könner).

Hinterkreuzen eines Beines

„Offene Tür"

Das Problem des seitlichen Wegkippens von der Wand beim Versuch, weiterzu-greifen, dürfte fast allen Kletterern be-stens bekannt sein. Dieser Effekt wird im Klettersport recht anschaulich als „offene Tür" bezeichnet. Er tritt auf, wenn das Klettergelände überhängend ist und wenn die senkrechte Projektion des/der Griffe/s jeweils weit seitlich der Trittfläche zu liegen kommt. Zur Stabi-lisierung solch labiler Positionen bieten sich verschiedene Techniken an.

• Über-/Hinterkreuzen der Beine: Die eleganteste Lösung ist ein Überkreu-zen der Beine, wobei das Überkreuzen vorne oder hinten herum möglich ist. Dadurch kann die Trittfläche unter den Griff gebracht werden, wodurch die Position stabil und ein Weiter-greifen möglich wird. Oft genügt es schon, wenn das überkreuzte Bein bzw. der Fuß an die Wand gedrückt wird.

• Trittwechsel: Ein Trittwechsel hat im Prinzip die gleiche Wirkung wie ein Überkreuzen der Beine; die Projektion des Griffes trifft auf die Trittfläche, der Körper erhält eine stabile Position. Der frei gewordene Fuß wird an die Wand gedrückt oder auf einen ande-ren Tritt gestellt. Die verschiedenen Möglichkeiten des Trittwechsels sind unter „Fußtechnik" auf Seite 81 be-schrieben.

• Eindrehen des Körpers um die Längs-achse: Mit der oben beschriebenen Eindrehtechnik kann die Hüfte so ver-lagert werden, daß der Körperschwer-punkt unter die haltende Hand gebracht wird, wodurch ebenfalls eine

Stabilisieren durch Einhaken der Fußspitze

stabilisierende Wirkung erzielt wird.

• Besondere Belastung eines Fußes: Bei entsprechenden Felsstrukturen (guter Tritt, Kante, Felsnase, Loch) ist es möglich, den Körper mit einem Fuß zu stabilisieren. Dazu wird der Tritt nach außen, also vom Fels weg, bela-stet, oder die Ferse/Fußspitze hakt an einer Kante, Felsnase oder in einem Loch ein.

• Dynamisches Klettern horizontal zur Wand: siehe Seite 86.

Ganz wichtig: Um Verletzungen vorzu-beugen, sollte man sich unbedingt durch sportartspezifische Gymnastik aufwärmen. Zu Beginn des Kletterns nicht an die Leistungsgrenze gehen!

Sicherungstechnische Fertigkeiten

ANSEILEN

Da in der Halle keine weiten Stürze und kein Griffausbruch zu erwarten sind, der Kletterer keinen Rucksack trägt, die Fixpunkte verläßlich sind und das Gelände in der Regel sturzfreundlich (steil, ohne Absätze) ist, kann nur mit Hüftgurt geklettert werden. Durch die kurzen Abstände der Sicherungspunkte kann man zusammen mit einem Sicherungspartner recht unproblematisch Sturzerfahrung sammeln (siehe „Weich sichern" und „Stürzen").

Zum Anseilen stehen drei Knoten zur Verfügung: der Sackstich, der Achterknoten und der doppelte Bulinknoten. Alle drei Knoten sind ausreichend sicher.

Sackstich: Hier sollte bei neuen, noch relativ glatten Seilen jeder Seilstrang einzeln festgezogen und ein Sicherungsschlag (Kreuzschlag um das Seil) hinzugeknüpft werden. Der Sackstich ist am einfachsten zu knüpfen und eignet sich deshalb gut für den Anfänger. Zudem kann er mit einem Blick kontrolliert werden. Er läßt sich nach großer Belastung relativ schlecht lösen.

Achterknoten: Ein Allroundknoten, der sowohl beim Sportklettern als auch beim Alpinklettern Anwendung findet. Nach Stürzen ist der Achterknoten etwas leichter zu lösen als der Sackstich.

Doppelter Bulinknoten: Beim Sportklettern mit häufigen Stürzen muß die-

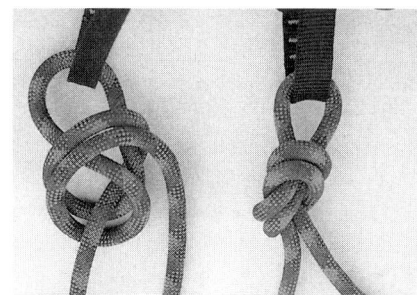

Der Sackstich

Achterknoten

ser Knoten empfohlen werden, da er sich auch nach größeren Sturzbelastungen gut lösen läßt. Mit einiger Übung ist er genauso schnell geknüpft wie der Achterknoten.

Bei allen Knoten ist darauf zu achten, daß das Endstück lang genug ist (ca. 10–15cm). Ein wesentlich längeres Endstück ist aber nicht zu empfehlen, da es beim Klettern hinderlich ist und zudem beim Vorstieg das Einhängen des Seils erschwert.

Einbinden in den Hüftgurt
Von den verschiedenen Möglichkeiten, sich am Hüftgurt einzubinden, können zwei Methoden empfohlen werden:

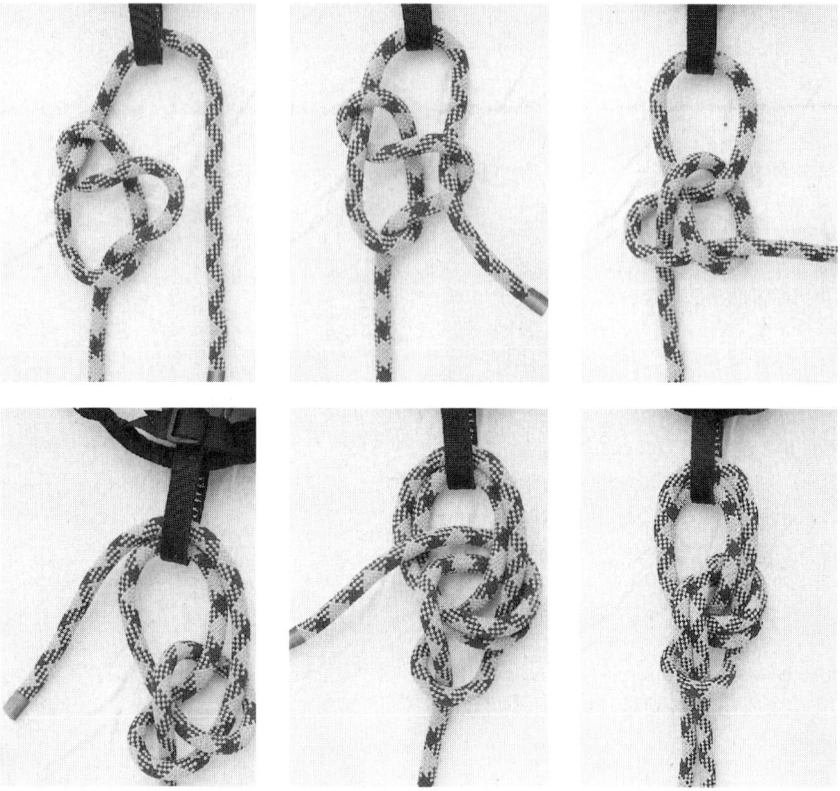

Doppelter Bulinknoten

(1) Man bindet sich nur in den Sicherungsring ein, der bei allen Gurten ausreichend dimensioniert ist, oder
(2) man verbindet die Öse des Bauch-

gurts mit dem Beinschlaufensteg. Diese
Methode hat den Vorteil, daß man sich
beim Ausbouldern von Routen sehr gut
an die Wand heranziehen kann.

Methode (1)

Methode (2)

KAMERADENSICHERUNG, GEFÄHRTENSICHERUNG

Es sind inzwischen zahlreiche, mehr oder weniger sinnvolle Sicherungsgeräte auf dem Markt. Wir beschränken uns auf die unserer Meinung nach wichtigsten und brauchbarsten Geräte und Methoden der Sicherung. Im wesentlichen haben sich zur Sicherung eines Kletternden die Halbmastwurfsicherung (HMS), das Sichern mit dem Abseilachter und mit dem GriGri durchgesetzt. Dabei wird üblicherweise wegen der besseren Handhabung des Seils (schnelles Ausgeben und Einholen des Seils) und der besseren Möglichkeit des „weichen Sicherns" über den Körper gesichert (Körpersicherung).

Man unterscheidet das Sichern des Vorsteigers (Kletterer, der als Seilerster klettert) und das Sichern des Toprope-Kletterers (Kletterer, der über eine Umlenkung gesichert klettert). Aufgrund methodischer Gesichtspunkte wird zunächst das Sichern eines Toprope-Kletterers beschrieben.

Halbmastwurfsicherung

Als Universalsicherung – besonders im Anfängerbereich – muß nach wie vor die HMS-Sicherung empfohlen werden.

Der Halbmastwurfknoten wird in den am Hüftgurt eingehängten HMS-Karabiner eingelegt (auf den Verschlußmechanismus achten!).

• Während der Kletternde an Höhe gewinnt, nimmt der Sichernde ständig Seil ein, wobei die Führungshand (die Hand, die das Seil zum Kletternden greift) das Seil in den HMS-Karabiner eingibt, die Bremshand das Seil (Bremsseil) aus dem HMS-Karabiner nach oben herausbewegt. Da das Bremsseil nie losgelassen werden darf, umgreift für das Umgreifen der Bremshand nach unten die Führungshand beide Seilstränge. Jetzt kann die Führungshand erneut nach oben greifen und Seil einholen. Dabei ist es für den Kletternden sehr angenehm, wenn das Seil nicht durchhängt.

• Ist der Kletterer oben (an der Umlenkung) angekommen, so spannt der Sichernde das Seil, indem er es kräftig einholt oder ein bis zwei Schritte zurückgeht. Nach dem Kommando „Okay!" oder „Ab!" läßt der Sichernde seinen Partner kontrolliert und gleichmäßig ab, indem er beide Hände an das Bremsseil nimmt und dieses Hand in Hand in den HMS-Karabiner eingibt. Der routinierte Sicherer kann das Seil auch kontrolliert durch die Hände

Umgreifen der Bremshand

Ablassen mit dem HMS

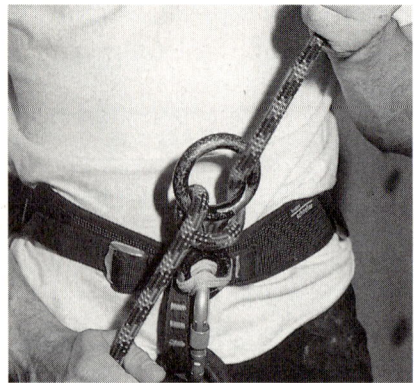

Sichern mit dem Achter

in den HMS-Karabiner laufen lassen. Um eine Krangelbildung zu vermeiden, wird das Bremsseil auch während des Ablassens nach oben genommen, so daß es gegenläufig parallel zum Sicherungsseil in den HMS-Karabiner eingegeben wird.

• Aus Sicherheitsgründen und wegen der besseren Bedienung kann der HMS-Karabiner mit einem Gummiring (z. B. dem Ring eines aufgeschnittenen Fahrradschlauches) an der Sicherungsschlaufe des Hüftgurtes befestigt werden.

Sicherung mit dem Achter

Eine andere Möglichkeit ist die Sicherung mit dem Abseilachter.

• Das Seil wird in den Achter eingelegt: Karabiner in Beinschlaufensteg und Bauchgurtöse eingehängt, Verschluß zeigt nach vorne.

• Der Achter ist mit einem Gummi (z. B. dem Ring eines aufgeschnittenen Fahrradschlauches) an der engen Krümmung eines Verschlußkarabiners fixiert. Durch diese Vorrichtung wird

verhindert, daß sich der Achter ungünstig über den Verschluß legt (dadurch ereigneten sich bereits einige Unfälle).

• Zum Einnehmen der Seile wird die Bremshand kurz hoch (nur so läßt sich das Seil einziehen) und anschließend gleich wieder nach unten genommen.

• Jetzt wird die Hand wieder zurück in Richtung Achter geführt, usw.

• Auch in diesem Fall gilt: Das Bremsseil darf nie losgelassen werden. Dieser Vorgang klappt in vielen kleinen Schritten am besten.

• Beim Ablassen werden – wie bei der HMS – beide Hände an das Bremsseil genommen. Das Bremsseil läßt man anschließend langsam und kontrolliert und im Gegensatz zur HMS von unten her in den Achter gleiten.

• Krangelt das Seil beim Ablassen mit dem Achter, so sollte man das Seil von schräg rechts bzw. links eingeben.

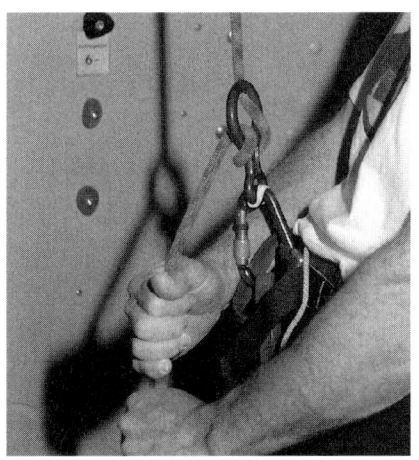

Ablassen mit dem Achter

Ablassen mit dem GriGri

Sicherung mit dem GriGri

Eine sehr angenehme Art, einen Kletterer toprope zu sichern, geschieht mit dem GriGri. Die Verwendung des GriGri beim Toprope-Sichern hat folgende Vorteile: Das Seil läßt sich sehr leicht einholen, das Gerät blockiert das Seil auch ohne Hilfe der Hände (siehe „Gefahren beim Sichern mit dem GriGri"), man muß nicht immer fest zupacken, wenn sich der Kletterer ausruht oder eine Stelle öfters probiert (ausbouldert). Vor jedem Start sollte ein Funktionstest durchgeführt werden.

• Das Seil wird wie auf dem Gerät dargestellt eingelegt und mit einem Schraubkarabiner geschlossen.
• Zum Ablassen wird der Hebel gefühlvoll und vorsichtig zum Körper gezogen (größte Vorsicht bei Ungeübten!), dabei muß die Bremshand immer am losen Seil (Bremsseil) bleiben und die Geschwindigkeit bremsend mit dosieren. Außerdem ist auf richtigen Seilverlauf zu achten.

• Achtung: Bei kletternden Kindern mit entsprechend geringem Gewicht blockiert das GriGri nur ungenügend oder nicht! Deshalb das Bremsseil nie loslassen!
• Um der Gefahr des Aufschlagens durch zu schnelles Ablassen vorzubeugen, kann beim Hochklettern nach ca. 3–4 m ein Knoten in das Seil geknüpft werden, der dann ein Durchrauschen des Seils verhindert, bevor der Abzulassende am Boden aufschlägt.
• Das GriGri ist nur für Einfachseile von 10–11 mm geeignet.

Beim Ablassen drückt sich der Abgelassene mit leicht gespreizten Beinen und leicht gebeugten Kniegelenken mit den Fußballen ein wenig von der Wand ab (falls nicht überhängend). Die Arme können locker herabhängen oder greifen vor dem Anseilpunkt in das Seil.

SICHERN DES VORSTEIGERS

Zum Sichern des Vorsteigers eignen sich die Halbmastwurfsicherung (HMS) und der Achter, der allerdings eine etwas geringere Bremskraft aufweist: Das Seil kann dadurch ein wenig leichter ausgegeben und eingeholt werden.

Halbmastwurfsicherung

Auch wenn sie bei vielen Kletterern nicht „in" ist – wir empfehlen die HMS zur Sicherung des Vorsteigers.

- Man hängt das Seil in der bekannten Weise in den HMS-Karabiner ein und achtet auf den Verschlußmechanismus; eine Hand (Führungshand) greift das Sicherungsseil (Seil zum Kletternden), die andere das Bremsseil, das am besten immer nach oben gehalten wird. Das hat einmal den Vorteil, daß sich das Bremsseil nicht ungünstig über den Schnapper legen kann und dadurch zudem die optimale Bremswirkung erreicht wird.
- Beim Ausgeben des Seils wird das nach oben gehaltene Bremsseil in den HMS-Karabiner eingegeben und von der Hand am Sicherungsseil herausgezogen. Auch in diesem Fall gilt: Das Bremsseil nie loslassen.
- Es empfiehlt sich, den HMS-Karabiner mittels eines Gummirings an der Anseilschlaufe zu fixieren; dadurch wird eine ungünstige Lage des Karabiners und ein ungünstiger Seilverlauf im Karabiner verhindert.
- Alternativ kann der HMS-Karabiner von „Belay-Master" (Fa. DMM) empfohlen werden, der durch einen Verschlußmechanismus aus Kunststoff das Drehen des Karabiners verhindert und zudem den Schraubverschluß absichert. Der Kunststoffverschluß läßt sich nur schließen, wenn die Schraube des Karabiners vollständig zugedreht ist.

Sicherung mit dem Achter

Hier sind aus Sicherheitsgründen einige wichtige Punkte zu beachten:

- Der Karabiner mit Verschlußsicherung (z. B. ein HMS-Karabiner) wird mit dem Achter so wie oben beschrieben in den Hüftgurt eingehängt (Karabiner in Beinschlaufensteg und Bauchgurtöse eingehängt, Achter an der Schmalseite des Karabiners fixiert, Verschluß zeigt nach vorne, der Schnapper nach unten). Der Achter ist mit einem Gummi an der engen Krümmung eines Verschlußkarabiners fixiert. Durch diese Vorrichtung wird verhindert, daß sich der Achter ungünstig über den Verschluß legt (Unfallgefahr).
- Alternativ kann man auch einen Achter verwenden, der in der kleinen Öffnung zum Stabilisieren im Karabiner einen Plastikring hat („Mythos Joint", Fa. Mammut).
- Das Bremsseil wird beim Sichern mit Achter nach unten gehalten und darf ebenfalls nie losgelassen werden.
- Beim Ausgeben des Seils wird das Bremsseil in den Achter eingegeben und von der Führungshand herausgezogen. Bei gut laufenden Seilen genügt ein Herausziehen mit der Führungshand, während die Bremshand ihren Griff nur lockert.

Sicherung mit dem GriGri

Das Sichern des Vorsteigers mit dem GriGri ist möglich und bei vielen Kletterern sehr beliebt. Das Seilausgeben stellt das größte Problem beim Sichern eines Vorsteigers mit dem GriGri dar und birgt nicht zu unterschätzende Gefahren. Das GriGri ist kein automatisches Sicherungsgerät, das immer problemlos funktioniert. Sichern mit dem GriGri erfordert mindestens genausoviel Mitdenken, Erfahrung, Aufmerksamkeit und Vorsicht wie das Sichern mit HMS und Achter!

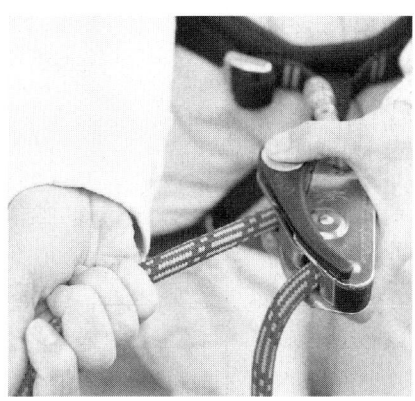

GriGri beim Sichern eines Vorsteigers

• Da das Ausgeben des Seils nach den Angaben des Herstellers völlig unpraktikabel ist, halten viele Kletterer den Klemmmechanismus mit dem Daumen offen und geben dann – zugegebenermaßen – das Seil problemlos aus. Bei einem Sturz genau in diesem Moment blockiert das GriGri nicht mehr.

• Es wird deshalb dringend empfohlen, beim Sichern eines Vorsteigers das Gerät quer vor dem Körper zu halten, wobei der Daumen leicht auf die goldene Scheibe des Ablaßhebels drückt. Auf diese Weise kann ebenfalls unproblematisch Seil ausgegeben werden. Im Fall eines Sturzes dreht sich das GriGri jedoch in die senkrechte Stellung, und der Daumen gibt automatisch den Klemmmechanismus frei.

• Bei langsamen Stürzen, wenn der Kletterer sich ins Seil setzt oder bei neuen Seilen kann es passieren, daß der Klemmmechanismus nicht funktioniert.

• Ebenso problematisch kann es werden, wenn die Sturzenergie durch hohe Seilreibung (um Kanten, in den Zwischensicherungen) geschluckt wird. Auch in diesem Fall kann die Selbstblockierung versagen.

DER VORSTIEG

Seilführung

Beim Vorstieg bindet man sich immer direkt ins Seil ein! Um sturzbedingte Verletzungen zu vermeiden, ist beim Vorstieg auf eine korrekte Seilführung am Körper zu achten.

- Befindet man sich in etwa senkrecht über der letzten Zwischensicherung, so verläuft das Seil frontal zwischen den Beinen.
- Befindet man sich seitlich über der letzten Zwischensicherung, so verläuft das Seil seitlich über den Fuß oder den Oberschenkel.

Kletterer seitlich über der letzten Zwischensicherung

Kletterer senkrecht über der letzten Zwischensicherung

Einhängen des Seils in Zwischensicherungen

Man sollte darauf achten, daß für alle Einhängesituationen (linke oder rechte Hand; Schnapper links oder rechts) eine Methode beherrscht wird. Ein Üben auf sicherem Boden lohnt sich!

Zuerst ist wichtig, daß das Seil richtig herum in die Expreßschlinge eingehängt wird: Es muß von hinten unten nach vorne oben durch den Karabiner der Expreßschlinge zum Anseilpunkt laufen, ohne daß sich die Expreßschlinge verdreht.

Es gibt verschiedene Möglichkeiten, das Seil richtig in den Karabiner einer Zwischensicherung einzuhängen; hier sind die zwei gebräuchlichsten dargestellt:

(1) Während die Mittelfinger den Karabiner stabilisiert, wird das Seil mit Daumen und Zeigefinger gehalten und in den Karabiner gedrückt;

(2) während der Daumen den Karabiner auf der Rückseite stabilisiert, wird das Seil mit Zeigefinger und Mittelfinger eingehängt.

Tips für die Praxis:
- *Sehr frühes Einhängen ist meist recht anstrengend, da man oft überstreckt ist. Ein Sturz beim Einhängen hat dann auch eine längere Flugstrecke zur Folge.*
- *Häufig findet man in Hakennähe einen vernünftigen „Einhängegriff";*
- *manchmal ist es günstig, das Seil erst etwa auf Höhe des Anseilpunktes einzuhängen; dazu braucht das Seil nicht weit heraufgeholt zu werden, was kraftsparend ist. Außerdem besteht in diesem Fall nicht die Gefahr, daß man das falsche Seil (das Seil unter der letzten Zwischensicherung) erwischt und sich selbst am Weiterklettern hindert. Diese Gefahr besteht immer bei sehr kurzen Abständen der Zwischensicherungen;*

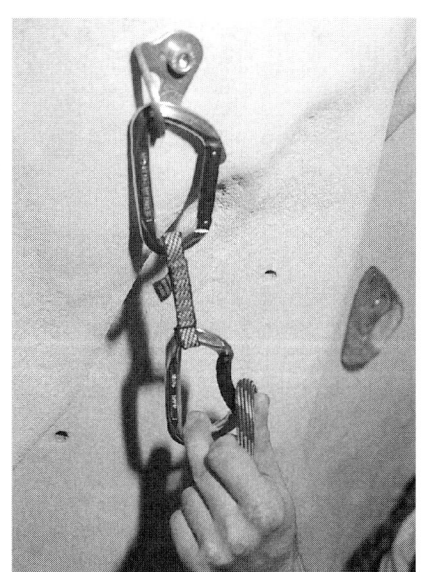

Möglichkeit 1

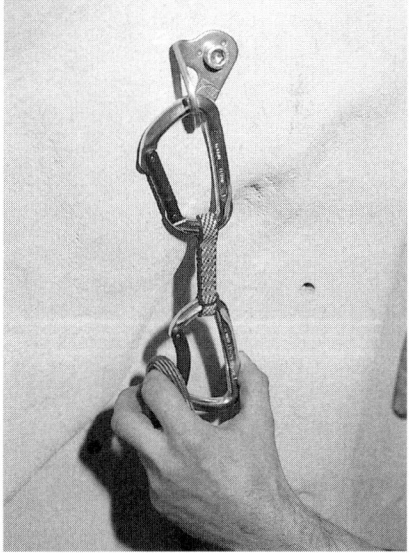

Möglichkeit 2

niemals zwei Seile in denselben Umlenkkarabiner hängen, da durch das Laufen der Seile aneinander Schmelzbrandgefahr besteht;

beim Klettern nie in die Hakenöse greifen, da bei einem Wegrutschen der Beine höchste Verletzungsgefahr für den/die Finger besteht.

Stürzen

Da in der Halle die Abstände der Zwischensicherungen recht klein sind, verlaufen Stürze in der Regel unproblematisch. Trotzdem einige Hinweise zum leichteren Erlernen des Stürzens:

• Man sollte sich an einer senkrechten Wand ganz leicht von der Wand wegdrücken, damit man weder die Wand noch hervorstehende Griffe streift. Meist reicht ein Wegkippen nach hinten, um in eine günstige Abfangposition zu kommen;

• die Bauchmuskulatur wird angespannt, Knie und Hüfte werden leicht gebeugt, die Beine leicht gespreizt, der Rumpf nach vorn gebeugt;

• die Hände greifen am besten vor dem Anseilpunkt an das Seil, was zu einer günstigen Körperposition beiträgt;

• niemals sollte ins gegenläufige Seil gegriffen werden (Verbrennungsgefahr)!

Halten von Stürzen, weich sichern

Beim Halten eines Sturzes kommen dem Gewichtsunterschied zwischen dem Kletternden und dem Sichernden, dem Standort und dem Verhalten des Sichernden während der Fangstoßeinwirkung große Bedeutung zu.

• Der Sichernde sollte nahe an der Wand stehen, etwa in Fallinie der ersten Zwischensicherung.

• Ist der Sichernde wesentlich leichter (mehr als 20 kg) als der Kletternde, so ist eine Selbstsicherung zu empfehlen.

• Ist der Sichernde etwas leichter als der Kletternde, wird der Sturz optimal weich abgefangen.

• Ist der Sichernde etwas schwerer als der Stürzende, so geht er leicht in die Knie und erwartet den Sturz mit vorgespannter Oberschenkelmuskulatur. Durch ein Nach-oben-Schnellen des Sichernden im Moment der Krafteinwirkung wird der Sturz relativ weich abgefangen. Ein zusätzliches Abdrücken verstärkt die Wirkung, wobei auf ein exaktes Timing zu achten ist, ansonsten verkehrt sich die Wirkung ins Gegenteil.

• Ist der Sichernde deutlich schwerer als der Stürzende, so hilft nur ein dosiertes Seileingeben in die HMS oder den Achter.

Sichern eines Vorsteigers

• Nach dem Einhängen einer Zwischensicherung – vor allem der ersten – sollte der Sichernde das Seil wieder einholen und erst dann wieder ausgeben, wenn der Anseilpunkt des Kletternden über die Zwischensicherung gelangt.

• Der Sichernde beobachtet den Kletternden aufmerksam, um gut auf dessen Aktionen (Seil hochziehen zum Einhängen, Fallenlassen des Seils, Zurückklettern usw.) reagieren zu können.

Gefahren und Fehler beim Anseilen/Sichern

- Der Anseilknoten wird durch ein ablenkendes Gespräch nicht zu Ende geknotet.
- Der Schraubverschluß beim HMS-Karabiner wird nicht zugeschraubt.
- Der Sichernde wird durch Gespräche abgelenkt und verliert seinen Partner „aus den Augen".
- Der Sichernde steht zu weit von der Wand weg (Gefahr der Sturzstrecken-verlängerung).
- Der Sichernde sichert mit zuviel Schlappseil (Gefahr der Sturzstrecken-verlängerung).
- Der Kletternde wird viel zu schnell und unkontrolliert abgelassen.

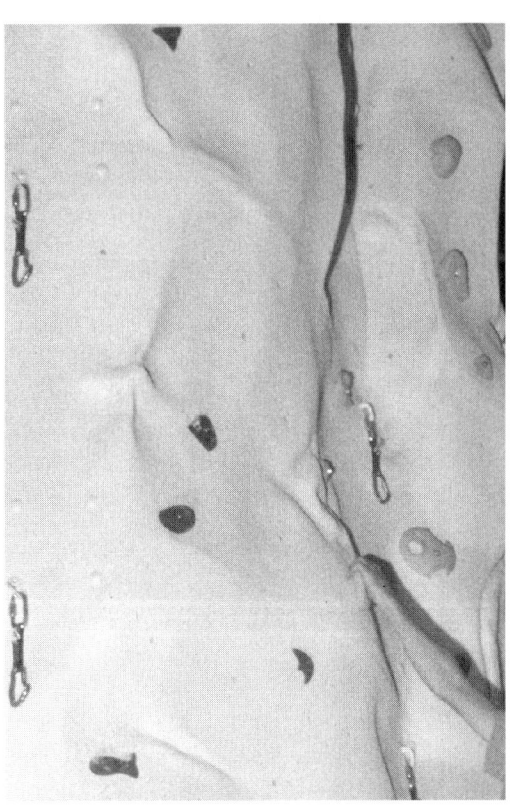

Taktik und kognitive Fähigkeiten

Ganz allgemein ist festzuhalten, daß vorausschauendes Klettern ein Schlüssel zum Erfolg ist. Der Kletterer konzentriert sich nicht nur auf die unmittelbar nächsten Griffe und Tritte, sondern versucht immer, die nächsten Meter in seinen Bewegungsplan einzubauen. Dadurch gelingt es meistens, das Klettern in Sackgassen zu vermeiden. Gerade der Anfänger sollte von Anfang an versuchen, bewußt vorausschauend zu klettern.

- In der Halle können Routen vom Boden aus besser studiert werden als am richtigen Fels, da Tritte und Griffe besser zu erkennen sind. Die Bewegungen können also relativ gut vor dem Kletterbeginn geplant werden.
- In der Halle ist es auch viel besser möglich, vom Boden aus Sackgassen zu erkennen. Beispiel: Ein ganz bestimmter Griff muß mit der linken Hand (evtl. mit einer nicht ganz einfachen Bewegungsabfolge) angeklettert werden, damit ein Weitergreifen mit der rechten Hand z. B. nach weit rechts außen möglich ist.

- Ruhepunkte ausnützen, auch wenn man sich nicht erschöpft fühlt. Vor einer schwierigen Stelle kann es angebracht sein, zuerst die Zwischensicherung einzuhängen und dann nochmals zurück zur Rastposition zu klettern. An der Rastposition geht man die Schlüsselpassage in Gedanken noch einmal durch.
- Man sollte versuchen, Ruhepositionen zu erkennen und schwierige Passagen auszumachen. Oftmals ist es möglich, die Positionen zu erkennen, in denen man das Seil am besten in die Zwischensicherungen einhängt.
- Das Seil sollte möglichst am langen Arm (der Arm, mit dem man sich festhält, ist gestreckt) in die Zwischensicherungen eingehängt werden.
- Schwierige Passagen werden möglichst zügig geklettert.
- Es ist durchaus empfehlenswert, hin und wieder einmal eine Route „on sight" zu versuchen, d. h. auf Anhieb zu klettern. Gelingt diese Begehung nicht, so kann man die schwierigste Stelle „ausbouldern" (herausfinden, wie man die Stelle am besten klettert) und anschließend (nach einer sinnvollen Pause) versuchen, die Route sauber zu klettern.

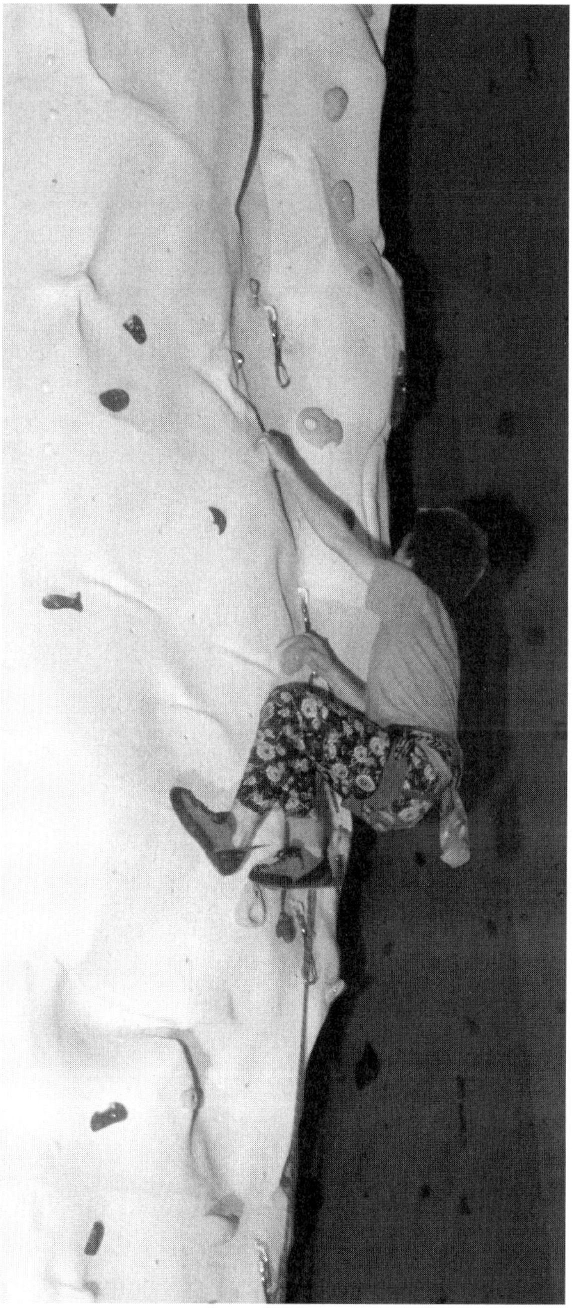

SPORTKLETTERN

Unter Sportklettern im Klettergarten verstehen wir hier ausschließlich Klettereien, die am sicheren Boden beginnen und auch dort wieder enden, d. h., der Kletterer klettert bis zur Umlenkung und wird abgelassen. Die Klettereien mit mehreren Seillängen, auch wenn sie im klettergartenähnlichen Gelände ablaufen, werden im Kapitel „Alpines Sportklettern" behandelt. In Klettergebieten mit weniger Zwischensicherungen als nötig (z. B. Fränkische Schweiz, v. a. die Routen der Schwierigkeitsgrade 3–6, Pfalz, Elbsandstein usw.) müssen selbst Sicherungen (Sanduhrschlingen, Keile usw.) angebracht werden (siehe Kapitel „Klassisches Klettern").

Ausrüstung

Bekleidung

Hose: möglichst bequem, sie darf keine Bewegungen einschränken.
Schuhe: engsitzende, mittelharte bis weiche Schuhe.

Sicherungsmittel

Seil: Da viele Kletterrouten 30 m lang sind, empfiehlt es sich, ein 60 m langes Seil zu verwenden. Inzwischen sind auch 70 m lange Seile erhältlich. Damit können 35 m lange Routen geklettert und ohne Umsteigeaktionen beendet werden.
Seilsack: Ein Seilsack verhindert eine allzu große Verschmutzung des Seiles, zudem kann man sich das Aufnehmen des Seiles sparen. Ein Festbinden der Enden oder eines Endes nach dem Klettern an den am Seilsack angebrachten Schlaufen erspart beim nächsten Mal das Suchen nach den Enden bzw. einem Ende.
Gurt: möglichst bequem, mit vier Materialschlaufen.
Sicherungsgerät: HMS-Karabiner, Achter, GriGri.
Expreßschlingen: Je nach Routenlänge 10–15 Stück (bei sehr langen Routen auch einige mehr), die Karabiner sollten eine möglichst hohe Festigkeit bei offenem Schnapper aufweisen (10 kN), der untere Karabiner wird am besten mit einem Gummi an der Expreßschlinge fixiert, Karabiner mit nach innen gebogenem Schnapper erleichtern das Einhängen des Seiles.
Kurzprusikschlinge: ca. 15 cm lang, ca. 5 mm stark.
Magnesiabeutel: je nach Geschmack, nicht zu eng.
Helm: evtl. ein leichtes Modell mit guter Lüftung.

Bewegungstechnische Fertigkeiten

Die notwendigen bewegungstechnischen Fertigkeiten entsprechen weitgehend denen des Hallenkletterns. Es sollte jedoch erwähnt werden, daß ein Kletterer, der aus der Halle kommt und nun draußen am Fels klettern will, typische Probleme erwarten kann. Diese betreffen v. a.
• das Finden von Trittmöglichkeiten
• und das sichere Stehen.
Diese beiden Probleme tauchen bei Kletterern, die in Hallen ohne nutzbare Strukturen geklettert sind, deutlich stärker auf.

Das Hinterkreuzen eines Beines stabilisiert den Körper

Sicherungstechnische Fertigkeiten

ANSEILEN

Diejenigen Kletterer, die im Stürzen Erfahrung haben, werden sich mit dem Hüftgurt (mittels Sackstich, Achterknoten oder doppeltem Bulinknoten, siehe „Hallenklettern", „Sicherungstechnische Fertigkeiten") anseilen. Ist jedoch keine Sturzerfahrung vorhanden (wie bei Kletteranfängern), wird zunächst die Verwendung von Brust- und Sitzgurt empfohlen. Für die Herstellung einer Verbindung zwischen Kletterseil, Brust- und Sitzgurt gibt es zwei sinnvolle Möglichkeiten:

Direkt mit dem Kletterseil: mittels Sackstich bindet man sich so in den Anseilring des Hüftgurtes ein, daß ca. 60–70 cm Seil übrigbleiben. Mit diesem Seilende fährt man durch die beiden Anseilschlaufen des Brustgurtes, fährt den zunächst locker geknüpften Sackstich nach und zieht ihn fest.

Mit dem Achterband: Alternativ kann der Hüft- mit dem Brustgurt mittels „Achterband" (Bandschlinge) verbunden werden, in das dann der Anseilknoten geknüpft wird.

• Das ca. 1,6–1,8 m lange Schlauchband wird mit einem geschlungenen Sackstich in die Anseilschlaufe des Sitzgurtes geknüpft.
• Jedes Ende wird jeweils durch eine Schlaufe des Brustgurtes geführt und mit Sackstich gesteckt in Ringform (Bandschlingenknoten) verbunden.
• In die beiden entstandenen Schlaufen des Achterbandes wird nun mittels Sackstich oder Achterknoten angeseilt.

Anseilen direkt am Kletterseil

Anseilen mit dem Achterband

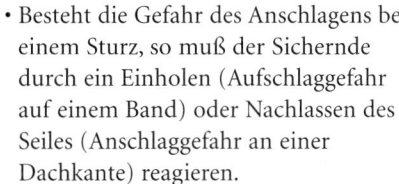

Wird immer mit Brustgurt geklettert, so kann das Achterband mit geschlungenem Sackstich in der richtigen Einstellung immer am Sitzgurt bleiben, so daß man sich ein neuerliches Einknüpfen sparen kann.

Gefährtensicherung

Für das Sichern des Seilpartners gelten die Ausführungen des Kapitels „Hallenklettern". Zusätzlich sind folgende Situationen zu beachten:

• Steht der Sichernde auf einem abschüssigen Standplatz, so sollte er sich selbstsichern, um bei einem Ausrutschen den Kletternden nicht aus der Wand zu ziehen.

• Besteht die Gefahr des Anschlagens bei einem Sturz, so muß der Sichernde durch ein Einholen (Aufschlaggefahr auf einem Band) oder Nachlassen des Seiles (Anschlaggefahr an einer Dachkante) reagieren.

• Ist der Sichernde deutlich leichter als der Kletternde und sind die Hakenabstände groß, so muß eine Selbstsicherung angebracht werden. Dabei ist es sinnvoll, wenn der Sichernde ein Stück hochgezogen wird. Eine Selbstsicherung ist auch dann dringend notwendig, wenn die Gefahr besteht, daß der Sichernde beim Sturz des Vorsteigers mit dem Kopf an einen Überhang gerissen wird.

• Für das richtige und schnelle Einhängen gerade des ersten Hakens ist der Standpunkt des Sichernden wichtig. Er sollte seinen Standort so wählen, daß der Kletternde das Seil auf der richtigen Seite hat und problemlos einhängen kann (siehe Abb.).

Einhängen der Expreßschlingen

Im Gegensatz zu den meisten Hallen müssen im Klettergarten in der Regel (Ausnahmen sind Routen der höchsten Schwierigkeitsgrade, in denen des öfteren einige Expreßschlingen fix hängen) die Expreßschlingen selbst eingehängt werden. Bei schrägem oder horizontalem

Standpunkt des Sichernden

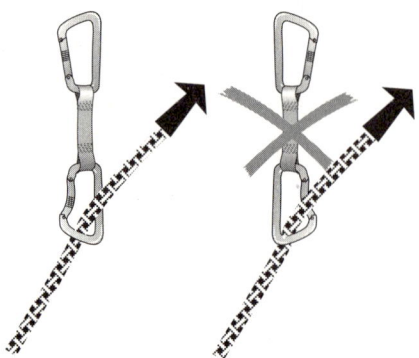

Richtiger Seilverlauf

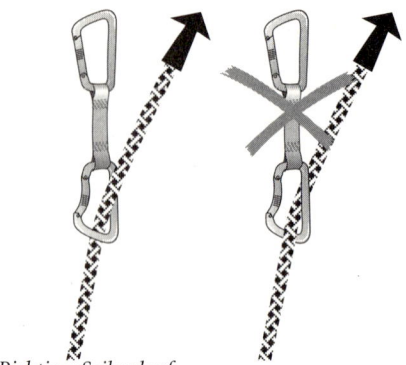

Richtiger Seilverlauf

Kletterverlauf ist beim Einhängen der Expreßschlingen in die Haken darauf zu achten, daß der Schnapper immer gegen die weitere Kletterrichtung zeigt. Dabei sollten beide Schnapper der Karabiner einer Expreßschlinge auf dieselbe Seite zeigen.

Umbauen, Ablassen

Beim Sportklettern wird meist vom Boden aus gesichert, und der Kletterer wird vom Sichernden nach dem Erreichen der Umlenkung abgelassen.

Besteht die Umlenkung aus einem geschlossenen Ring, so muß an der Umlenkung „umgebaut" werden. Dazu gibt es zwei Möglichkeiten, die beide den Vorteil besitzen, daß man in jeder Phase des Umbauens durch die Expreßschlinge und durch das Kletterseil gesichert ist:

(1) Nachdem man sich mittels einer Expreßschlinge am Ring bzw. an der Öse der Umlenkung fixiert hat, fädelt man das Seil doppelt durch die Öse der Umlenkung (die Öse muß groß genug

sein) und knüpft einen Sackstich, der mittels Verschlußkarabiner in die Anseilschlaufe gehängt wird. Jetzt kann der Partner das Seil straffen. Danach löst man den ursprünglichen Anseilknoten, hängt die Expreßschlinge aus und kann abgelassen werden (siehe Abb. unten).

(2) Man fixiert sich mit einer Expreßschlinge an der Umlenköse, zieht das Seil ein Stück herauf, fixiert es mittels Sackstich und Karabiner in der Anseilschlaufe des Hüftgurtes (man schützt vor dem „Absturz" des Seiles, falls es einem versehentlich auskommt, und verhindert den „Totalabsturz", falls sich die Expreßschlinge aushängen sollte). Anschließend bindet man sich aus, fädelt das Seil durch die Öse und bindet sich wieder ein. Nach dem Aushängen der Seilfixierung und der Expreßschlinge kann man abgelassen werden.

Tips für die Praxis:

- *Bei allen Möglichkeiten sollte die Expreßschlinge der Selbstsicherung unter Spannung bleiben, da ein Aushängen dadurch so gut wie nicht möglich ist;*
- *steigen beide Partner vor, so kann der erste über eine in die geschlossene Öse eingehängte Expreßschlinge abgelassen werden und nur der zweite führt den Umbauvorgang durch;*
- *sollen die Expreßschlingen geborgen werden und verläuft die Route schräg oder überhängend, so hängt man eine Expreßschlinge in die Anseilschlaufe des Gurtes und das gegenläufige Seil, damit die Expreßschlingen zum Aushängen erreicht werden. Vor der letzten Zwischensicherung wird sie jedoch entfernt, damit der Sichernde vom Seil nicht aus dem Stand gerissen wird.*

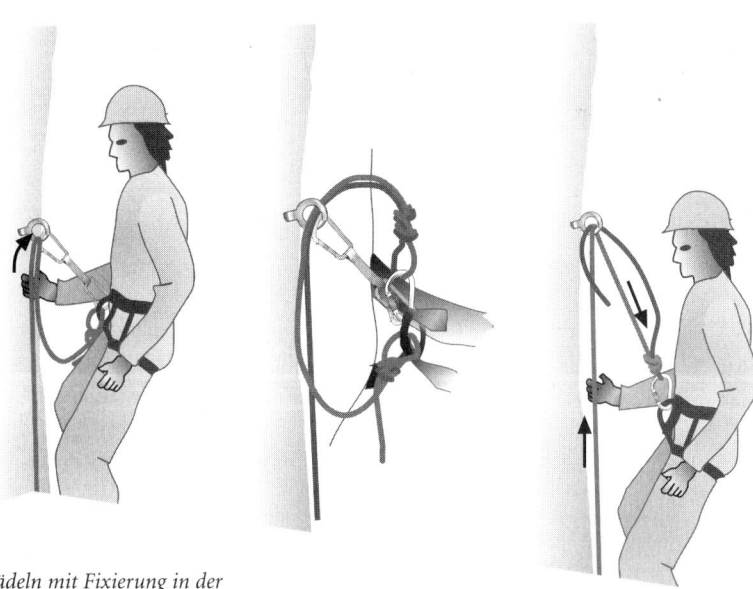

Umfädeln mit Fixierung in der Anseilschlaufe

Gefahren, Problemsituationen

• Beim Ablassen ist darauf zu achten, daß es zu keinen Mißverständnissen zwischen dem Sichernden und dem Kletternden kommt. Dazu sind klare Kommandos hilfreich: „Dicht": Der Sicherer soll den Kletterer auf Zug nehmen. „Fix": Der Kletterer ist selbstgesichert (falls ein Umbauen nötig ist). „Ab": Der Kletterer will abgelassen werden.

• Der Sichernde sollte das Seil auch während des Umbauens nicht aus der Sicherung nehmen.

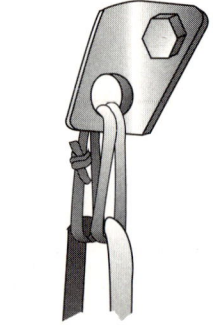

Ablassen möglich

Abseilen an einem Haken mit gefädelter Reepschnur

• Wenn nicht eindeutig geklärt ist, ob das Seil zum Ablassen lang genug ist, sollte das Seilende am Gurt des Sichernden eingehängt werden.

• Reicht das Seil gerade noch zum Ablassen (z. B. bei einer 30 m langen Route und der Verwendung eines 60 m langen Seiles), so darf der Sichernde seinen Standplatz nicht nach unten verlegen. In solchen Fällen empfiehlt es sich auf jeden Fall, das Seilende zu fixieren.

• Findet man an der Umlenkung nur Schlingen vor, so darf auf keinen Fall abgelassen werden, sondern es muß abgeseilt werden. Ein Ablassen würde zu einem Durchschmoren der Schlinge und damit zum Absturz führen. Auf diese Weise sind schon schlimme Unfälle passiert.

• Reicht das Seil zum Ablassen nicht aus, so muß das Seil mit einem anderen Seil verlängert werden (siehe Seilverlängerung).

• Schafft es kein Seilpartner, bis zur Umlenkung zu kommen, so bieten sich verschiedene Möglichkeiten an,

aus dieser Situation wieder sicheren Boden unter die Füße zu bekommen: 1. Ist die Hakenöse groß und rund (z. B. Bühlerhaken), kann der gleiche Vorgang wie beim Abbauen vorgenommen werden (Abb. links); 2. ansonsten wird eine kurze Reepschnur in den Haken eingefädelt und daran abgeseilt (Abb. rechts); 3. paßt keine Reepschnur in den Haken oder steht keine zur Verfügung, so muß ein Karabiner der Expreßschlinge hängenbleiben. Über diesen kann dann abgelassen werden.

Abseilen

Obwohl der Kletterer in den meisten Fällen abgelassen werden kann, empfiehlt es sich, die Abseiltechnik auch im Klettergarten zu beherrschen (siehe Problemsituationen).

• Zunächst knüpft man eine Bandschlinge mit Ankerstich in den Sicherungsring des Hüftgurtes und sichert sich selbst (meist am gleichen Fixpunkt, der zum Abseilen benutzt wird).

Richtiger Seilverlauf im Achter

Abseilen mit Kurzprusik

• Zum Abseilen wird das Seil so weit durch die Öse bzw. Schlinge gefädelt, bis beide Enden zum Boden reichen.

• Das Seil wird in den Achter eingelegt und mittels Verschlußkarabiner in die Anseilschlaufe des Hüftgurtes eingehängt. Jetzt kann die Selbstsicherung ausgeklinkt werden. Die Abseilfahrt kann beginnen.

• Beim Abseilvorgang mit Felskontakt sind die Kniegelenke etwas angewinkelt, die Beine leicht gespreizt, und mit den Fußballen drückt man sich leicht vom Fels ab. Eine Hand ist oberhalb, eine unterhalb des Achters, wobei die untere Hand in erster Linie bremst.

• Ist die Abseilstelle überhängend, so empfiehlt es sich, beide Hände nach unten zu nehmen, so daß mit beiden Händen gebremst werden kann.

Sicherung beim Abseilen

Für Ungeübte oder in bestimmten Situationen (siehe „Klassisches Felsklettern") ist eine Selbstsicherung mittels einer kurzen Reepschnurschlinge

(Kurzprusik, ca. 15 cm, nicht zu dünn und besser etwas steifer) zu verwenden.

• Die Kurzprusikschlinge wird unterhalb des Achters mittels Prusikknoten um beide Seilstränge gelegt und mittels Karabiner in eine Beinschlaufe eingehängt. Dabei ist unbedingt darauf zu achten, daß die Kurzprusikschlinge in keinem Fall in den Achter gezogen werden kann.

• Die Bremshand führt den locker gelegten Knoten während des Abseilens mit. Wird losgelassen, so blockiert der Knoten sofort, und die Abseilfahrt ist gestoppt. Um weiter abzuseilen, wird die Hüfte etwas nach vorne oben gebracht, und der Knoten läßt sich weiter verschieben. Eine praktikable Sicherung für weniger Geübte besteht auch darin, daß der Seilpartner, der unten am Boden steht, ggf. am herabhängenden Doppelstrang zieht, wodurch die Abseilfahrt gestoppt wird.

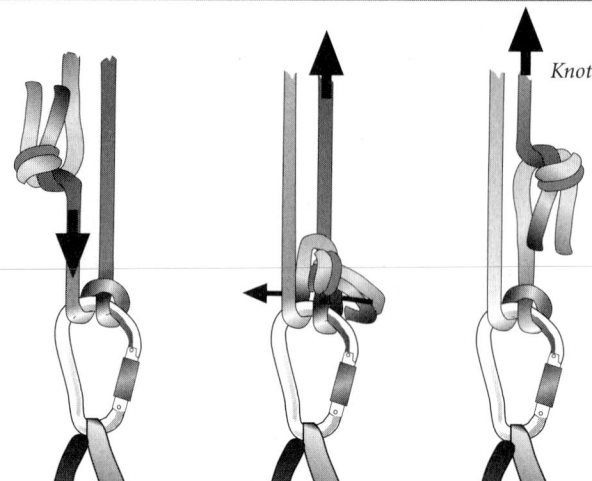

Knoten durchlaufen lassen

Seilverlängerung zum Ablassen

Ist die Route länger als vermutet, so muß beim Ablassen ein zweites Seil an das Kletterseil gebunden werden.

• Die beiden Enden werden rechtzeitig mittels Sackstich verbunden (Enden ca. 15cm lang), wobei ein Schleifknoten nützlich sein kann; beim Achter kann das Seil abgeklemmt werden.

• Der Knoten kann unter Last durch den HMS-Karabiner laufen, indem man die beiden Enden durch die letzte Schlinge, in der sich der Knoten immer verfängt, steckt und ruckartig daran zieht. Man achte dabei auf seine Finger!

• Beim Sichern mit Achter läßt sich der Knoten im Normalfall (Ausnahmen: kleine Achter) durch den Achter ziehen

Seilverlängerung zum Toprope-Klettern

Will man lange Routen (länger als die Seilhälfte) Toprope Klettern, so werden zwei Seile mit einem Sackstich (wie für das Abseilen) miteinander verbunden.

• Kurz vor Ankunft des Verbindungsknotens wird ein Schleifknoten auf den HMS geknüpft. In das nun entstehende Schlappseil wird ein zweiter HMS-Karabiner eingehängt und sichert weiter.

• Beim Ablassen hält sich der Abzulassende kurzzeitig an einer Zwischensicherung oder am gegenläufigen Seil fest, damit der Sichernde den zweiten HMS aushängen und am ursprünglichen HMS (nach Lösen des Schleifknotens) ablassen kann.

• Hängt der Kletterer frei in der Luft und kann er das Seil nicht entlasten, so wird der erste HMS mit dem Schleifknoten ausgehängt und der zweite Knoten einfach – wie oben beschrieben – durch HMS „befördert".

Taktik und kognitive Fähigkeiten

Neben den taktischen und kognitiven Fähigkeiten, die bereits im Kapitel „Hallenklettern" (siehe Seite 102) angesprochen worden sind, können beim Sportklettern in der Natur folgende Überlegungen angestellt werden:

• Ist das Klettergebiet bei dieser Witterung (heiß, schwül, kalt usw.) sinnvoll?
• Sind die Felsen nach der Regenzeit bereits abgetrocknet?
• Zu welcher Tageszeit scheint die Sonne (nicht) in die Routen?
• Habe ich eine Chance, die Route „on sight" zu klettern, oder ist es sinnvoller, die Route auszubouldern, um dann einen ernsthaften Versuch zu unternehmen?
• Wo sind in der Route Ruhepunkte zu erwarten?
• Traue ich mir die Route bei den vorhandenen Hakenabständen zu?

• Kann in der betreffenden Route überall gefahrlos gestürzt werden?
• Von wo hängt man am besten den ersten Haken ein?
• Sind die beiden ersten Haken so angebracht, daß das Verletzungsrisiko im Falle eines Sturzes minimal bleibt? Evtl. ist es sinnvoll, nach dem Einhängen des ersten Hakens noch mal zurückzuklettern.
• Wie viele Expreßschlingen sind nötig (besser eine mehr mitnehmen)?
• Ist es evtl. sinnvoll, in einen oder mehrere Haken zum leichteren Einhängen eine längere Expreßschlinge einzuhängen?
• Bei strategisch wichtigen Haken können ein Karabiner mit Verschlußsicherung oder zwei Expreßschlingen durchaus angebracht sein.
• Habe ich mich genügend aufgewärmt?
• Sind die Sohlen der Kletterschuhe absolut sauber?
• Ist der Magnesiabeutel geöffnet?
• Wird an beiden Seilenden geklettert, um eine stark einseitige Abnützung zu verhindern?

ALPINES SPORTKLETTERN

Unter alpinem Sportklettern ist das Klettern von Routen zu verstehen, die in überwiegend gutem Fels verlaufen und in denen nahezu alle Sicherungsmittel (Standplatz und Zwischensicherungen) installiert und zuverlässig sind. Klemmkeile sind nur selten, Hammer und Haken nie notwendig. Gewöhnlich sind bei diesen Routen Abseilpisten eingerichtet, über die man zurück zum Einstieg gelangt.

Ausrüstung

Pro Seilschaft
Seil: Zwillingsseil oder Einfachseil plus Hilfsseil, 50 m.
Hüftgurt: am besten bequem gepolstert, da man recht lang im Gurt hängt (vor allem am Stand), 4 Materialschlaufen.
Brustgurt: evtl. leichtes Modell (Achterband), je nach Absicherung der Route und Sturzerfahrung der Kletterer.
Schuhe: leichte Trekkingschuhe für den Zustieg, reine Kletterschuhe für die Route.
Expreßschlingen: ca. 10–15, je nach Länge, Schwierigkeit und Absicherung der einzelnen Seillängen, evtl. auch ein paar mehr.
Klemmkeile und -geräte: je nach Angaben im Topo bzw. Führer.
Bandschlingen: 3–4, am besten genähte, einfach und doppelt.
Karabiner: ca. 6 Normalkarabiner, 4 HMS-Karabiner oder 2 HMS + 2 Karabiner mit Verschlußsicherung.
Abseilachter: am besten einen gekrümmten wegen der besseren Bremswirkung bei dünnen Seilen (Zwillingsseil).
Kurzprusikschlinge: ca. 15 cm lang aus etwas steiferem Material.
Prusikschlinge: ca. 180 cm lang.
Helm: gutsitzend mit guter Lüftung.

Bewegungstechnische Fertigkeiten

In den klassischen Granitgebieten der Alpen (Bergell, Urner Alpen, Mt. Blanc) finden sich inzwischen eine große Zahl von z. T. recht langen alpinen Sportkletterrouten, die über riesige Plattenschüsse führen und oft bestens ausgerüstet sind. Für das erfolgreiche und freudvolle Begehen ist die Reibungstechnik notwendig, die bisher noch nicht explizit angesprochen wurde.

Reibungstechnik

Auf geneigten Reibungsplatten sollte der Körperschwerpunkt möglichst über der Trittfläche gehalten werden, wobei eine schulterbreite Stellung der Beine am günstigsten ist (siehe Kapitel „Hallenklettern").
• Die Hände unterstützen das Gleichgewicht. Zum Höhengewinn wird ein Fuß unbelastet höher gesetzt, wobei

zunächst einmal kleine Schritte günstiger sind (der Krafteinsatz der Beinmuskulatur bei der Schwerpunktverlagerung ist geringer).
• Mit der Belastung erfolgt die Verlagerung des Körperschwerpunkts (KSP) über den neuen Tritt.

Tips für die Praxis:
• *Auf Reibung wird in der Regel mit dem Fußballen, also mit der Fußspitze zum Fels, angetreten;*
• *größere Mulden, Kanten und Bänder nutzt man am besten zur Erholung der Wadenmuskulatur. Dabei sind zwei mögliche Belastungsformen zu unterscheiden: Entweder die Ferse hängt sehr tief, wodurch eine große Fläche des Ballens belastet wird, oder die Ferse ist angehoben, wodurch nur der vordere Bereich des Ballens belastet wird, aber eine gute Kraftübertragung stattfindet;*
• *selbst auf sehr glatt erscheinenden Platten lassen sich kleinste Unebenheiten, Dellen, Käntchen, Leistchen und Mulden zum Antreten nutzen. Dafür*

Gewichtsverlagerung auf das höhergesetzte Bein

Tiefe Ferse, Belastung des ganzen Ballens

Angehobene Ferse, Belastung des vorderen Ballens

Stützen mit der gleichen Hand

nimmt man auch größere Antrethöhen in Kauf. Alle genannten Formen können auch als Griffe (z. B. Stützgriffe, Aufleger, Leisten, Warzen, Quarzadern im Granit usw.) und damit zur Stabilisation und als Hilfe zum Weitertreten Verwendung finden;

- der Fuß sollte nach dem präzisen unbelasteten Setzen nicht mehr bewegt werden; der Belastungswechsel wird behutsam ausgeführt;
- verläuft der Anstieg schräg nach oben, so hilft häufig ein Überkreuzen der Beine (meist vorne herum);
- sind ausgeprägtere Leisten vorhanden, so kann man auch mit dem Außenrist bzw. mit der Innenseite antreten;
- zum Höhersetzen eines Fußes kann mit der gleichseitigen Hand gestützt werden. Dieses Stützen erfolgt vorzugsweise relativ tief (etwa auf Höhe des Oberschenkels), die Fingerspitzen zeigen dabei nach unten. Es ist auch möglich, mit beiden Händen zu stützen, um den Fuß höher zu setzen;

- muß aufgrund der Felsstruktur sehr hoch angetreten werden, so hilft ein wenig Schwung, um die Gewichtsverlagerung auszuführen;
- Achtung: Bei schrägem Seilverlauf darf das Seil nicht zwischen den Beinen, sondern es muß über dem jeweiligen Fuß laufen!
- Bei kleinen Stürzen (meist eher Rutscher) rutscht man die Platte rückwärts herunter;
- bei größeren Sturzstrecken dreht man sich am besten um, greift das Seil und läuft bzw. rennt die Platte hinunter. Hierbei muß besonders auf den richtigen Seilverlauf geachtet werden. Diese Sturztechnik sollte – wie das Stürzen im steilen Gelände – zunächst beginnend mit kleineren Stürzen geübt werden.

Sicherungstechnische Fertigkeiten

Zum Sichern von Mehrseillängenrouten ist die Halbmastwurfsicherung zu empfehlen (Ausnahme: Sichern von zwei Nachsteigern). Achtung: Vor dem Sichern des Nachsteigers mit dem Achter muß dringend gewarnt werden, da die Bremskraft in diesem Fall eindeutig zu niedrig ist!

Grundsätzlich wird am Standplatz ein zentraler Sicherungspunkt hergestellt. An diesem Zentralpunkt hängt im Normalfall später die Selbst- und die Gefährtensicherung. Der Zentralpunkt ist meist ein Schraubkarabiner, kann aber auch eine kurze Seilschlinge sein. Da in alpinen Sportkletterrouten üblicherweise am Standplatz ein oder zwei ausreichend sichere Fixpunkte vorhanden sind, wird er hier mit diesen Möglichkeiten abgehandelt.

Standplatz an einem Fixpunkt

Bei ausreichender Dimensionierung ist es ohne weiteres möglich, nur an einem Fixpunkt Stand zu machen. Beispiele sind armdicke Sanduhren im soliden

Fels, DAV-Sicherheitsringe und Bühlerhaken (Edelstahlhaken, die mit schnell bindendem Zement gesetzt werden).

• In allen Fällen wird eine Schlinge angebracht, in die man die Selbstsicherung (Mastwurf) mittels Verschlußkarabiner (Zentralpunktkarabiner) einklinkt. In diesen hängt man den HMS-Karabiner – und zwar auf der dem Schnapper gegenüberliegenden Seite.

• Dadurch liegt der HMS-Knoten nicht am Mastwurf auf und läßt sich viel besser bedienen. Zudem wird bei einem Sturz des Seilersten eine (gewünschte) dämpfende Wirkung erzielt.

Standplatz an zwei Fixpunkten

Da bei alpinen Sportkletterrouten am Stand üblicherweise zwei Bohrhaken, zumindest ein Bohrhaken und ein

Standplatz an einer Sanduhr

In den Zentralkarabiner eingehängter HMS-Karabiner und Selbstsicherung (Mastwurf)

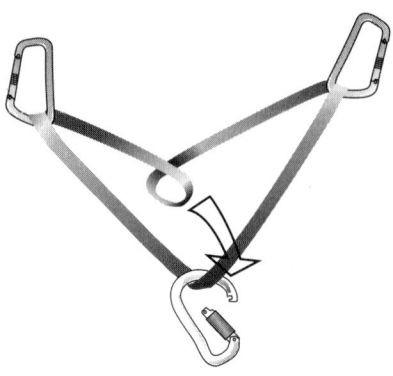

Kräftedreieck

Sicherung des Partners am HMS-Karabiner

Normalhaken, vorhanden sind, werden diese mit einem Kräftedreieck verbunden.

• In die beiden Fixpunkte wird mittels Karabiner eine Bandschlinge eingehängt. Einen Strang verdreht man um 180 Grad und hängt den Zentralpunktkarabiner in diesen und den nicht verdrehten Strang ein.

• In den Zentralpunktkarabiner wird die Selbstsicherung (Mastwurf) eingehängt. Ebenfalls in den Zentralpunktkarabiner kommt der HMS-Karabiner, an dem dann der Partner gesichert wird.

• Dieser Aufbau hat den Vorteil, daß der Sturz des Seilersten in eine Zwischensicherung durch die Zuschaltung der Selbstsicherung des Sichernden relativ weich abgefangen wird. Ein weiterer Vorteil ist, daß die HMS besser zu bedienen ist, weil die Bandschlinge des Kräftedreiecks nicht ständig nach oben gezogen wird.

Standplatzwechsel

Klettert die Seilschaft überschlagen, so kann der augenblickliche Seilzweite ohne jeglichen Umbau sofort weiterklettern und zum Vorsteiger werden.

• Steigt immer der gleiche Seilpartner vor, hängt der am Standplatz ankommende Partner in die Bandschlinge des Kräftedreiecks einen Verschlußkarabiner (Zentralkarabiner) ein und sichert sich an diesem mittels Mastwurf selbst (jetzt hängen zwei Zentralkarabiner in der gleichen Schlinge direkt nebeneinander mit je einer Selbstsicherung). In dieser Situation kann die Gefährtensicherung für den Nachsteiger ausgehängt werden und die Materialübergabe erfolgen.

• Nun wird ein HMS-Karabiner in den neuen Zentralkarabiner eingehängt, und an diesem wird der Seilerste gesichert. Er braucht nur noch seine Selbstsicherung und den Verschlußkarabiner (den braucht er am nächsten Stand wieder) auszuhängen und kann losklettern.

Sonderfälle

Soll für den Vorsteiger für den Fall eines Sturzes eine noch weichere Sicherung erreicht werden, wird dieser über den Körper gesichert. Allerdings muß die erste Zwischensicherung problemlos zu erreichen und einzuhängen sein.

Ist nach dem Stand gleich eine schwierige Stelle zu klettern, ohne die Möglichkeit, eine Zwischensicherung einzuhängen, so bieten sich zwei Möglichkeiten an, dieser unangenehmen Situation zu begegnen.

(1) Man verlängert den Fixpunkt (die Fixpunkte), verlagert seinen Standpunkt dadurch etwas nach unten und verwendet den Fixpunkt bzw. die Fixpunkte als erste Zwischensicherung. Gesichert wird in diesem Fall über den Körper. Der Sichernde muß dabei meist ein unbequemes Hängen im Gurt in Kauf nehmen. Deshalb wird der Nachsteiger zuerst vom normalen Standplatz über den Zentralpunkt gesichert und erst danach wird der Standplatz nach unten verlagert.

(2) Eine andere Möglichkeit besteht darin, den Stand zunächst zu überklettern, die erste Zwischensicherung der folgenden Seillänge gleich einzuhängen und zum Standplatz zurückzukehren, indem man vom Partner abgelassen wird.

Die Sicherung des Nachsteigers, der nach Erreichen des Standplatzes mit der eingehängten Expreßschlinge gleich weiterklettern kann, erfolgt in diesem Fall ebenfalls über den Körper. Ist die Reibung beim Nachsichern (lange Seillänge, viele Zwischensicherungen, usw.) recht groß, so kann man den Partner auch über den Zentralpunkt nachsichern, und zwar an dem Seil, das direkt zu ihm führt und nicht über die Umlenkung der ersten bereits eingehängten Zwischensicherung.

Sichern von zwei Nachsteigern

In einer Dreierseilschaft klettert der Seilerste an zwei Halbseilen vor (besteht die Gefahr, daß die Seile über scharfe Felskanten laufen, müssen zwei Einfachseile verwendet werden) und sichert beide Nachsteiger, die im Abstand von 5–7 m klettern, gleichzeitig mit der Magic-Platte nach, da die Bedienung dieses Sicherungsgerätes sehr komfortabel ist.

• Die Sicherungsplatte wird am runden Ende im längeren Schlitz am Zentralpunkt mittels Schraubkarabiner eingehängt. Jedes Seil wird mit einer Schlaufe durch einen Schlitz gesteckt und in einen Schraubkarabiner einge-

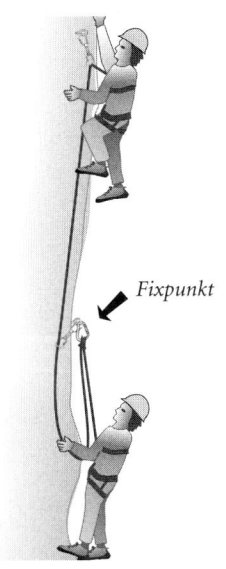

Verwendung des Fixpunktes am Standplatz als erste Zwischensicherung

*Nachsichern von zwei Nachsteigern mit der
Magic-Platte*

hängt. Ganz wichtig: Die Seile der
Nachsteiger müssen im Schlitz jeweils
oben liegen.

• Bei einem Sturz eines Nachsteigers
wird das Seil automatisch blockiert.
Der andere Nachsteiger kann problemlos weitergesichert werden. Ein
Nachlassen des Seils ist unter Belastung nur schwer möglich. Die Platte
kann auch zum Abseilen verwendet
werden. Zum Sichern des Vorsteigers
eignet sich die Platte nicht.

• Alternativ können zwei Nachsteiger
auch mit zwei separaten HMS-Karabinern, die übereinander geschaltet
sind, gesichert werden, was jedoch
wesentlich umständlicher ist.

Seilkommandos

Seilkommandos dienen der Verständigung der Seilschaftspartner untereinander. Die Kommandos sollen kurz und deutlich gegeben werden, damit sie auch unter widrigen Umständen (Wind, Seilverlauf um Ecken usw.) verstanden werden. Die Seilkommandos werden immer in der gleichen Reihenfolge gegeben und sind mit bestimmten Aktionen der Seilschaftspartner verbunden.

Äußere Umstände können dazu zwingen, daß akustische Seilkommandos nicht mehr verstanden werden. Gut eingespielte Seilschaften können sich durch kurzes ruckartiges Ziehen am Seil helfen. Der Vorsteiger wird nach dem Einrichten des Standplatzes mit eingehängter Selbstsicherung 2- oder 3mal kräftig am Seil ziehen. Dies bedeutet für den Nachsteiger, daß sein Gefährte Stand hat. Nachdem er die Gefährtensicherung gelöst hat, wartet er, bis der Sichernde das Seil eingeholt hat. Da der Sichernde nur noch die Sicherung (z. B. HMS) einhängen muß (der Standplatz ist ja bereits aufgebaut), kann der Nachsteiger nach kurzem Warten losklettern. Bei Verwendung eines Zwillingsseils wird für den Standplatzbau nur ein Seil eingeholt, wodurch der Nachsteiger erfährt, daß der Seilerste Stand bezieht.

Routinierte Seilschaften verständigen sich häufig nur auf diese Weise, also ohne akustische Signale.

Aktion	Vorsteiger	Sichernder
Der Sichernde unterrichtet den Vorsteiger über die noch zur Verfügung stehenden Seilmeter.		z. B. „Seilmitte", „noch 10 Meter"
Der Vorsteiger erreicht den Standplatz, hat den Stand aufgebaut und seine Selbstsicherung eingehängt.	„Stand"	Sichernder nimmt das Seil aus der Gefährtensicherung.
Der Sichernde löst die Gefährtensicherung.		„Seil ein"
Der Vorsteiger hat das Seil eingezogen.		„Seilende"
Nach dem Kommando „Seilende" nimmt der Vorsteiger seinen Partner in die Gefährtensicherung.	„Nachkommen"	Abbau des Standplatzes
Der Sichernde hängt seine Selbstsicherung aus und baut seinen Standplatz ab.		„Komme"

Abseilen

Siehe dazu auch Tips beim „Klassischen Klettern".

Bei vielen alpinen Sportkletterrouten erfolgt der „Abstieg" durch Abseilen, wobei die Abseilstellen (häufig mit Karabiner, die man unbedingt an Ort und Stelle lassen sollte) in der Regel die jeweiligen Standplätze darstellen. In manchen Fällen ist auch einmal ein Standplatz außerhalb der Route eingerichtet, was aber aus der Anstiegsskizze ersichtlich ist.

• Am Ende der Route, also am obersten Standplatz, knüpft jeder Seilpartner mittels Ankerstich eine Bandschlinge in die Anseilschlaufe seines Gurtes und sichert sich an einem der Fixpunkte.

• Jetzt werden zwei Seilenden mit einem geschlungenen Sackstich verbunden und in den Karabiner eingeklinkt. Bei einer festen Öse steckt man zuerst ein Seil durch und verbindet dann die beiden Enden. Nun muß man sich nur noch die entsprechende Farbe des Seils merken, an dem gezogen werden muß.

• Bei Zwillingsseilen ist es empfehlenswert, einen gekrümmten Achter zu verwenden, da bei steilen Abseilstellen die dünneren Seile nur mit erhöhtem Kraftaufwand zu halten sind. Durch die Verwendung der stärker bremsenden Seite des Achters ist das Abseilen wesentlich angenehmer.

• Hat der Abseilende den nächsten Standplatz erreicht, hängt er seine Selbstsicherung am Fixpunkt ein, hängt den Abseilachter von der kleinen in die große Öse um (schützt vor Verlust des meist heißen Abseilachters) und nimmt das Seil aus dem Achter. Jetzt kann er mit dem Kommando „Seil frei" dem Partner mitteilen, daß dieser kommen kann.

Abseilen mit Selbstsicherung (Kurzprusikschlag)

- Nachdem auch der Partner am Abseilstand angekommen ist und sich selbst gesichert hat, kann das Seil abgezogen werden, wobei das Seilende, an dem gezogen wird, am besten gleich wieder durch die nächste Öse gefädelt wird. Hat man die Seilenden verknotet, darf man nicht vergessen, vor dem Abziehen die oder den Knoten zu lösen.

Abseilen mit Kletterseil und Hilfsseil

Immer häufiger sieht man Seilschaften in alpinen Sportkletterrouten mit einem Einfachseil und einem Hilfsseil (zum Abseilen) klettern. Die Vorzüge bestehen darin, daß sich das Einfachseil deutlich leichter einhängen und nachziehen läßt. Zudem können mit dem Hilfsseil Utensilien wie Trinkflasche, Pulli, Bergapotheke, usw. nachgezogen werden.

Beim Abseilen besteht bei sehr unterschiedlichen Seildurchmessern die Gefahr, daß die Seile das „Laufen" anfangen. Deshalb sollte jeweils der Partner am Stand beide Seile festhalten. Die Seile lassen sich am besten abziehen, wenn der Knoten auf der Seite des dicken Seils liegt, also auch am dicken abgezogen wird.

Sicherungen beim Abseilen

Weniger Geübten sei die Möglichkeit der Selbstsicherung generell empfohlen. Routinierte Kletterer werden sie immer dann anwenden, wenn besondere Gefahren drohen (Steinschlag, Blitzschlag) oder in unbekanntes Gelände abgeseilt wird (siehe „Tips für die Praxis"). Siehe Kapitel „Sportklettern".

Knoten liegt innen

Taktik und kognitive Fähigkeiten

Gegenüber dem Sportklettern im Klettergarten werden an den Begeher von alpinen Sportkletterrouten sehr vielseitige Anforderungen gestellt. Es sind spezielle Fähigkeiten notwendig, um in der Tourenplanung, beim Zustieg, während der Kletterei und beim Abstieg jeweils die richtigen Entscheidungen zu treffen.

TOURENPLANUNG

Wetter, Wetterlage, Jahreszeit
Bereits einige Tage vor der beabsichtigten Tour sollte die Wetterentwicklung beobachtet werden, um von bösen Überraschungen verschont zu bleiben. Dabei sollte man sich folgende Fragen stellen:
- Bietet die Tour zu dieser Jahreszeit und bei der gegenwärtigen Wetterlage optimale Voraussetzungen (problematisch ist z. B. Nässe durch Schneeschmelze im Frühjahr bzw. Frühsommer)?
- Ist die Tour nach einer längeren Regenphase wirklich schon wieder trocken?
- Besteht Gewittergefahr (enorm wichtig für die Tourenauswahl, vor allem hinsichtlich der Länge der Tour)?
- Ist die Wetterlage stabil, oder handelt es sich nur um ein kurzes Zwischenhoch?
- In welcher Höhenlage befindet sich die 0-Grad-Celsius-Grenze?

Routenwahl
- Wie schwierig ist die Route (Schwierigkeiten der Einzelstellen und deren Häufigkeit, Verteilung der Schwierigkeiten, Schwierigkeiten gleich zu Beginn der Route oder erst am Ende)?
- Wie lang ist die Route (Seillängenzahl, Kletterstrecke, Zeitaufwand)?
- Länge und Art des Zu- und Abstiegs (Weg, wegloses Gelände, schneefrei, schneebedeckt, absturzgefährdet, vergletschert; Abseilpiste).
- Sind besondere Schwierigkeiten zu erwarten (brüchige Zonen, schlecht abzusichernde Stellen, nasse oder vereiste Stellen, heikle Quergänge, Steinschlaggefahr usw.)?
- Höhenlage und Exposition der Route.

Ausrüstung und Verpflegung
Die große Kunst bei der Zusammenstellung der Ausrüstung ist es, alles Notwendige mitzunehmen, sich aber trotzdem nicht „zu Tode" zu schleppen. Folgende Punkte können Beachtung finden:
- Auswahl der Schuhe: ein Paar für Zustieg und Kletterei oder zwei Paar (jeweils eins für Zustieg und Kletterei)?
- Welche und wieviel alpintechnische Ausrüstung (Seil, Expreßschlingen, Schlingen, Keile usw.) ist wirklich nötig?
- Welche Bekleidung (Tageszeit, Jahreszeit, Wettersituation, Wetterentwicklung, Höhenlage, Exposition) ist sinnvoll?
- Welche Menge an Verpflegung ist nötig, um die Route ohne Leistungsabfall klettern zu können?

Persönlicher Zustand

Das kritische Hinterfragen der persönlichen physischen und psychischen Verfassung und der des Partners (allgemeine Ausdauer, die verschiedenen Kraftkomponenten, Streß usw.) sollte bei der Planung einer alpinen Klettertour eine Selbstverständlichkeit sein. Gegebenenfalls führen solche Überlegungen zur Auswahl einer etwas kürzeren und/oder leichteren Route mit einem weniger komplizierten Zu- oder Abstieg.

Routenbeschreibungen, Routenskizzen (Topos)

Das Zurechtfinden in alpinen Felstouren wird durch das Studium von Anstiegsbeschreibungen oder/und Anstiegsskizzen ermöglicht. In den modernen Kletterführern haben sich die Skizzen (Topos) durchgesetzt, aus denen man anhand einheitlicher Symbole alle wichtigen Informationen entnehmen kann. Lange, umständliche Routenbeschreibungen, wie sie lange Zeit üblich waren, entfallen. Im kurzen

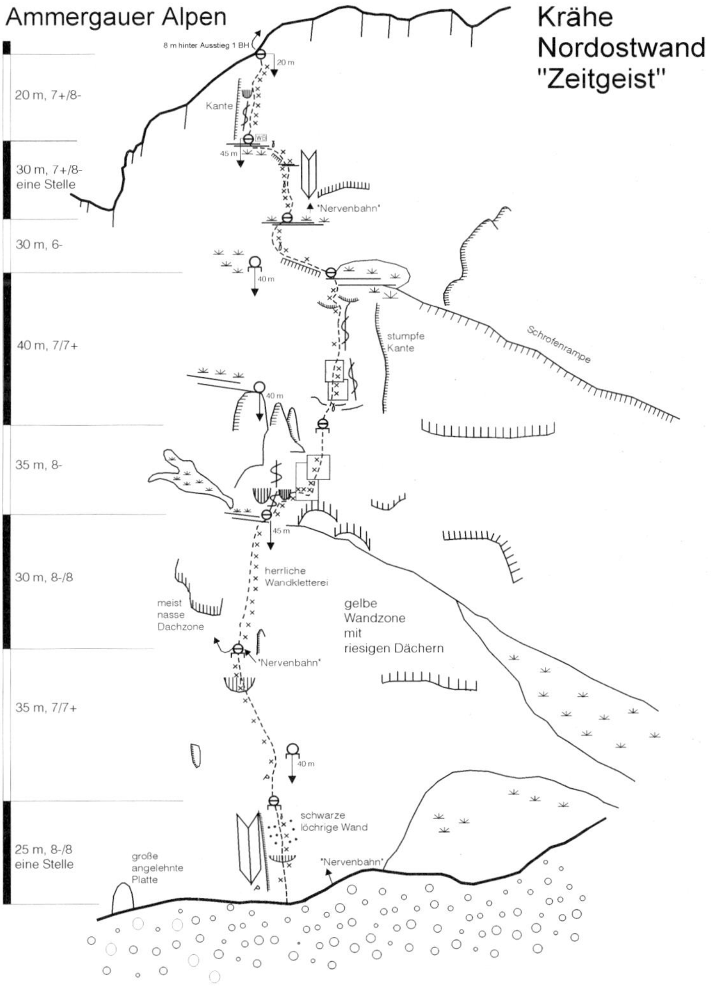

Ammergauer Alpen

Krähe
Nordostwand
"Zeitgeist"

8 m hinter Ausstieg 1 BH

20 m, 7+/8-

Kante

20 m

30 m, 7+/8-
eine Stelle

45 m

'Nervenbahn'

30 m, 6-

40 m

Schrofenrampe

40 m, 7/7+

stumpfe
Kante

40 m

35 m, 8-

45 m

30 m, 8-/8

herrliche
Wandkletterei

meist
nasse
Dachzone

gelbe
Wandzone
mit
riesigen Dächern

'Nervenbahn'

35 m, 7/7+

40 m

25 m, 8-/8
eine Stelle

große
angelehnte
Platte

schwarze
löchrige Wand

'Nervenbahn'

Infoteil werden lediglich Angaben zur Erstbegehung, zur Schwierigkeit, zur Routenlänge, zur Begehungszeit, zum benötigten Material usw. gemacht. Es muß allerdings bedacht werden, daß es noch lange nicht zu allen Felsrouten Topos gibt.

Tips für die Praxis:

• Trotz Topos und Beschreibungen hängt die Routenfindung sehr stark von der Erfahrung der Seilschaft und deren Spürsinn ab;

• Anstiegsskizzen, aber auch Beschreibungen sollte man bereits lange vor dem Erreichen des Wandfußes mit der Wirklichkeit vergleichen. Nur so sind markante Formationen, auf die in der Übersicht der Beschreibung eingegangen wird oder die im Topos eingezeichnet sind, zu erkennen. Beim Zustieg ist die Wand oft gut zu überblicken, und der Einstieg mit dem gesamten Routenverlauf ist auszumachen.

• Um nicht ständig auf das Topos schauen zu müssen, sollte man sich wichtige und markante Orientierungspunkte merken;

• hat man den Wandfuß einmal erreicht, fällt eine Orientierung meist schwer;

• in der Route selbst trägt vorausschauendes Klettern zur richtigen Wegfindung bei;

• innerhalb einer Seillänge ist es bei weiteren „schräg verlaufenden" Hakenabständen oft nicht leicht, zu entscheiden, wie der nächste Haken am besten anzuklettern ist: erst gerade hinauf und dann queren oder umgekehrt? Eine Fehlentscheidung ist oft nicht zu korrigieren und führt häufig zum Sturz. In fast allen Fällen ist die zweite Alternative die bessere, da der Erstbegeher den Haken von unten und nicht von der Seite gesetzt hat.

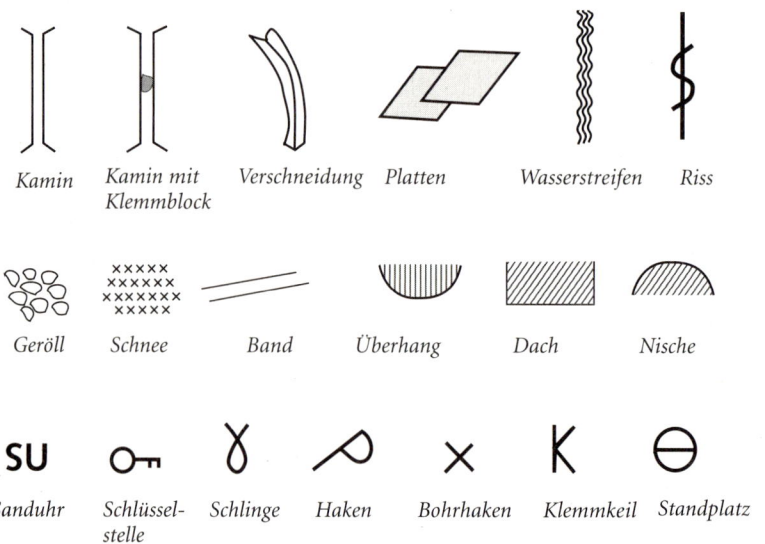

| Kamin | Kamin mit Klemmblock | Verschneidung | Platten | Wasserstreifen | Riss |

| Geröll | Schnee | Band | Überhang | Dach | Nische |

| SU | Schlüssel- stelle | Schlinge | Haken | Bohrhaken | Klemmkeil | Standplatz |
| Sanduhr | | | | | | |

Symbole für die Routenskizzen

Spezielle Bergrettungsmaßnahmen

Stürze sind beim Klettern nie auszuschließen, beim Sportklettern werden sie sogar bewußt in Kauf genommen. Während Stürze auch in alpinen Sportkletterrouten (sichere Standplätze, verläßliche Zwischensicherungen) meist glimpflich verlaufen, kann ein Sturz in klassischen Routen schnell schlimme Folgen haben. Ein bestimmtes Repertoire an Rettungsmaßnahmen sollte jeder Kletterer von alpinen Routen zur Verfügung haben. Die jeweilige Maßnahme, die er zu seiner eigenen oder der Rettung seines Gefährten ergreift, ist immer abhängig von der jeweiligen Situation. Wir verzichten ganz bewußt auf den Einsatz spezieller Bergrettungsmittel, da diese aus Gewichtsgründen sowieso nicht mitgeführt werden.

Fixieren eines Gestürzten
• Das unter Belastung stehende Seil wird mit dem Schleifknoten fixiert.
• Die entstandene Schlinge muß abgesichert werden.
Der Schleifknoten hat den Vorteil, daß er auch unter Belastung gut zu lösen ist, um z. B. den Partner abzulassen. Nach dem Fixieren des Gestürzten kann man sich die Situation bewußtmachen und das weitere Vorgehen überlegen.

Ablassen nach unten
Mit der HMS kann der Gestürzte langsam und gleichmäßig abgelassen werden.

• Das Bremsseil wird Hand über Hand eingegeben.
• Ist eine höhere Bremswirkung erwünscht bzw. notwendig (neues glattes Seil, Halbseil, sehr schwere Person, Retter und Verletzter), so muß eine stärkere Bremsstufe gewählt werden: Sehr gut geeignet ist dazu der „doppelte HMS", der den Vorteil hat, daß er kaum krangelt (Abb. unten).

Schleifknoten mit Absicherung (rechts)

Ablassen des Seilersten

Ablassen des Seilersten

Ist der Seilerste in eine Zwischensicherung gestürzt, kann aber nicht mehr weiterklettern, so wird er wie oben dargestellt abgelassen.

• Steht nicht mehr genügend Seil zur Verfügung, muß der Gestürzte eine Zwischenumlenkung einrichten, sich daran fixieren und das Seil abziehen. Danach kann er über einen Karabiner in der Zwischenumlenkung zum Stand abgelassen werden oder selbst abseilen.

Hinweise zum Ablassen:
Das Ablassen darf nur über einen Karabiner (oder über eine entsprechend dimensionierte Hakenöse) erfolgen, da das Ablassen über eine auch noch so dicke Schlinge zum raschen Durch-

schmelzen und damit zum Absturz führt!

• *Vor dem Ablassen muß man sich vergewissern, ob der Abzulassende bis zum Seilende sicheren Boden oder einen sicheren Standplatz erreichen kann;*
• *muß überhängendes Gelände überwunden oder schräg nach unten abgelassen werden, so muß der Abzulassende Zwischensicherungen einhängen.*

Aufstieg am Seil

Ist ein Ablassen des Seilersten nach einem Sturz zunächst nicht möglich (stark überhängendes Gelände), so muß der Gestürzte mittels Prusiktechnik (siehe Kapitel „Hochtouren", Seite 70) so hoch steigen, daß er das gegenläufige Seil erreicht, um sich an diesem mit einer Expreßschlinge einzuhängen. Danach kann er abgelassen werden. Alternativ kann er natürlich als Seilerster weiterklettern.

Seilverlängerung

In vielen Fällen ist es hilfreich, den Verletzten mit einer Seilverlängerung über eine weite Strecke abzulassen. Klettert eine Zweierseilschaft mit zwei 50 m langen Halbseilen, so kann ein Partner den anderen 100 m ablassen. Bei einer Verwendung des Halbmastwurfs (HMS) als Ablaßbremse gestaltet sich der Vorgang relativ einfach:

• Die beiden Seilenden werden mittels Sackstich verbunden, der Knoten läuft unter Belastung durch den HMS-Karabiner, wobei man mittels Durchstekken der Enden durch den halb offenen Knoten und anschließendem Ziehen ein wenig nachhelfen muß. Vor dem

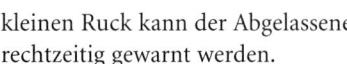

kleinen Ruck kann der Abgelassene rechtzeitig gewarnt werden.

• Hat man die beiden Enden nicht schon vorher zusammengebunden, so wird das Seil rechtzeitig mit dem Schleifknoten fixiert, die Enden werden zusammengebunden, der Schleifknoten wird geöffnet, und der Ablaßvorgang kann weitergehen.

Bei der Verwendung einer Bremse, durch die kein Knoten läuft, läßt sich diese Methode nicht anwenden. Es muß das klassische Seilverlängerungsverfahren angewandt werden. Der Vorgang kann problemlos von einer Person bewältigt werden.

Seilverlängerungsverfahren

• Das Seil muß rechtzeitig vor seinem Ende mit einem Schleifknoten fixiert werden, und beide Enden werden mit Sackstich verbunden.

• Am Hauptseil (möglichst nahe am Schleifknoten) wird eine lange Prusikschlinge mit Prusikknoten befestigt. Diese wird mittels Halbmastwurf und Schleifknoten in die Verankerung eingehängt.

• Durch das Lösen des Schleifknotens am Hauptseil und ein Nachlassen wird die Last auf die Prusikschlinge übertragen.

• Das Verlängerungsseil wird nach dem Knoten wieder mit der gewünschten Bremse eingelegt und mit einem Schleifknoten abgesichert.

• Der Schleifknoten der Prusikschlinge wird gelöst und so weit nachgelassen, bis das Hauptseil wieder belastet ist. Die Prusikschlinge kann abgenommen werden.

• Der Schleifknoten am Hauptseil wird gelöst, und das Ablassen kann fortgesetzt werden.

AUFZIEHEN

In manchen Fällen (Länge, Dauer, Geländebedingungen) kann es notwendig werden, den Gestürzten nach oben zu ziehen. Je nach Situation und Zustand des Gestürzten bieten sich verschiedene Möglichkeiten an.

Einfache Zughilfe (Expreßflaschenzug)

Für diese Methode sind nur eine kurze Prusikschlinge und ein Karabiner nötig. Der HMS bleibt dabei wie zum normalen Sichern eingehängt.

„Lose Rolle"

Die „Lose Rolle" ist hier, ähnlich wie beim Spaltenbergungsverfahren, eine sehr wirkungsvolle Rettungsmaßnahme.

- Das Seil wird mittels Schleifknoten fixiert.
- Dem Aufzuziehenden wird die „Lose Rolle" hinabgelassen.
- Mit einer Prusikschlinge wird eine Rücklaufsperre installiert.
- Beim Nach-oben-Ziehen aus den Beinen heraus wird mit einer Hand jeweils der Prusikknoten nach unten geschoben.

Einfache Zughilfe

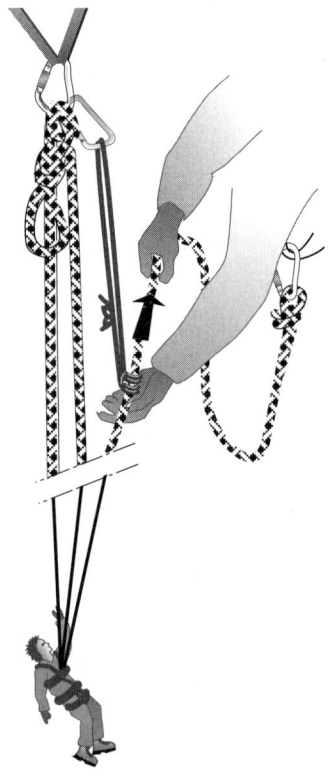

„Lose Rolle"

Schweizer Flaschenzug

Reicht eine einfache Kraftübersetzung nicht aus, um den Verletzten hochzuziehen, so ist ein doppelter Flaschenzug mit zwei Rollen anzuwenden. Dazu hat sich der sogenannte „Schweizer Flaschenzug" am besten bewährt.

- Das belastete Seil wird mit einem Schleifknoten fixiert.
- Die Last wird auf eine Kurzprusikschlinge und eine Bandschlinge übertragen. Idealerweise hängt man dazu in die Kurzprusikschlinge einen Karabiner ein, führt die Bandschlinge durch den Karabiner und hängt sie mit einem weiteren Karabiner bei sich selbst ein.
- Die beiden Karabiner für die Gardaschlinge werden angebracht, die HMS gelöst und die Gardaschlinge eingehängt.
- Das Zugseil wird in den Karabiner der Bandschlinge eingehängt – fertig ist der Flaschenzug.

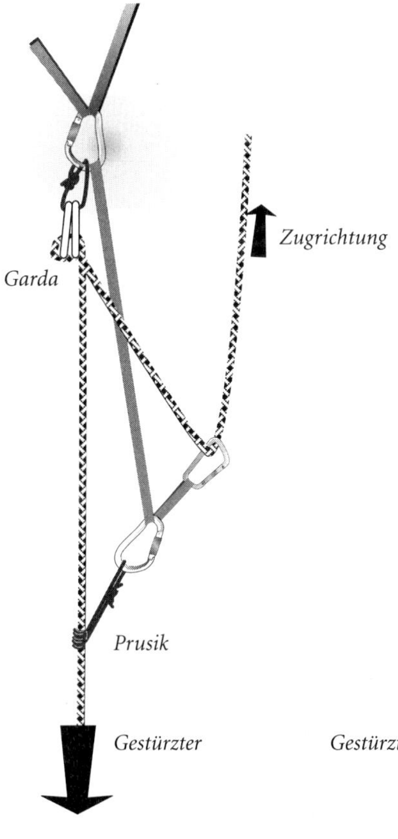

Zugrichtung

Garda

Prusik

Gestürzter

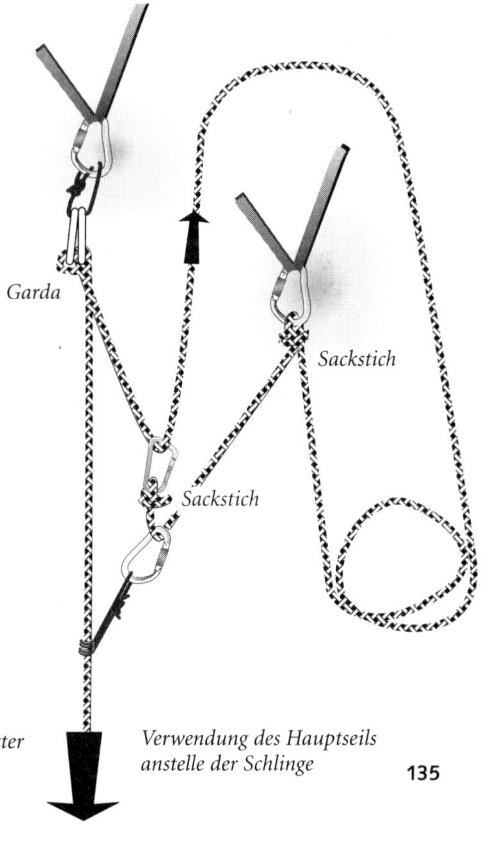

Garda

Sackstich

Sackstich

Gestürzter

Verwendung des Hauptseils anstelle der Schlinge

135

Steht keine separate Schlinge mehr zur Verfügung, kann auch das Hauptseil verwendet werden.

Beim Schweizer Flaschenzug reduziert sich die nötige Kraft zum Hochziehen ungefähr auf die Hälfte. Verwendet man jedoch für die beiden Umlenkungen Seilrollen und als Rücklaufsperre eine Seilklemme, dann kann die aufzuwendende Kraft weiter reduziert werden.

Ein-Mann-Bergung nach Schuhmann

Mit der von Schuhmann entwickelten Methode kann ein Partner seinen verletzten Gefährten mittels Abseilen nach unten bringen. Natürlich sind dieser Methode durch die Schwere der Verletzungen Grenzen gesetzt.

- In den Abseilachter wird eine längere Schlinge (ca. 60 cm) für den Retter und eine kürzere (ca. 40 cm) für den Verletzten eingehängt, unterhalb bindet man eine Kurzprusikschlinge ein.
- Am Hüftgurt des Verletzten wird seitlich je eine kurze und eine lange Schlinge mit Ankerstich befestigt.
- In die kurze Schlinge, die vom Achter kommt, wird der Verletzte eingehängt, in die lange hängt sich der Retter ein, nimmt den Verletzten auf (je nach Art der Verletzung kann dies u. U. schwierig werden) und bindet die beiden am Hüftgurt vorbereiteten Schlingen vor seinem Bauch zusammen.
- Der Abseilvorgang kann beginnen.

Ein-Mann-Bergung

Standplatzwechsel bei der Ein-Mann-Bergung

Meistens reicht ein einmaliges Abseilen nicht aus, um einen Verletzten zum Wandfuß hinunterzubringen. Standplatzwechsel werden fällig. An den jeweiligen Standplätzen muß der Retter sich und den Verletzten fixieren, um das Seil abziehen zu können.

• Am Anseilpunkt des Verletzten wird eine Bandschlinge oder Reepschnur befestigt, durch die neue Verankerung (Karabiner verwenden) gefädelt und mit HMS und Schleifknoten am Anseilpunkt des Retters fixiert.

• Dann wird die Last vom Seil auf die Sicherung übertragen. Das Seil kann abgezogen und neu eingehängt bzw. gefädelt werden.

Durch das Lösen des Schleifknotens und ein Nachlassen der HMS wird die Belastung wieder auf das Seil übertragen.

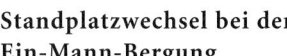

KLASSISCHES FELSKLETTERN

Unter klassischem Felsklettern verstehen wir den Großteil der Routen in den Alpen, in denen die Fixpunkte selbst beurteilt und/oder manchmal auch angebracht werden müssen. D. h. Standplätze und Zwischensicherungen müssen z. T. selbst gebaut oder zumindest verbessert werden. Die Beurteilung vorhandener Fixpunkte ist sehr schwierig, oft sogar unmöglich. Deshalb ist der sichere Umgang mit Klemmkeilen und -geräten eine wichtige Voraussetzung. Bei langen, wenig begangenen Unternehmungen sollte man auch mit Hammer und Haken umgehen können. Die Routenfindung ist bedeutend schwieriger als bei Routen des alpinen Sportkletterns, da der Routenverlauf nicht durch Bohrhaken vorgegeben ist. Oft fehlen auch gute Anstiegsskizzen (Topos) und/oder exakte Beschreibungen.

Die speziellen Methoden der behelfsmäßigen Bergrettung sind dieselben, die bereits im Abschnitt „Alpines Sportklettern" eingeführt wurden. Das sichere Beherrschen der vorgestellten Techniken ist in klassischen Felsrouten jedoch noch wichtiger als in alpinen Sportkletterrouten. Die praktische Anwendung erfordert außerdem eine gehörige Portion Improvisationsvermögen.

Ausrüstung

Bekleidung

Schuhe:

- Je nach Zustieg leichter oder fester Trekkingschuh und mittelharter Kletterschuh, der einen guten Kompromiß zwischen Kantenstabilität und guter Reibung darstellt;
- Allroundschuh mit Profilsohle, mit dem der Zustieg und die Kletterei absolviert wird. Der Schuh eignet sich für leichte bis mittelschwere Routen.

Sicherungsmittel

Seil: Für kurze und leichtere Touren ist ein Einfachseil (am besten ein Multisturzseil), für längere und schwierigere Touren ein Zwillingsseil anzuraten.

Sitz- und Brustgurt: ein separater Hüftgurt (4 Materialschlingen) mit einem leichten Brustgurt (Achterband). Werden mit dem Gurt verschiedene Disziplinen (Felstouren, Skitouren, Eistouren, usw.) bestritten, so wählt man am besten einen mit verstellbaren Beinschlaufen.

Schlingen: ca. 2 kurze und 2 lange genähte Bandschlingen.

Karabiner: 6–8 Normalkarabiner, 4 HMS-Karabiner (oder 2 HMS und 2 andere Karabiner mit Verschlußsicherung).

Abseilachter: Bei Verwendung von Zwillingsseilen ist ein gekrümmter Achter zu empfehlen.

Sanduhrschlingen: je nach Gestein 2–4 offene Reepschnüre (5–9 mm dick, ca. 60 cm lang) mit Ankerstich am Hüftgurt befestigt, evtl. aus Kevlar (eignet sich gut zum Fädeln).

Kurzprusikschlinge: ca. 15 cm lang, ca. 5 mm stark, Material nicht zu weich.

Prusikschlinge: ca. 180 cm lang, ca. 5 mm stark.

Expreßschlingen: je nach Länge und Schwierigkeit der einzelnen Seillängen

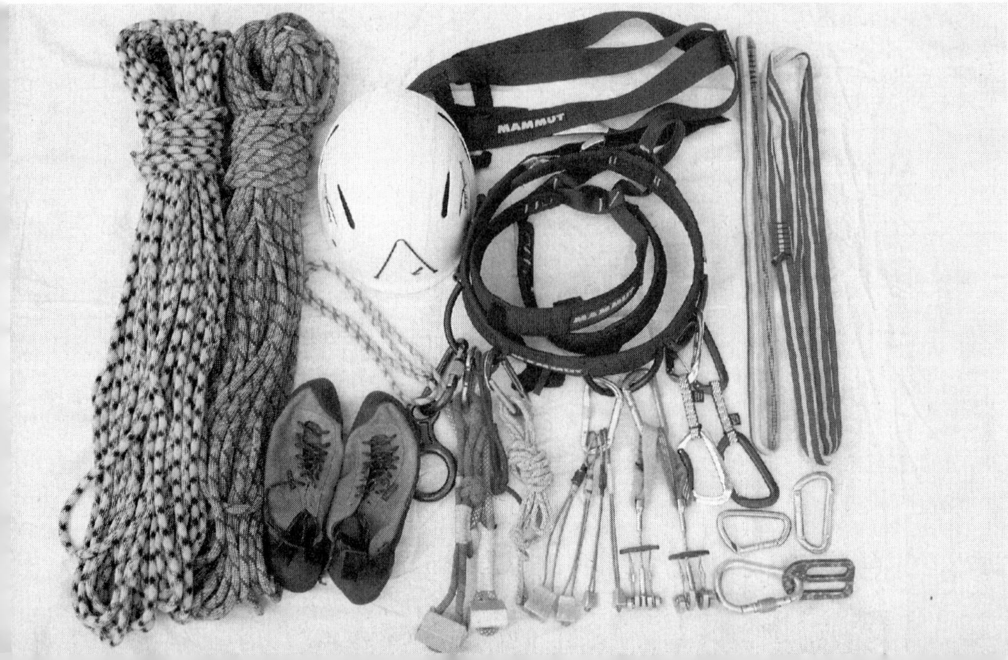

ca. 6–12 unterschiedlicher Länge.
Klemmkeile: je nach Tour 4–6 Rocks
(nur selten sind alle Größen notwendig), evtl. 2–3 Hexentrics.
Klemmgeräte: je nach Tour 2–3
Friends (nur selten sind alle Größen
notwendig).
Hammer, Haken: bei langen, anspruchsvollen, selten begangenen Routen.
Magic-Platte: sehr angenehm zum
Sichern von zwei Nachsteigern.
Helm: Wichtig sind ein guter Sitz (nicht

jeder Helm paßt jedem) und eine gute
Lüftung; eine Mütze sollte unbedingt
noch zu tragen sein.

Sonstige Ausrüstung
Rucksack: schlanke Form mit 30–45 l
Fassungsvermögen (je nach Tour), stabiles Kordura-Material, auf sinnvolle
Zahl von Schnallen, Riemen usw. achten (viele Rucksäcke haben davon viel
zuviel).

141

Bewegungstechnische Fertigkeiten

Zu den bewegungstechnischen Fertigkeiten, die im Kapitel „Hallenklettern" ausführlich behandelt wurden, kommen für klassische Felsrouten die Klettertechniken in Rissen und Kaminen aller Breiten hinzu. Viele der klassischen Routen verlaufen entlang solcher Strukturen, so daß die Beherrschung dieser Techniken Voraussetzung für eine genußreiche Begehung ist. Risse aller Art sind besonders häufig im Sandstein und im Granit anzutreffen.

Rißklettern (Klemmtechniken)

Je nach Breite des Risses unterscheidet man Fingerrisse, Handrisse, Faustrisse und Schulterrisse bzw. Körperrisse. Dabei werden jeweils unterschiedliche Körperteile im Riß verklemmt.

Fingerriß: Bei schmalen Rissen, die nur die Finger aufnehmen, werden diese mit nach unten zeigenden Daumen in den Riß geschoben. Durch eine Drehung der Hände nach unten entsteht eine gute Klemmwirkung. Die Belastung für Bänder, Sehnen und Gelenke ist dabei sehr hoch und die Verletzungsgefahr entsprechend groß, vor allem bei schlechten Trittmöglichkeiten oder bei einem Wegrutschen der Füße.

Will man einen hohen Griff erreichen oder ist der Riß erst ein Stück höher wieder „griffig", so müssen die Finger mit dem Daumen nach oben im Riß gehalten werden, um hoch antreten oder weit durchlaufen zu können. Die

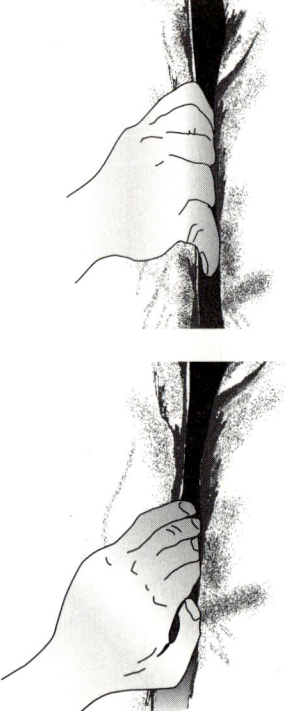

Handriß

Fingerriß

Klemmwirkung ist dabei allerdings schlechter. Die Füße nützen Tritte links und rechts des Risses, treten auf Reibung an (anstrengendster Fall) oder versuchen, günstige Positionen in der Rißspur auszunutzen.

Handriß: Handrisse sind angenehmer zu klettern, zudem ist die Verletzungsgefahr bei weitem nicht so groß wie bei Fingerrissen. Beim Handriß wird die Hand (Daumen zeigen meist nach oben) in den Riß geschoben und der Daumenballen vor die Hand (also zwischen Handfläche und Rißwand) gebracht. Durch die entstandene Verdickung und das Anspannen des Daumenballens entsteht eine günstige Klemmwirkung.

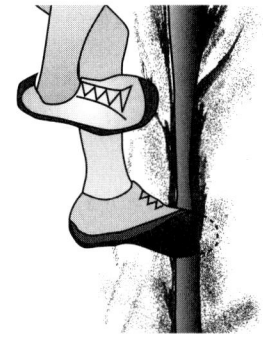

Die Füße können je nach Felsstruktur Tritte links und rechts des Risses nutzen oder klemmen im Riß. Dazu werden die Fußspitzen aufgekantet (das Knie ist dadurch nach außen rotiert) und in den Riß gesteckt; dann wird das Bein nach oben gestreckt, und aus der daraus entstehenden Drehbewegung des Fußes ergibt sich eine Klemmwirkung.

Faustriß: Ist der Riß für einen Handklemmer zu breit, so muß mit der Faust geklemmt werden. Die Hand wird mit dem Handrücken nach oben in den Riß geführt und zur Faust geballt, wobei die klemmende Wirkung zwischen kleinem Finger und Zeigefinger entsteht. Besonders bei Faustrissen ist auf sich verengende Stellen im Rißverlauf zu achten.

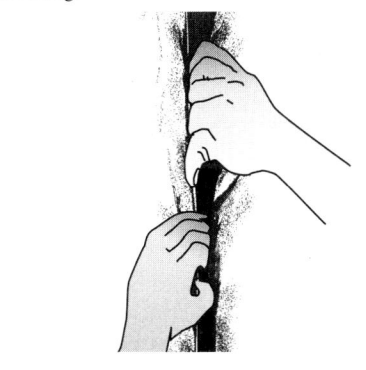

Fingerriß

Faustriß

Die Füße nutzen vor allem den Riß.

Schulterriß/Körperriß: Paßt eine Körperhälfte in den Riß, so spricht man von einem Schulterriß. Dabei kann der Handballen der inneren Hand gegen die Rückseite des Oberarms oder des Ellenbogens verklemmt werden. Je nach Tiefe und Breite des Risses sind verschiedene Gelenkstellungen im Ellenbogengelenk möglich. Der äußere Arm unterstützt die Bewegung jeweils ziehend etwa in Kopfhöhe und stützend in Hüfthöhe an der vorderen Rißkante. Die Füße werden je nach Rißbreite längs (Fußspitze gegen Ferse) oder zusammen (ein Fuß längs, einer quer) verklemmt. Es ist auch möglich, die Fußsohle des äußeren Fußes an die rückwärtige Kante des Risses zu setzen und sich durch ein Strecken des Kniegelenks hochzuschieben.

Ein noch breiterer Riß, der aber noch kein Stemmen (siehe Kamintechnik) zuläßt, wird Körperriß genannt. Seine Überwindung unterscheidet sich aber nicht wesentlich von der eines Schulterrisses. Im Körperriß können die Knie gegen die Ferse verklemmt werden, und die stützende Funktion der Arme gewinnt an Bedeutung.

Tips für die Praxis:
- *Bei allen Techniken sollten Engstellen im Riß für das Verklemmen genützt werden;*
- *durch eine sorgfältige Wahl der exakten Klemmposition kann ein Rutschen vermieden werden;*
- *gute Klemmpositionen sollten für ein Rasten genutzt werden. Hat man wenig Übung im Klemmen bzw. sind scharfkantige oder spitzige Klemmstellen zu*

erwarten (häufig im Kalk), so empfiehlt es sich, den Handrücken mit Tape zu schützen.

Kaminklettern (Stemmtechniken)

Zwei parallele Wände, die zum Klemmen zu weit auseinanderliegen, werden Kamin genannt. In Kaminen kommt in erster Linie die Stemmtechnik, bei weiten Kaminen die Spreiztechnik zur Anwendung. Bei allen Stemmtechniken wird zwischen Rücken/Händen/Fußsohlen einerseits und Händen/Fußsohlen/Knien andererseits ein Gegendruck erzeugt. Die verschiedenen Körperteile lassen unterschiedliche Techniken zur Anwendung kommen.

Parallelstemme (Höhengewinn durch Strecken der Arme):
- Die Fußballen und der Rücken erzeugen den Gegendruck. Die Arme sind entlastet;

Parallelstemme

- die Hände werden seitlich vom Körper in halber Höhe des Rückens mit den Fingerspitzen nach unten am Fels aufgelegt;
- nun wird der Gegendruck zu den Fußballen vom Rücken auf die Arme übertragen, und durch ein Strecken der Arme kann der Rücken entlastet und höher positioniert werden;
- die Füße treten nach, und der Vorgang beginnt von neuem.

Wechselstemme (Höhengewinn durch das Strecken der Beine):

- Ein Bein wird mit der Sohle an die rückseitige Wand gesetzt. Ein Arm

kann vorn stützen (am besten der Arm auf der Seite des zurückgestellten Beines);
- durch Aufbau eines Gegendrucks der beiden Fußballen und ein Strecken der Beine kann der Rücken höher positioniert und wieder an die Wand gedrückt werden;
- nun erfolgt ein Wechsel der Beine: Das rückseitige Bein wird vorne höher gesetzt, und das andere, nun fast gestreckte Bein wird gebeugt und an die rückwärtige Wand gesetzt.

Kniestemme:

In engen Kaminen wird der Gegendruck mit den Knien einerseits und mit den Fußsohlen, dem Gesäß und dem Rücken andererseits erzeugt. Die Arme können dabei auf der Vorderseite stützen, wobei die Fingerspitzen nach unten zeigen. Der Höhengewinn erfolgt in kleinen, mühsamen Schritten durch wechselseitiges Höherschieben von Schultergürtel und Hüfte. Die Fuß-

Wechselstemme

Kniestemme

sohlen sind dabei an die rückwärtige Wand gesetzt und treten ebenfalls in kleinen Etappen nach.

Tips für die Praxis:
- *Das Aufsetzen der Ballen auf kleinen Tritten, geneigten Flächen und Mulden erleichtert das Stemmen;*
- *es sollte diejenige Kaminseite für die Füße ausgewählt werden, die mehr Tritte bietet.*

Spreiztechniken

Wird der Kamin noch weiter, so muß gespreizt werden (siehe auch „Hallen-klettern", „Spreiztechnik").

Spreizen im Kamin:
- Dabei erzeugen die Fußballen einen Gegendruck, während die Arme den Körper im Gleichgewicht halten.

- Zum Höhengewinn stützen ein Arm oder beide Arme und übernehmen den Gegendruck zu einem Bein. Das andere Bein wird dadurch entlastet und kann unbelastet und kontrolliert höher gesetzt werden.
- Durch die Belastung des höhergesetzten Beines und Stützen des anderen Armes kann das andere Bein entlastet und ebenfalls höher gesetzt werden. Der Vorgang beginnt von neuem.

Tips für die Praxis:
- *Auch beim Spreizen im Kamin ist es enorm wichtig, selbst kleinste Tritte, Unebenheiten und Mulden zum Treten auszunutzen;*
- *größere Tritte oder Absätze sollten zur Erholung der Wadenmuskulatur genutzt werden.*

Spreizen in der Verschneidung:
Viele klassische Anstiege verlaufen entlang von Verschneidungen, was sich häufig bereits im Routennamen äußert (z. B. „Fehrmann-Verschneidung", „Fleischbank-Verschneidung" usw.). Die ideale Technik für das Klettern von Verschneidungen ist die Spreiztechnik in Verbindung mit dem Stützen.

Tips für die Praxis:
- *Meist ist es günstig – dies gilt vor allem bei überhängenden Verschneidungen –, sehr weit außen zu spreizen;*
- *vorhandene Verflachungen, Mulden, Leisten und Rauhigkeiten sollten zum Antreten genutzt werden;*
- *durch den Gegendruck, den die Beine gegen die Verschneidungswände ausüben, können auch sehr abschüssige Reibungstritte verwendet werden;*
- *ein Wechsel zwischen dem frontalen Spreizen (Körperfront zeigt zum Verschneidungsgrund) und dem Spreizen in der Dropknee-Stellung (Körperfront und beide Schuhspitzen zeigen in etwa auf eine Verschneidungswand) entlastet die Wadenmuskulatur;*
- *beim Stützen ist es sehr ökonomisch, das Bein relativ hoch (fast auf Höhe des stützenden Armes) zu setzen;*
- *die stützende Wirkung eines Armes kann sehr gut dadurch unterstützt werden, daß der andere Arm Griffe im Verschneidungsgrund nutzt und zieht. Dieselbe Wirkung hat der Arm bzw. die Hand, die im Verschneidungsgrund klemmt.*
- *Extrem weite Spreizstellungen sind fast ausschließlich durch ein Stützen wieder aufzulösen.*

Technisches Klettern

Das technische Klettern um seiner selbst willen gehört in den Alpen mehr oder weniger der Geschichte an. Darum seien hier nur einige grundlegende Hinweise dazu angeführt.

Anders sieht es an den großen Granitwänden im Yosemite, dem Himalaya, Patagonien, etc. aus. Hier steht technisches Klettern mehr denn je im Rampenlicht und bewegt sich in seinem Grenzbereich irgendwo zwischen Handwerk und Horrorshow: Man vertraut sein Körpergewicht und sein Leben einem kleinen Hook an, der auf einer Mikroleiste wackelt, und hat auf den letzten 40 Klettermetern keine Zwischensicherung, die einen Sturz halten würde.

Im Bereich des „klassischen Kletterns" kann technisches Klettern in folgenden Fällen Anwendung finden bzw. notwendig werden:

- Eine oder einige wenige Stellen können in freier Kletterei nicht bewältigt werden oder
- Nässe oder Vereisung machen eine Passage in freier Kletterei unmöglich.

Um solche Passagen technisch zu überwinden, verwendet man Haken und/oder andere Fixpunkte als Fortbewegungshilfen. Man greift in den oberen Karabiner (durch den unteren läuft das Seil) der Expreßschlinge und versucht, mit dieser Griffhilfe weiterzukommen. Dabei kann man auch auf einem tiefer sitzenden Haken stehen, wobei auf die Gefahr des Abrutschens zu achten ist. Reichen diese Hilfen nicht aus, so steigt man in eine Schlinge (die man in den oberen Karabiner der Expreßschlinge

einhängt), um die Reichweite zu erhö-
hen. Dabei ist es wichtig, den Fuß in der
Schlinge hinter dem anderen zu überkreuzen, um nicht von der Wand weg-
zukippen.

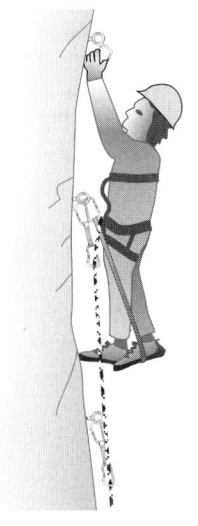

Tips für die Praxis:
- *Bevor man in die Schlinge steigt, ist zu
  überlegen, welcher Fuß für den Weiterweg vorteilhaft ist;*
- *bevor man aus der Schlinge steigt, sind
  die nächsten Bewegungen genau zu
  überlegen, da ein Zurücksteigen in die
  Schlinge meist nicht möglich ist.*

Abklettern

Häufig führen Abstiege über mehr oder
weniger steiles Gelände, das mittels
Abklettern überwunden werden muß.
Deshalb zählt das Abklettern zu den
fundamentalen Fertigkeiten des alpinen
Kletterns. Grundsätzlich lassen sich drei
Möglichkeiten des Abkletterns unter-
scheiden:

Abklettern mit Körperfront zum Fels

Abklettern mit Blick ins Tal

- Rückwärts mit Blick zum Fels: In schwierigem und steilem Gelände klettert man am besten mit Blick zum Fels hin ab. Dabei werden die Beine gebeugt und möglichst tiefliegende Griffe gefaßt. Dann wird mit den Füßen so weit wie möglich abgestiegen, bis die Arme gestreckt sind. Jetzt können die Arme wieder tiefer fassen, usw. Während dieses Vorgangs wird der Oberkörper hin und wieder zurückgebeugt, um die vorhandenen Tritte zu überblicken;
- vorwärts mit Blick ins Tal: Leichteres Gelände ermöglicht ein Abklettern mit Blick ins Tal. Durch den nach vorne gerichteten Blick ist das Gelände ständig gut einzusehen, und Tritte sind besser zu erkennen. Dabei werden die Kniegelenke stark gebeugt, die Hände stützen möglichst tief, und der Oberkörper wird etwas nach vorn gebeugt. Nun steigt man mit den Füßen so weit ab, wie es mit den stützenden Armen möglich ist. Besonders gut funktioniert diese Form des Abkletterns in Rinnen, die dann vorwärts ausgespreizt weden können;
- seitliches Abklettern: Das seitliche Abklettern ist die eleganteste Art des Absteigens im Felsgelände. Auch bei dieser Technik hat man einen guten Überblick über die Tritt- und Grifffolge. Sowohl der bergseitige wie auch der talseitige Arm kann Stütz- und Haltefunktionen übernehmen.

Sicherungstechnische Fertigkeiten

Anseilen

Da in klassischen alpinen Routen größere, unkontrollierte Stürze möglich sind, muß ein Klettern mit Hüft- und Brustgurt empfohlen werden. Die beiden Möglichkeiten sind im Kapitel „Sportklettern im Klettergarten", „Sicherungstechnische Fertigkeiten", beschrieben.

Standplatzbau, Fixpunkte

Der absturzgefährdete Ort, an dem sich der Sichernde aufhält, an dem er sich selbst sichert und seine Gefährtensicherung anbringt, ist der Standplatz. Der Stand kann aus einem oder mehreren Fixpunkten (Haken, Sanduhr, Felsköpfe,

Klemmkeil, Klemmgerät usw.) bestehen. Grundsätzlich wird am Standplatz ein zentraler Sicherungspunkt hergestellt. An diesem Zentralpunkt hängt normalerweise später die Selbst- und die Kameradensicherung. Der Zentralpunkt kann ein Karabiner mit Verschlußsicherung oder eine kurze Seilschlinge sein.

Keile legen und Klemmgeräte positionieren

Alpine Klettertouren verlangen vom Begeher häufig eine Verbesserung der Absicherung. Deshalb ist der Umgang mit Klemmkeilen und -geräten eine wichtige Voraussetzung für das erfolgreiche Durchsteigen einer Route. Aufgrund der unüberschaubaren Anzahl von Klemmodellen beschränken wir uns auf die Anwendung der wichtigsten unter ihnen: Rocks, Friends und Hexentrics.

Anseilen mit dem Kletterseil direkt in Brust- und Hüftgurt

Anseilen mittels Achterschlinge, die Brust- und Hüftgurt verbindet

auf der Oberfläche keine kleinen Strukturen haben sollte, da diese bei einer größeren Belastung wegbrechen können;
• der Keil sollte möglichst mit zwei gegenüberliegenden Flächen vollständig am kompakten Fels aufliegen;
• es ist auf die Belastungsrichtung zu achten, die im Normalfall nach unten gerichtet ist.

Tips für die Praxis:
• *Man probiert die Paßform des Keiles am Karabiner hängend aus – so kann ggf. schnellstmöglich ein anderer ausprobiert werden. Paßt der Keil, so hängt man ihn aus dem Karabiner aus und hängt diesen mit den anderen Keilen wieder an den Gurt;*
• *bei Zwischensicherungen zieht man den Keil etwas an, damit er sich nicht so leicht lockert und aus dem Riß fällt;*
• *der Keil kann mit einer Expreßschlinge verlängert werden;*

Rocks (Drahtkabelstopper der Fa. Wild Country): Rocks sind leicht gebogene, doppelkonische Keile, die sich durch sehr gutes Material und durch ein geschmeidiges Drahtkabel auszeichnen. Aufgrund der durch die Bananenform erzeugten Dreipunktauflage wird ein sehr gutes Klemmen im Riß erzeugt. Für das zuverlässige Anbringen von Rocks – und Klemmkeilen aller Art – gelten im wesentlichen drei Kriterien:
• Es ist auf soliden Fels zu achten, der

• durch Verspannen von Klemmkeilen lassen sich in alle Richtungen belastbare Fixpunkte bauen (Standplatz). Das Verspannen kann mittels Mastwurf oder mit einer offenen Schlinge erfolgen;
• durch das Verspannen können auch Querrisse genutzt werden;
• zum Entfernen von Klemmkeilen kann ein Klemmkeilentferner ganz nützlich sein.

Friends: Friends sind Klemmgeräte, die durch einen Federmechanismus an die Rißwände gedrückt werden. Sie passen sich den verschiedenen Rißbreiten stufenlos an und haben den Vorteil, daß sie auch in Rissen mit parallelen Rißwänden halten, der Riß sich also nicht nach unten verengen muß. Die Friends mit flexibler Achse sind günstiger als diejenigen mit starrer Achse, da sie in Querrissen und Löchern besser einzusetzen sind. Beim Legen von Friends sind verschiedene Kriterien zu beachten:

Gut gelegter Friend

• Es müssen unbedingt alle vier Segmente an den möglichst kompakten Rißwänden anliegen;
• es sollten mittlere Öffnungswinkel angestrebt werden;
• der Friend muß so gelegt werden, daß die Achse in Belastungsrichtung zeigt, sonst erfahren die Segmente im Riß eine Drehung, und das Gerät wird herausgerissen;
• Friends in Risse zu legen, die sich nach hinten weiten, ist problematisch, da Friends durch die Seilbewegung leicht wandern und dann ihre Segmente öffnen, wodurch keine Haltekraft mehr gegeben ist;

Gut gelegter Hexentric

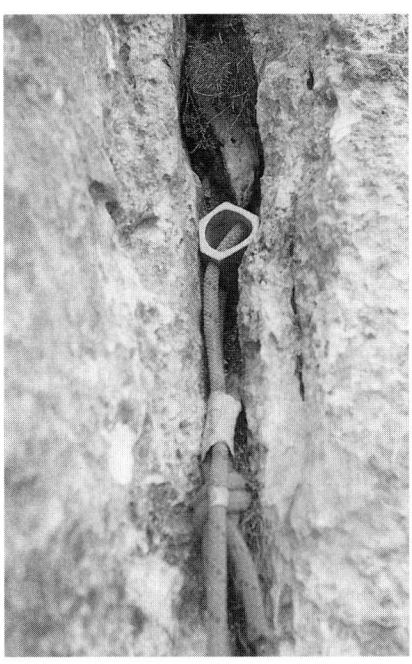

Gutsitzender Hexentric

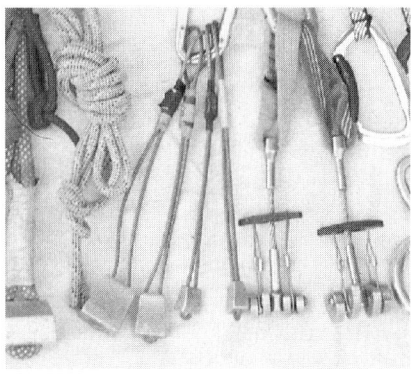

derte Friends, die man mit den Fingern kaum noch erreicht, benutzt man zwei Drahtkabelkeile, um mit ihnen am Zuggriff zu ziehen.

Hexentrics: Hexentrics sind sechseckige asymmetrische Keile, die sich in verschiedenen Positionen gut anbringen lassen. Wenn sich Risse nach hinten öffnen und Friends dadurch schlecht anzubringen sind, können Hexentrics gut plaziert werden. Sehr gut lassen sich Hexentrics in Wasserrinnen anbringen. Vor allem die mittleren Größen 6, 7 und 8 sind empfehlenswert.

• wenn kleine Friends (Größen 0,5–1) im Rißgrund anstehen, sind sie nur sehr schlecht wieder zu entfernen, besonders wenn sie kaum noch zu erreichen sind;
• sind die Zähne der Friends durch starke Beanspruchung bereits deformiert und die Vertiefungen zwischen den Zähnen zugequetscht, so müssen die Segmente nachgefeilt werden. Nur so entsteht zwischen dem Fels und dem Klemmgerät eine ausreichende Haftreibung;
• Friends werden durch Zug mit Zeigefinger und Mittelfinger am Zuggriff bei gleichzeitigem Druck mit dem Daumen gegen das Belastungselement gelöst. Für zu tief in den Riß gewan-

Felshaken

Vorhandene Haken zu beurteilen, ist außerordentlich schwierig, wenn nicht gar unmöglich. Grundsätzlich sollte man gegenüber Haken äußerst kritisch sein, da in der Regel nicht zu erkennen ist, wie lang der Haken ist, wie lange er schon im Fels steckt und wie weit die Korrosion des Schaftes fortgeschritten ist (trotz gutaussehender Hakenöse). In langen, selten begangenen Touren oder im klemmkeilfeindlichen Fels ist es empfehlenswert, einen Hammer und ein kleines Hakensortiment mitzuführen. Damit können Standplätze eingerichtet bzw. verbessert und bei einem evtl. notwendig werdenden Rückzug Fixpunkte zum Abseilen geschaffen werden. Bei Verwendung von Haken sollten folgende Punkte berücksichtigt werden:

• Mit Querhaken, Drehmomenthaken und V-Profilhaken kommt man in 90 Prozent der Fälle aus, am günstigsten sind mittlere Längen (6–10 cm Nutzlänge). Auf Winkelhaken, Längshaken und Ringhaken kann ganz verzichtet werden;

• Haken aus Weichstahl sind von Haken aus Hartstahl zu unterscheiden. Hartstahlhaken sind teurer, weisen aber eine höhere Ösen- und Schaftfestigkeit und höhere Haltekräfte im Fels auf. Sie lassen sich auch viel besser wieder entfernen als Weichstahlhaken. Die Verschleißfestigkeit und Wiederverwendbarkeit von Hartstahlhaken liegt um ein Vielfaches über denen aus Weichstahl. Im weichen Fels (z. B. Kalk) kann allerdings auf Weichstahlhaken nicht verzichtet werden, da sie sich besser gekrümmten Rissen anpassen;

• Drehmomenthaken halten gut, lassen sich aber schlecht wieder entfernen.

Tips für die Praxis:

• *Vor dem Einschlagen des Haken in den Fels sollte mit leichten Schlägen dessen Kompaktheit geprüft werden;*

• *die Belastungsrichtung ist quer zur Schaftrichtung am höchsten. Der Hakenriß sollte (wenn möglich) danach ausgewählt werden;*

• *der Haken sollte sich bereits von Hand in den Riß stecken lassen (ca. ein Drittel der Schaftlänge bei Weichstahlhaken und Kalk und zwei Drittel der Schaftlänge bei Hartstahlhaken und Granit);*

• *ein bei jedem Schlag höher klingender Ton und eine nach dem Einschlagen auf dem Fels aufsitzende Hakenöse lassen auf einen gut sitzenden Haken schließen.*

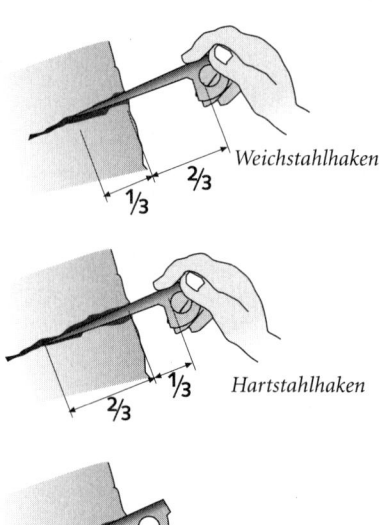

Weichstahlhaken

Hartstahlhaken

Stand an einem Fixpunkt

Siehe Kapitel „Alpines Sportklettern",
„Sicherungstechnische Fertigkeiten".

Standplatz mit Kräftedreieck

Stehen zwei oder drei in etwa gleich
gute Fixpunkte zur Verfügung, von
denen jeder einzelne aber für sich alleine u. U. nicht ausreichen würde, und
liegen diese nicht zu weit (bis ca. zu einem halben Meter) auseinander, so verbindet man diese mittels Ausgleichsver-
ankerung (Kräftedreieck), so daß sich
die auftretenden Kräfte in etwa gleichmäßig auf die Fixpunkte verteilen.

Aufbau bei zwei Fixpunkten

Siehe Kapitel „Alpines Sportklettern",
„Sicherungstechnische Fertigkeiten",
Seite 121.

Aufbau bei drei Fixpunkten

In die drei Fixpunkte wird mittels Karabiner eine Bandschlinge eingehängt.
Nun werden der Strang zwischen
erstem und zweitem und der Strang

zwischen zweitem und drittem Haken
um 180 Grad verdreht. In diese beiden
und den hinteren langen Strang wird
wiederum der Zentralkarabiner eingehängt, in den die Selbstsicherung eingehängt wird. In den Zentralpunktkarabiner kommt der HMS-Karabiner, an
dem dann der Partner gesichert wird.

Standplatz an Klemmkeilen

Bestehen die Fixpunkte aus Klemmkeilen (Beispiel: 3 Keile), so werden sie
zunächst wie oben beschrieben mit dem
Kräftedreieck verbunden. In den
Zentralkarabiner wird der HMS-Karabiner eingehängt und der Partner gesichert. Im schlimmsten Fall erfolgt ein
Sturz des Seilersten vor der ersten Zwischensicherung; in diesem Fall stehen
drei Fixpunkte zur Verfügung. Erfolgt
der Sturz in eine Zwischensicherung,
die hält, so treten in dieser die größten
Kräfte auf. Am Stand wirken die Kräfte
auf den Körper, da der HMS im Zentralkarabiner hängt. Ist die sichernde
Person wesentlich leichter als die kletternde Person, so müssen die Keile nach
unten abgebunden werden, was in der
Praxis oft Schwierigkeiten bereitet.
Dazu kann das Kletterseil oder eine
separate Schlinge verwendet weden.

*Wichtige Hinweise zum Bau
eines Kräftedreiecks:*
* *Der Öffnungswinkel zwischen zwei
Fixpunkten soll möglichst 60 Grad oder
kleiner sein;*
* *die Bandschlinge sollte nicht zu lange
sein (50–100 cm);*
* *der Knoten der Bandschlinge (falls man
keine vernähte Bandschlinge benutzt)*

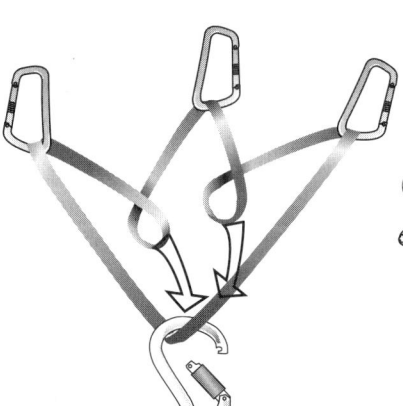

Aufbau bei drei Fixpunkten

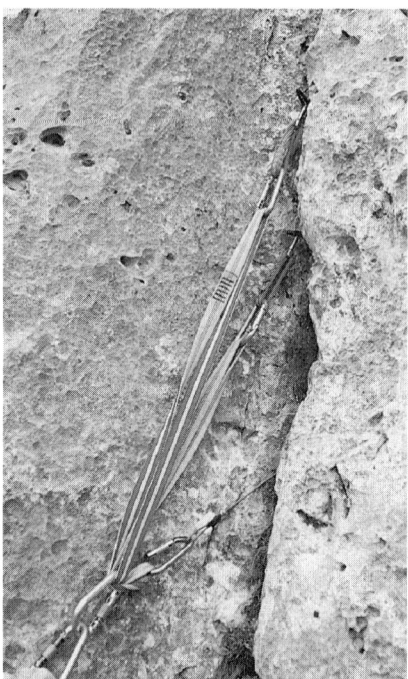

Standplatz an drei Keilen

Reihenschaltung mit dem Kletterseil

sollte nahe an einem Fixpunkt sein, so daß der HMS-Karabiner frei beweglich bleibt;

• die HMS-Sicherung läßt sich am besten bedienen, wenn sie etwa in Brusthöhe aufgebaut wird.

Standplatz mit Reihenschaltung

In manchen, eher seltenen Fällen (die Fixpunkte liegen weit auseinander), empfiehlt sich die Reihenschaltung. Diese kann mit dem Kletterseil oder mit einer Bandschlinge angebracht werden.

Reihenschaltung mit dem Kletterseil:

Wird überschlagen geklettert, d. h., der Nachsteiger wird nach jeder Seillänge zum Vorsteiger, so spricht nichts gegen die Verwendung des Kletterseils zum Standplatzbau. Mit einer kurzen Sackstichschlaufe, die den Zentralpunkt darstellt, hängt man sich mittels Karabiner in den unteren Fixpunkt ein. Das andere Ende wird mit Mastwurf und Karabiner am oberen Fixpunkt eingehängt. Durch ein Straffen bzw. Lockern des Mastwurfs kann die Last mehr auf den vermeintlich besseren Fixpunkt übertragen werden. Liegen die Fixpunkte horizontal weit auseinander, so bringt man die Sackstichschlaufe (Zen-

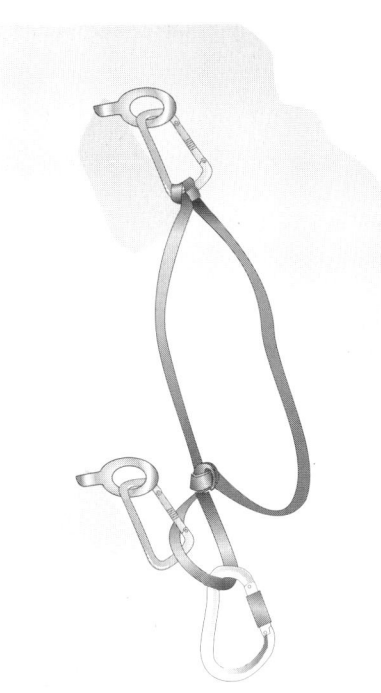

Reihenschaltung mit Bandschlinge

Reihenschaltung mit einer Bandschlinge

tralpunkt) am vermeintlich besseren Fixpunkt an. Mittels Mastwurf und Karabiner wird der zweite Fixpunkt eingehängt; ein Straffen des Seiles ist jetzt nicht notwendig.

Reihenschaltung mit einer Bandschlinge:

Steigt immer der gleiche Kletterer vor, so muß beim Standplatzbau mit Reihenschaltung eine ca. 2 m lange Bandschlinge mitgeführt werden. Man knüpft in die Bandschlinge eine kurze Sackstichschlinge, die auf Dauer bleiben kann, hängt diese in den unteren Fixpunkt ein und fixiert einen Bandschlingenstrang mittels Mastwurf und Karabiner im

oberen Fixpunkt. Die Selbstsicherung hängt man mittels Mastwurf und Verschlußkarabiner in die kurze Sackstichschlinge. In diesen Karabiner wird dann der HMS-Karabiner zur Kameradensicherung eingehängt, und zwar wiederum auf die dem Schnapper gegenüberliegende Seite. Steht noch ein dritter Fixpunkt zur Verfügung, so wird dieser mit dem anderen Bandschlingenstrang (er hing bisher lose von der kleinen Sackstichschlaufe weg) ebenfalls mittels Mastwurf und Karabiner verbunden. Durch Straffen und Lockern der Mastwürfe lassen sich auch in diesem Fall beliebige Lastverteilungen herstellen.

Standplatzwahl

Oft ist es günstiger, das Seil nicht in seiner ganzen Länge auszugehen, da
- viele Ecken und Kanten den Seilverlauf erschweren,
- frühere gute Standplatzgelegenheiten genutzt werden sollten, weil am Ende der Länge des jeweiligen Seiles nicht immer ein geeigneter Standplatz vorhanden ist,
- sich nicht überall schnell und problemlos ein Standplatz bauen läßt und
- die Verständigung bei nicht zu großen Entfernungen besser ist.

Zwischensicherungen

Zwischensicherungen verringern die potentielle Sturzhöhe des Seilersten und tragen dadurch wesentlich zur Sicherheit des Kletternden bei. Als Zwischensicherungen können alle unter Standplatzbau, Fixpunkte angesprochenen Fixpunkte verwendet werden. Weitere Möglichkeiten sind:

Felsköpfe: Bei der Verwendung von Felsköpfen ist darauf zu achten, daß sie nicht nach oben weggezogen werden. Dies kann verhindert werden, indem

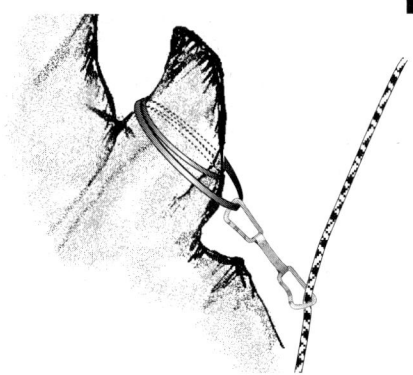

- die Schlinge doppelt über das Köpfl gelegt und nur eine eingehängt wird (dadurch wird die Schlinge festgezogen),
- die Bandschlinge straff abgebunden wird,
- eine Expreßschlinge als Gelenk verwendet wird,
- die Schlinge beschwert wird (z. B. mit dem Abseilachter).

Sanduhren: Sehr einfach anzubringende Zwischensicherungen sind Sanduhren. Ist der Durchgang hinter dem Felssteg ausreichend groß, so fädelt man die Schlinge am besten doppelt hindurch.

Für das Einfädeln sehr enger Sanduhrlöcher werden am besten verschieden dicke Reepschnurschlingen mitgeführt (siehe „Ausrüstung", „Sicherheitsmittel").

Klemmblöcke: In Rissen, Verschneidungen und Kaminen ist es hin und wieder möglich, um eingekeilte Blöcke eine Schlinge zu legen und sie als Zwischensicherung zu verwenden.

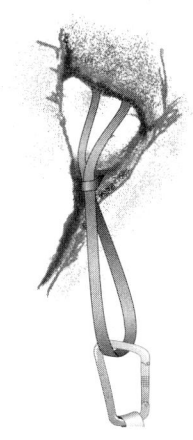

Haken

Beim Einhängen von Normalhaken ist
darauf zu achten, daß der Karabiner
nicht ungünstig belastet wird und daß
der Schnapper nicht aufgedrückt werden kann (z. B. durch eine kleine
Felsnase). Haken, die nicht ganz eingeschlagen sind, sollte man nachschlagen
(falls ein Hammer mitgeführt wird),
ansonsten sollten sie abgebunden werden.

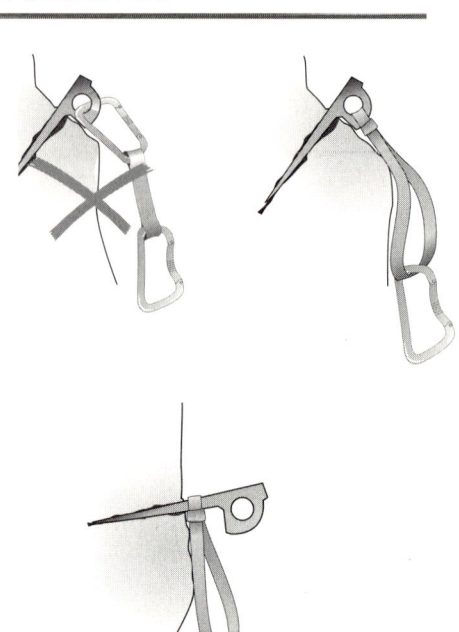

Tips für die Praxis:
- *Die Fixpunkte sollten so verlängert werden, daß ein problemloser Seilverlauf
möglich ist. Starke Seilreibung durch
ungünstigen Seilverlauf kann das
Weiterklettern unmöglich machen;*
- *bald nach dem Standplatz sollte eine
verläßliche Zwischensicherung angebracht werden;*
- *gute Gelegenheiten für Zwischensicherungen sollten genutzt werden, v. a.
wenn man dabei gut stehen kann;*
- *Zwischensicherungen sollten immer
rechtzeitig angebracht werden, d. h. vor
schwierigen Stellen. An einer schwierigen Stelle ist es oft nicht mehr möglich,
da keine Hand frei ist;*
- *bei Quergängen sollte an den Nachsteiger gedacht und auch gleich nach einer
schwierigen Stelle eine Zwischensicherung angebracht werden, wodurch der
Nachsteiger beim Bewältigen dieser
Passage besser gesichert ist;*
- *der Nachsteiger sollte die Zwischensicherungen rechtzeitig – d. h. so früh
wie möglich (Ausnahmen sind Quergänge) – aushängen, damit er nicht am
Weiterklettern gehindert wird.*

ABSEILEN, ABLASSEN

Siehe Kapitel „Sportklettern im Klettergarten", „Sicherungstechnische Fertigkeiten".

Abseilen wird notwendig, wenn Abstiege nach Kletterrouten zum Abklettern zu schwierig sind oder wenn man zu einem Rückzug (Wetter, Verletzung) gezwungen wird. Sind keine eingerichteten Fixpunkte (einbetonierte/geklebte Abseilhaken) vorhanden, so müssen die Abseilstellen selbst eingerichtet werden: Sie haben absolut sicher zu sein, da ein Ausbrechen den Absturz des Abseilenden und meist auch den des Partners zur Folge hat, da sich dieser an den Fixpunkten selbstsichert.

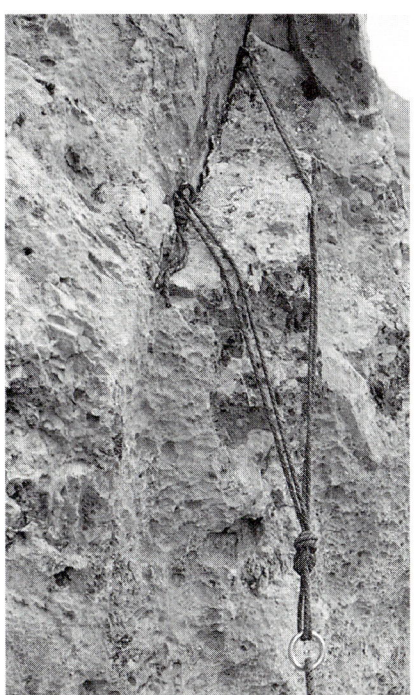

Gut eingerichtete Abseilstelle

Einrichtung von Abseilstellen

- Als alleinige Fixpunkte reichen – neben den oben erwähnten – nur dicke Sanduhren im soliden Fels, entsprechend dicke Bäume und fest mit der Felswand verbundene Felsköpfe aus. Ansonsten sind immer mindestens zwei Fixpunkte zu schaffen.
- Eine sinnvolle Verbindung von zwei Fixpunkten (z. B. zwei Haken; ein Haken, ein Keil; usw.) schafft man dadurch, daß man eine etwas längere Schlinge in die beiden Fixpunkte einbindet und beide Stränge mit einem Sackstich abbindet.
- Da selbst beim Abziehen des Seiles Schmelzprozesse auftreten, empfiehlt es sich, einen kleinen Abseilring oder einen Karabiner zu opfern. Das Seil läßt sich dadurch viel besser abziehen. Vor allem in schwierigen Situationen (Rückzug bei Schlechtwetter oder Verletzung) ist es außerordentlich wichtig, daß das Seil ohne Probleme abgezogen werden kann.

Trifft man beim Abstieg auf vorhandene Schlingen, so sind diese (und natürlich auch die Fixpunkte) äußerst kritisch in Augenschein zu nehmen. Bei schlechtem Zustand müssen die Schlingen und evtl. die Fixpunkte selbst erneuert werden.

Sicherungen beim Abseilen
Siehe Kapitel „Sportklettern im Klettergarten", „Sicherungstechnische Fertigkeiten".

Abseilen mit Zwillingsseil
Siehe Kapitel „Alpines Sportklettern", „Sicherungstechnische Fertigkeiten".

Tips für die Praxis:
- Wenn sich beide Seilpartner (jeweils mit einer Schlinge gesichert) zum Abseilen ausbinden, dann sollten die Seile gesichert sein, um nicht plötzlich ohne Seil dazustehen. Man kann die Seile z. B. ca. 1 m hinter den Enden mit je einem Sackstich/Mastwurf am Fixpunkt aufhängen;
- bei Verwendung von Felsköpfen und Felszacken muß sorgfältig darauf geachtet werden, daß die Belastungsrichtung stimmt und die Schlinge bzw. das Seil nicht abgestreift werden kann;
- ist das Gelände gestuft oder brüchig, so empfiehlt es sich, den ersten Partner abzulassen und den/die weiteren Partner mittels Abseilen folgen zu lassen. Das Seil bleibt dadurch nicht ständig auf Bändern liegen und verhängt sich nicht an allen möglichen Zacken;
- seilt man in unbekanntes Gelände ab, ist es neblig oder ist man sich bei einem Rückzug nicht mehr sicher, wo die Standplätze waren, so sollte der erste Partner ebenfalls abgelassen werden. Das gleiche gilt für überhängende oder schräg verlaufende Abseilstellen, da der Abgelassene besser handlungsfähig ist. Der untere Partner kann durch Ziehen an beiden Strängen seinen abseilenden Partner jederzeit stoppen, so daß sich dieser eine Selbstsicherung sparen kann;
- sind mehrere Seilschaften unterwegs und ist das Gelände sehr steil, so sollte man das Seil dosiert nach unten gleiten lassen, was meist auch nicht länger dauert als das Auswerfen, zumal sich beim Auswerfen des öfteren ein Knoten bildet;
- sind die Abseilstellen für Einfachseile (in der Regel also 20–25 m lang) eingerichtet, so ist es nicht selten günstiger, ein Seil zu verstauen und all diese Abseilstellen zu benutzen, als mit 100 m Seil zu kämpfen;
- wird an Ringen abgeseilt, die am Fels aufliegen, so ist darauf zu achten, daß das abzuziehende Seil (und auch der Knoten bei Verwendung eines Zwillingsseils) innen, d. h. näher am Fels liegt – so wird beim Abziehen ein Abklemmen des Seiles verhindert;
- vor dem Verlust des meist heißen Achters nach dem Abseilen schützt ein Umhängen des Achters von der kleinen in die große Öse, bevor man das Seil aus dem Achter nimmt;
- wird von Abseilstand zu Abseilstand „gefahren", so kann das abzuziehende Ende sofort wieder in die neue Öse eingefädelt werden;
- bestehen die Mittelmarkierungen aus Klebeband, so empfiehlt es sich, bei der Verwendung einer Selbstsicherung mit gelockertem Prusikknoten über die Markierung zu fahren, um nicht an ihr hängenzubleiben;
- sollte sich die Prusikschlinge trotz aller Vorsichtsmaßnahmen einmal festgefressen haben, so schlingt man beide Stränge des Seiles ein paarmal um den Fußrist des stark angewinkelten Beines und zieht dadurch das Seil nach unten. Der Prusikknoten sollte sich jetzt lösen lassen;
- bei Abseilstellen, an denen das Abziehen problematisch sein könnte, führt derjenige, der den nächsten Stand bereits erreicht hat, eine Abziehprobe durch. Läßt sich das Seil schlecht oder gar nicht abziehen, so kann der noch oben stehen-

de Partner Änderungen vornehmen
(z. B. Lage des Seilstranges verändern,
Fixpunkte verlängern, Knoten über eine
kritische Stelle am Beginn der Abseil-
strecke legen, ineinander verdrehte Seile
beim Abseilvorgang trennen, usw.);
• hat man je einen Knoten in die Enden
geknüpft, so darf nicht vergessen werden, sie vor dem Abziehen zu lösen.

Taktik und kognitive Fähigkeiten

Siehe Kapitel „Alpines Sportklettern",
„Taktik und kognitive Fähigkeiten".

SPORTKLETTERN IM EIS

Die britische Kletterlegende Joe Brown sagte einmal, daß jede
Kletterei, die mit Steigeisen leichter zu bewältigen sei als ohne, als
Eiskletterei betrachtet werden kann. Eine derart weitgefaßte Definition
ist heute notwendig, um sämtliche Spielformen des modernen
Eiskletterns zu erfassen.

Eine dieser Spielformen ist das Wassereisklettern: Wo immer Wasser
und Temperaturen unter dem Gefrierpunkt zusammentreffen, entsteht
Wassereis. Dieser Umstand läßt gerade in den Hochwintermonaten
Dezember bis Februar in vielen Alpentälern Klettergerüste aus Eis
wachsen – gefrorene Wasserfälle und wassereisüberzogene Felswände.
Noch vor zehn Jahren galten Begehungen gefrorener Wasserfälle als
besondere Herausforderungen für erfahrene „alpine Eiskletterer". Man
lernte die Klettermaterie Eis im alpinen Gelände kennen und brachte
diese Erfahrungen in das Wasserfallklettern ein. Ähnlich wie im
Felsbereich hat sich auch im Eisklettern die Entwicklung umgekehrt.
Übereinstimmungen zwischen den athletischen und bewegungstechnischen Voraussetzungen von Wassereisklettern und Sportklettern
im Fels, eine rasante Entwicklung im Ausrüstungsbereich und die gute
Erreichbarkeit vieler Wasserfälle sind die Ursachen für den Trendwandel:
Heute finden sich unter den Anfängern des Eiskletterns mehr
Sportkletterer als Alpinisten. Wassereis ist oftmals auch die Materie
des Einsteigers und nicht mehr nur die des Meisters.

Dies ist die eine Seite der Medaille. Auf der anderen Seite werden
von diesen Meistern gerade im Wassereis die Grenzen des Machbaren
immer weiter hinausgeschoben. Um diesem Status quo gerecht zu
werden, beschreiben auch wir hier den Einstieg in das Eisklettern
über das Wassereisklettern und setzen dabei lediglich Kenntnisse
aus dem Bereich des Sportkletterns im Klettergarten voraus.

Ausrüstung

Mehr als andere Disziplinen des Bergsports kann das moderne Wassereisklettern als Materialschlacht betrachtet
werden, in der die Auswahl der Ausrüstung einen überproportionalen Anteil
an der Kletterleistung hat.

Bekleidung
Der Wasserfallkletterer ist hauptsächlich
mit zwei Eigenschaften der Natur konfrontiert: Kälte und Nässe. Gegen beides
soll ihn eine funktionelle Bekleidung
schützen und dabei noch möglichst viel
Bewegungsfreiheit bieten. Man sollte
sich in drei Schichten nach dem Zwiebelprinzip kleiden.

Unterste Schicht:
atmungsaktive Funktionsunterwäsche.
Mittlere Schicht:
Hose und Pulli aus Polartec.

Außenschicht:
Goretexhose und -anorak oder
Goretexoverall, evtl. Gamaschen.

Handschuhe: Die Hände stellen in der
Bekleidung des Eiskletterns das große
Problem dar. Einerseits sind sie wegen
der ständigen Überkopfhaltung der
Arme und dem gelegentlichen Ein-
klemmen der Finger zwischen Eis und
Schaft schlecht durchblutet und besonders kälte- und nässeempfindlich.
Andererseits verhindert ein zu dicker
Handschuh einen guten Griff des
Eisgeräts und stört beim Setzen von
Zwischensicherungen.
Im unteren bis mittleren Schwierigkeitsbereich ist ein guter Fingerhand-
schuh aus Goretex ratsam. Ein zweites
trockenes Paar sollte ständig griffbereit
sein. Im oberen Schwierigkeitsbereich
gibt man besser einem dünnen Finger-
handschuh mit gutem Grip aus Leder
oder Neopren den Vorzug. Nach Ende

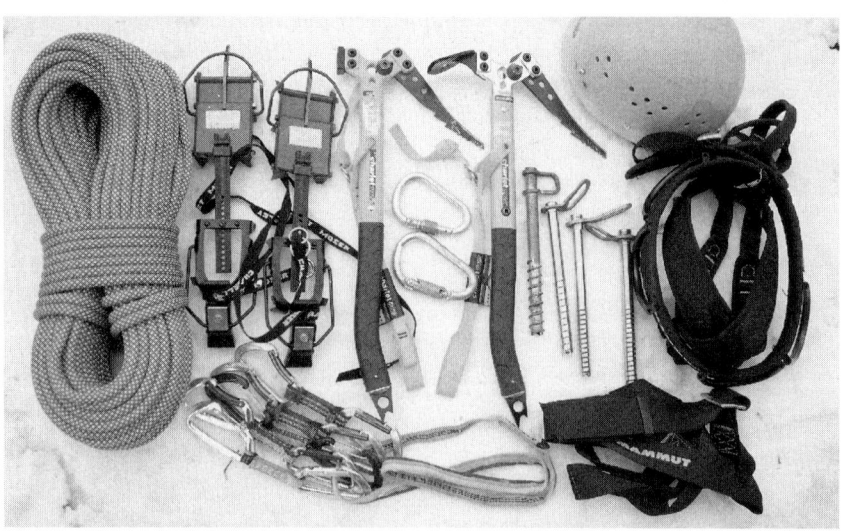

der Seillänge wechselt man sofort in einen warmen, trockenen Handschuh.
Kopfbekleidung: Bei kalten Temperaturen kann unter dem Helm eine Seidensturmhaube und eine Mütze getragen werden. Zum Schutz der Augen vor UV-Strahlung und kleineren Eisstücken ist eine Sonnenbrille oder Skibrille empfehlenswert.
Schuhe: Es besteht grundsätzlich die Wahl zwischen dem steigeisenfesten Lederbergschuh, dem Plastikbergschuh und dem Skitourenstiefel. Jede Schuhart hat Vor- und Nachteile.
• Wegen des andauernden Anpralls der Zehen am Eis ist das Kälteproblem durch geeignete Schuhwahl nicht vollständig lösbar.
• Es ist bei der Schuhwahl auf exzellenten Sitz im Fersenbereich zu achten.

Hardware
Helm: Die Frage, ob Helm oder nicht, stellt sich beim Eisklettern nicht. Die ständige Gefahr von Eisschlag sowie die im Vergleich zum Sportklettern am Fels größere Gefahr unkontrollierter Stürze machen das Tragen eines Helmes sowohl für den Kletterer als auch für den

Komplett ausgerüsteter Eiskletterer

Übersicht: Vor- und Nachteile von Lederbergschuh, Plastikbergschuh und Skitourenstiefel

	Vorteile	**Nachteile**
Lederbergschuh	sehr gute Beweglichkeit im Fußgelenk, geringes Gewicht; für die oberen Schwierigkeitsgrade ratsam;	Nässedurchlässigkeit; bei Zustieg mit Ski kaum geeignet;
Plastikbergschuh (Allroundtip)	gute Wärmeisolierung, Nässeunempfindlichkeit; bis zum obersten Schwierigkeitsbereich ausreichende Bewegungsfreiheit; zum Zustieg mit Ski bedingt verwendbar;	hohes Gewicht, klobige Form; im oberen Schwierigkeitsbereich Bewegungseinschränkung im Fußgelenk;
Skitourenstiefel	gute Wärmeisolierung, Nässeunempfindlichkeit; für Zustieg mit Ski bestens geeignet.	schlecht geeignet für den oberen Schwierigkeitsbereich.

Sicherer unabdingbar. Helmverzicht wäre unverantwortlich! Für den besonders sicherheitsbewußten Kletterer sind bereits spezielle Eiskletterhelme mit Visier und Nackenschutz auf dem Markt.

Sitz- und Brustgurt: Wegen der erhöhten Gefahr unkontrollierter Stürze raten wir zur zusätzlichen Verwendung eines Brustgurtes. Beim Hüftgurt sind verstellbare Beinschlaufen vorteilhaft, um ihn an mehrere Bekleidungsschichten anpassen zu können.

Seil: Wir empfehlen die Verwendung eines vorimprägnierten Seils, da es im Vergleich zum unbehandelten Seil weniger Wasser ansaugt, damit weniger leicht gefriert und deshalb im Wassereis besser zu handhaben ist. Die Frage, ob Einfach- oder Doppelseil, läßt sich nur im Zusammenhang mit der beabsichtigten Route beantworten. In reinen Eistouren besteht grundsätzlich keine Gefahr, daß das Seil bei einem Sturz über eine Kante belastet wird. Daher ist aus sicherungstechnischer Sicht ein Einfachseil ausreichend. Man wird sich dennoch für die Verwendung zweier Halbseile entscheiden, wenn zum Abseilen die halbe

Seillänge des Einfachseils nicht ausreichend ist (siehe „Sicherungstechnische Fertigkeiten"). Bei Kletterei im Mixed-Gelände kann auch aus Sicherheitsgründen die Verwendung zweier Halbseile ratsam sein, um bei möglichen Kantenbelastungen des Seils eine größere Redundanz zu haben.

Absicherungsmittel: Die Absicherung reiner Wassereisrouten geschieht vorwiegend durch Eisschrauben, deren Qualität sich in den letzten Jahren stark verbessert hat. Eisschrauben hoher Qualität lassen sich auch in hartem Wassereis mit einer Hand eindrehen. Eishaken, auch Snargs genannt, werden kaum noch verwendet. Spezielle hookähnliche Eishaken finden nur auf Könnerniveau Verwendung.

Eisschrauben halten in solidem Wassereis über 1000 kp und bieten daher fast

Eisschraube direkt in der Expreßschlinge fixiert

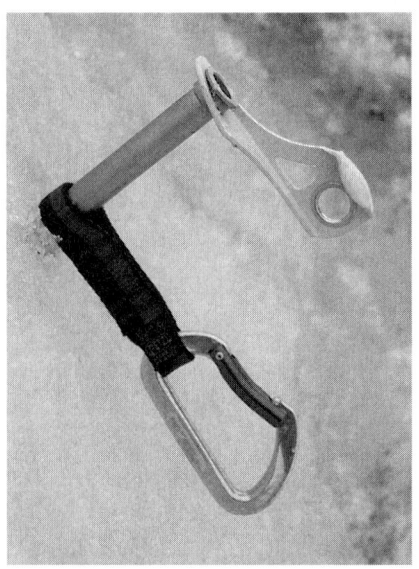

„bohrhakenmäßige" Sicherheit. Sie werden stets in Verbindung mit einer Expreßschlinge verwendet, wobei es vorteilhaft ist, die Schraube direkt in einer der Schlingenösen zu fixieren. 2–3 Bandschlingen einfacher und doppelter Schulterlänge gehören zur Standardausrüstung.

Bestimmte Routen, v. a. im Mixed-Bereich, erfordern neben den Eis-Sicherungsmitteln ein volles Sortiment an Fels-Sicherungsmitteln (siehe Kapitel „Klassisches Felsklettern", „Ausrüstung").

Eisgeräte

Eis-Handgeräte: In der Entwicklung der Geräte des Eiskletterers hat sich in den letzten 10 Jahren am meisten getan. Die erzielten Verbesserungen ermöglichten erst den Vorstoß in neue Schwierigkeitsbereiche. Allgemein unterscheidet man folgende Teile des Eisgeräts: Haue, Hammerkopf bzw. Schaufel, Schaft, Handschlaufe und Dorn.

Üblicherweise wird ein Gerät mit

Modernes Steileisgerät

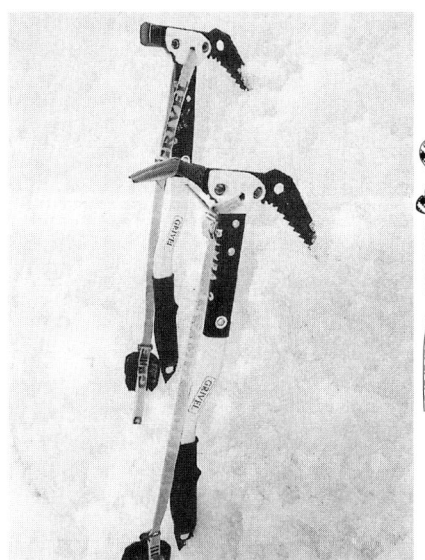

Hammerkopf und eines mit Schaufel gewählt. Die Verwendung von Wechselsystemen hat sich durchgesetzt: Haue, Hammerkopf bzw. Schaufel können vom Schaft gelöst und separat gewechselt werden. Moderne Steileisgeräte zeichnen sich durch folgende Merkmale aus:

- kurze Schaftlänge (45–55 cm);
- geschwungene anstatt gerader Schaftform (erleichtert das Einschlagen des Gerätes in sehr steilem Gelände);
- extrem spitzer Winkel zwischen Haue und Schaft (für extrem steiles Eis unerläßlich);
- schwerer Pickelkopf, wodurch der „Zug" des Gerätes und damit seine Eindringeigenschaften in hartes Eis optimiert werden;
- kraftschlüssige Handschlaufe (ermöglicht ein optimales Entlasten der Hand- und Unterarmmuskulatur).

Man hat die Wahl zwischen verschiedenen Hauenformen: Universalhauen bieten das größte Spektrum an Einsatzmöglichkeiten, haben gegenüber Rohr- oder Halbrohrhauen aber den Nachteil einer größeren Sprengwirkung in hartem Wassereis. (Halb-)Rohrhauen sind jedoch für den Einsatz im Mixed-Gelände ungeeignet.

Tips für die Praxis:
Das teuerste Steileisgerät muß für den persönlichen Anwendungsbereich nicht unbedingt das geeignetste sein. Man sollte sich bei der Auswahl v. a. fragen, ob man die körperlichen Voraussetzungen mitbringt, um ein relativ schweres Eisgerät zu verwenden, oder ob ein leichteres Gerät evtl. besser geeignet ist;

171

• soll dasselbe Gerät auch im alpinen Gelände verwendet werden und klettert man ohnehin nicht im extrem steilen Eis (90 Grad und steiler), so ist ein gerader Schaft zu bevorzugen. Ähnliche Überlegungen gelten auch für den Hauenwinkel;
• für Könner, die die Eisgeräte in dünnem Eis bzw. im Mixed Terrain verwenden wollen, ist der industrielle Schliff der Haue meist nicht mehr ausreichend und muß verändert werden (siehe dazu „Bewegungstechnische Fertigkeiten").

Steigeisen: Grundsätzlich sollte ein starres Steigeisen mit Kipphebelbindung, 10 Vertikalzacken und einem bzw. zwei Frontalzacken verwendet werden.
Die Entscheidung zwischen Frontalzackenpaar und Monozacken richtet

sich nach dem Könnensstand und persönlichen Vorlieben. Dem Anfänger sei eher zum Frontalzackenpaar geraten. Starre Steigeisen neigen zu starker Stollenbildung: Schnee lagert sich unter den Vertikalzacken an und macht diese unbrauchbar. Dieser Effekt ist durch die Verwendung von Antistollplatten einzudämmen. Neueste Steigeisenkreationen haben zusätzlich eine nach hinten gerichtete Zacke. Diese ist speziell zur Verwendung bei Foothooks gedacht und daher nur auf dem Niveau des Könners nützlich.

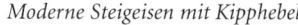

Moderne Steigeisen mit Kipphebel

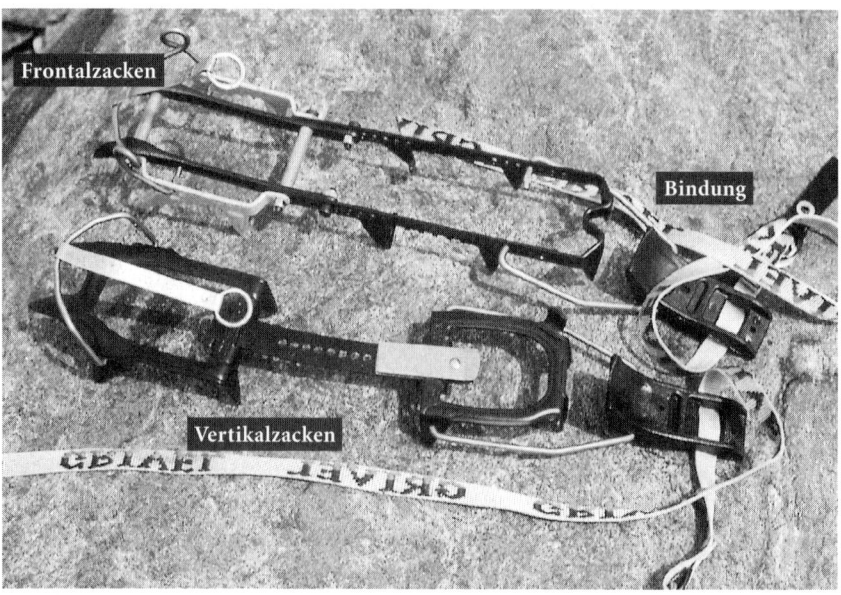

Bewegungstechnische Fertigkeiten

Wie beim Felsklettern sind die Bewegungsmerkmale des Eiskletterns das Greifen und Treten. Diese Bewegungsmerkmale werden im Eis durch die Zuhilfenahme von Steigeisen und Eisgeräten umgesetzt. Beim Klettern mit Steigeisen reichen die Füße allein zum Gleichgewichtserhalt und Höhengewinn nicht aus. Die Hände müssen zur Fortbewegung mitbenutzt werden. Unterschiede hinsichtlich konditioneller und koordinativer Voraussetzungen sowie der zu lösenden Problemstellungen lassen eine Einteilung in Fertigkeiten des Anfängers/Fortgeschrittenen und Fertigkeiten des Könners sinnvoll erscheinen.

FERTIGKEITEN FÜR ANFÄNGER UND FORTGESCHRITTENE

Für den Anfänger, der Bewegungser-
fahrungen aus dem Sportklettern mitbringt, kann man das Bewegungsproblem, mit dem er sich in der neuen
Materie Eis konfrontiert sieht, auf zwei
zentrale Problemfelder begrenzen:
• Die Hände und v. a. die Füße finden
  keinen Halt im Eis, und
• der gewünschte Körperhub kann nicht
  realisiert werden.
Die Problemstellung des Fortgeschrittenen unterscheidet sich nur in Nuan-
cen von der des Anfängers, da sein
Vorsprung an bereits gemachten Bewe-
gungserfahrungen durch einen höheren
Schwierigkeitsbereich, in dem er sich
bewegen will, aufgehoben wird. Das
problemorientierte Experimentieren
mit den Fertigkeiten der Frontalzackentechnik und ihrer Variationen ver-
spricht die Lösung der beiden Problemfelder.
Die folgenden Bewegungsbeschrei-
bungen sollen nicht als verpflichtende
Normlösungen verstanden werden, sie
sind vielmehr Orientierung und Lö-
sungsvorschlag beim aktiven Auspro-
bieren. Das Entscheidende ist nicht,
eine bestimmte Technik in Schulform
zu beherrschen, sondern das Bewegungsproblem sicher und ökonomisch
zu lösen. Fertigkeiten von Anfängern
und Fortgeschrittenen sind ausreichend, um Wassereis bis zum Schwierigkeitsgrad WI 5 zu klettern. Wie beim
Felsklettern kommt auch bei der Technikschulung des Eiskletterns dem Be-
wegungsmerkmal Treten vorrangige
Bedeutung zu. Treten bedeutet beim
Eisklettern den Einsatz der Steigeisen.
Grundsätzlich werden dabei zwei
Technikprinzipien unterschieden:
Vertikalzackentechnik und Frontalzackentechnik.
Vertikalzackentechnik: Hier werden
möglichst alle senkrecht stehenden
Steigeisenzacken im Eis eingesetzt.
Diese Technik findet hauptsächlich im
Hochtourenbereich Anwendung und
hat im Steileisbereich eine eher unterge-
ordnete Bedeutung (siehe Kapitel
„Hochtouren", „Bewegungstechnische
Fertigkeiten").
Frontalzackentechnik: Hier werden
immer die frontal (horizontal) gerichteten Zacken im Eis eingesetzt. Diese
Technik wird vorwiegend im mäßig
steilen (40–50 Grad) bis extrem steilen
(90 Grad und mehr) Eis angewandt. Im
allgemeinen wird die Frontalzackentechnik nur in Verbindung mit einem
oder zwei Handgeräten ausgeführt. Die
verschiedenen Variationen der Frontalzackentechnik sind im wesentlichen
durch den unterschiedlichen Gebrauch
der Handgeräte charakterisiert.

Elementare Fertigkeiten

Obwohl die Frontalzackentechnik in der Praxis immer mit einem, beim Wasserfallklettern meist mit zwei Eis-Handgeräten ausgeführt wird, steht neben dem Zusammenspiel von Körperstellung und Gleichgewichtserhalt eine ausgefeilte Beinarbeit am Anfang jeder Technikschulung. Als elementare Fertigkeiten der Frontalzackentechnik können somit gelten: Steigeiseneinsatz, Fußstellung, Körperstellung und Gleichgewicht sowie Höhengewinn durch Beinarbeit.

Steigeiseneinsatz

Aktion	Funktion
Verlagerung des Schwerpunkts über das Standbein	Gleichgewichtserhalt, Ermöglichen eines unbelasteten Weitertretens
Rückschwung des Spielbein-Unterschenkels	Erzeugung eines Kraftstoßes zum Einsetzen der Frontalzacken
Vorschwung des Spielbein-Unterschenkels	Einsetzen der Frontalzacken im Eis
Der Fuß und damit das Steigeisen wird nach dem Einsetzen in seiner Stellung fixiert	Jede Bewegung des Fußes würde zu einer Lockerung des Steigeisens im Eis führen

 Tip für die Praxis:
* *Mehrmaliges Einschlagen der Frontalzacken an derselben Stelle bringt keinen besseren Halt, sondern das Gegenteil.*

Fußstellung

Aktion	Funktion
Möglichst horizontales Einsetzen der Frontalzacken im Eis. Dabei greift im flacheren Gelände auch das vorderste vertikal stehende Zackenpaar im Eis	Maximierung der Trittfläche
Gut hüftbreite Fußstellung	Vergrößerung der Standfläche, stabile Gleichgewichtsposition, Verfangen am gegenseitigen Bein wird verhindert

 Tip für die Praxis:
* *Besonders bei der Verwendung von Plastikbergschuhen neigt der Anfänger dazu, die Fersen nach oben zu ziehen und damit die Trittfläche zu verkleinern. Daher sollte er bewußt darauf achten, die Fersen „hängenzulassen".*

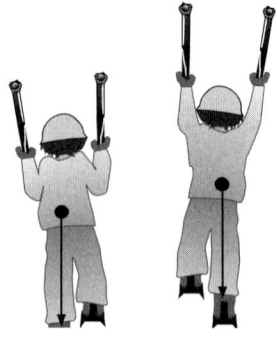

Körperstellung und Gleichgewicht

Wie vom Felsklettern gewohnt, stehen auch beim Eisklettern die Körperstellung und der Gleichgewichtserhalt in engem Bezug zueinander. Der Gleichgewichtserhalt ist auch hier nur möglich, wenn die Projektion des Körperschwerpunkts auf die Standfläche trifft (siehe Kapitel „Hallenklettern", „Bewegungstechnische Fertigkeiten").

>90°

Höhengewinn durch Beinarbeit

Der Höhengewinn wird bei jeder Steilheit in erster Linie durch die Beinarbeit bewirkt. Unter Beibehaltung der Körperstellung und Fußstellung richtet sich die Schritthöhe immer nach der Körpergröße und der Steilheit des Geländes. Als Richtlinie kann gelten, daß der Kniewinkel immer über 90 Grad betragen soll. Zu kleine Schritte sind wenig effektiv. Zu große Schritte sind kraftraubend und führen zu ungünstigen Körperpositionen.

Sonderformen des Fußeinsatzes – Mischtechniken

Je nach Steilheit und Struktur des Geländes und der Eisbeschaffenheit lassen sich zum Zweck der Kraftersparnis

Frontalzackentechnik und Elemente der Vertikalzackentechnik (siehe Kapitel „Hochtouren", „Bewegungstechnische Fertigkeiten") kombinieren. Bei mäßig

Steigeisentechnik Mischtechnik im mäßig steilen Eis

steilem, weichem Eis wird dazu jeweils ein Fuß in Frontalzackentechnik, der andere in Vertikalzackentechnik eingesetzt. Nach einigen Schritten wird für jeden Fuß die Technik gewechselt. Wassereis ist oft keine glatte Eisfläche, sondern weist eine starke Oberflächenstruktur auf. Es finden sich gerade im gemäßigten Schwierigkeitsbereich viele kleine Absätze, welche sich als ideale Trittflächen für die Vertikalzacken anbieten. Auch größere Strukturen, von Verschneidungsformen bis hin zu kaminähnlichen Gebilden, kommen im Wassereis vor und lassen sich zum kraftsparenden Klettern ausnutzen. Mit Übernahmen aus der Technik des Felskletterns werden diese Eisformationen spreizend bewältigt, wobei vor allem die Vertikalzacken zum Einsatz kommen. Der technisch ausgereifte Eiskletterer wird versuchen, durch einen geländeangepaßten Technikwechsel die Belastung auf verschiedene Muskelgruppen zu verteilen, so daß eine zu schnelle Ermüdung z. B. der Wadenmuskulatur vermieden wird.

Frontalzackentechnik mit Handgeräten

Zweckmäßige Einsatzformen der Eis-Handgeräte als Stütz- und Zughilfen sind: Stützpickel (mit einem Handgerät), Kopfstützpickel, Schaftzugpickel (jeweils mit einem oder zwei Handgeräten).

Im Bereich des Wasserfallkletterns findet überwiegend der Schaftzugpickel mit zwei Handgeräten Anwendung. Allgemein ist zu sagen, daß im Zuge einer guten Technikausbildung trotzdem sämtliche Variationen der Frontalzackentechnik geübt werden sollten. Besonders im Hinblick auf die Schulung einer guten Fußtechnik empfehlen wir, möglichst oft mit nur einem Eisgerät zu klettern.

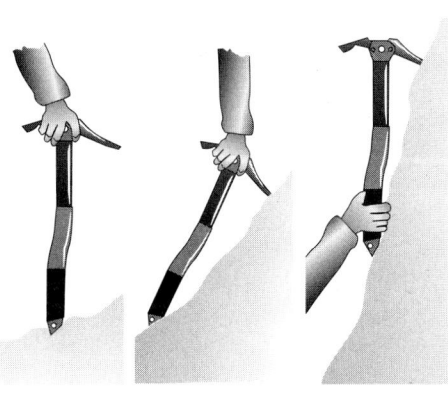

Stützpickel   Kopfstützpickel   Schaftzugpickel

Frontalzackentechnik mit Stützpickel

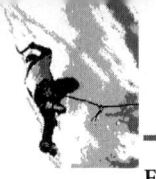

Frontalzackentechnik mit Stützpickel

Gelände:	mäßig steil (40–50 Grad)
Praktische Bedeutung für das Wasserfallklettern:	gering
Gebrauch des Eisgeräts:	nur ein Eisgerät als Stützpickel
Bewegungsbeschreibung:	Im geraden Anstieg werden die Frontalzacken der Steigeisen in das Eis eingesetzt. Der Pickel dient lediglich zum Erhalt des Gleichgewichts. Dazu kann je nach Steilheit des Geländes die freie Hand auf die Oberfläche aufgelegt werden.
Bewegungsfluß:	1. Möglichkeit: Pickel (re) Fuß (li) Fuß (re) Pickel (re); 2. Möglichkeit: Pickel (re) und Fuß (li) Fuß (re) Pickel (re) und Fuß (li) ...

Frontalzackentechnik mit einem Kopfstützpickel

Gelände und Eisqualität:	mäßig steil (40–50 Grad) bis mittel steil (50–70 Grad), weiches Eis in Kombination mit der Schaftzugtechnik auch im steileren Gelände
Praktische Bedeutung für das Wasserfallklettern:	Gewinnt bei zunehmender Schwierigkeit und im Wettkampfwesen an Bedeutung: Geräte können in größeren Abständen gesetzt werden, Verwendung in Kombination mit der Schaftzugtechnik.
Gebrauch der Eisgeräte:	Ein Eisgerät wird als Kopfstützpickel gefaßt und mit der Haue etwas über Hüfthöhe eingesetzt, d. h. ins Eis gedrückt.
Bewegungsbeschreibung und Bewegungsfluß:	Die Haue des Eisgerätes wird so hoch gesetzt, daß von Anfang an ein stützendes Belasten möglich ist. Die freie Hand liegt auf dem Eis auf und dient zusätzlich zur Gleichgewichtserhaltung; > einige Schritte aufwärts, bis sich ein Knie etwa auf Höhe des Pickelkopfes befindet; > Lösen des Gerätes und erneutes Höhersetzen

Frontalzackentechnik mit einem
Kopfstützpickel, 1. Position

Frontalzackentechnik mit einem
Kopfstützpickel, 2. Position

Frontalzackentechnik mit zwei Kopfstützpickel

Gelände und Eisqualität:	mäßig steil (40–50 Grad) bis mittel steil (50–70 Grad), weiches Eis
Praktische Bedeutung für das Wasserfallklettern:	gering bis mittel
Gebrauch der Eisgeräte:	Die Eisgeräte werden als Kopfstützpickel gefaßt und mit der Haue etwas über Hüfthöhe eingesetzt.
Bewegungsfluß:	Diagonalgang: Es werden immer ein Bein und der gegenüberliegende Arm gleichzeitig bewegt. Fuß (re) und Pickel (li) > Fuß (li) und Pickel (re) >

Frontalzackentechnik mit einem Schaftzugpickel

Gelände und Eisqualität:	mäßig steil (40–50 Grad) bis mittel steil (50–70 Grad), weiches und hartes Eis
Praktische Bedeutung für das Wasserfallklettern:	gering bis mittel, Notbehelf bei Verlust eines Eisgerätes, wichtige Übungsform für Schlagtechnik und Gleichgewichtsschulung
Gebrauch des Eisgerätes:	Das Eisgerät wird durch die Handschlaufe hindurch am Schaftende kurz oberhalb des Dornes gefaßt. Gebrauch der Handschlaufe: Die Handschlaufe ist so einzustellen, daß sie sich um das Handgelenk spannt, wenn die Hand den Schaft an seinem Ende faßt. Auf diese Weise ist es besonders bei Verwendung moderner Handschlaufen möglich, Hand- und Unterarmmuskeln zu entlasten und entspannt in der Handschlaufe am eingeschlagenen Gerät zu hängen.
Bewegungsbeschreibung und Bewegungsfluß:	Einschlagen des Handgerätes: Das Eisgerät wird aus Ellbogen und Handgelenk heraus möglichst hoch in einer Ebene eingeschlagen. An Vibration und Klang erfühlt man, ob und wie fest das Gerät im Eis sitzt. > Die Belastung des Eisgeräts darf nur in Richtung der Verlängerung des Pickelschafts erfolgen. Falsch ist es, bei der Belastung den Schaft zusätzlich ans Eis zu drücken. > Mehrere Schritte nach oben ausführen, bis der Arm am eingeschlagenen Gerät stark gebeugt ist. > Einnehmen der Ruheposition: Die Hüfte wird gegen das Eis gedrückt, dadurch ruht das Körpergewicht über den Beinen, und das Gleichgewicht kann ohne Belastung des Handgerätes gehalten werden. > Das Lösen des Handgerätes geschieht durch ein leichtes Drehen und anschließendes gefühlvolles Herausheben nach oben. Dies muß möglichst ohne eine ruckhafte Bewegung geschehen, um nicht das Gleichgewicht zu verlieren.

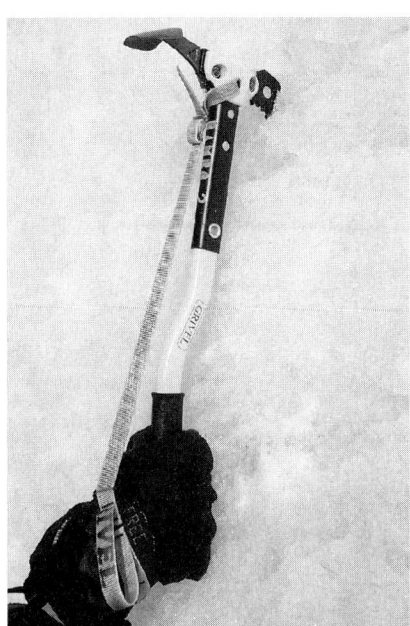

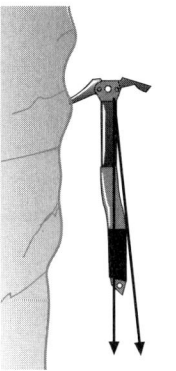 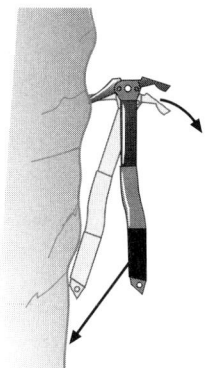

Gute Zugrichtung   Ungünstige Zugrichtung

Eisgerät in Handschlaufe gehalten

Tips für die Praxis:

• Die größte Eindringtiefe in das Eis erhält man, wenn der Radius der Schlagbewegung ungefähr dem Krümmungsradius des Eisgerätes entspricht;

• prallt das Gerät ab, wurde es nicht in einer Schlagebene geführt und erfuhr beim Eindringen in das Eis eine leichte Abweichung;

• wie beim Einsatz der Steigeisen muß auch beim Einschlagen des Eisgeräts der Kraftaufwand genau dosiert werden. Wie fest man das Gerät bei den unterschiedlichen Beschaffenheiten des Eises einschlagen muß, ist reine Erfahrungssache und kann nur in der Praxis erlernt werden;

• der Eiskletterer muß sich an das jeweilige Eisgerät gewöhnen. Jedes Gerät hat in bezug auf Einschlagen, Haltekraft und Lösen seine besonderen Eigenschaften.

Frontalzackentechnik mit zwei Schaftzugpickel

Gelände und Eisqualität:	mittel steil (50–70 Grad) bis extrem steil (über 90 Grad), unabhängig von der Eisqualität
Praktische Bedeutung für das Wasserfallklettern:	vorherrschende Technikform: Diese Form der Frontalzackentechnik ist im Steileis (steiler als 70 Grad) die einzig mögliche. Ein Stehen ohne Zuhilfenahme der Hände ist nicht mehr möglich, und auch die Grenze der Anwendbarkeit der reinen Kopfstützpickeltechnik ist überschritten.
Gebrauch der Eisgeräte:	Beide Eisgeräte werden als Schaftzugpickel gefaßt, eingeschlagen und gelöst.

Bewegungsbeschreibung:	Aktion	Funktion
	Analog zum Felsklettern läßt sich auch in der Technik des Steileiskletterns eine Ruheposition von einer Arbeitsposition unterscheiden. Die Kletterbewegung läßt sich als fortlaufender Wechsel zwischen beiden Positionen beschreiben.	
	Ruheposition: Von hinten gesehen bildet der Körper des Eiskletterers mit den Armen und Beinen ein X, wobei die Beine weiter gespreizt sein sollen (60–70 cm) als die Arme (40–50 cm, etwa Schulterbreite). Oberschenkel und Hüfte liegen am Eis an. Der Oberkörper ist nach außen gebogen.	Der Körperschwerpunkt befindet sich über der Standfläche, d. h. zum Gleichgewichtserhalt ist weniger Armkraft aufzuwenden. Es wird mehr Druck auf die Steigeisen gebracht, und der Überblick nach oben ist leichter. Die breitere Beinstellung ist unbedingt notwendig, um beim Lösen des Eisgerätes ein Ausdrehen des Körpers zu verhindern.
	Arbeitsposition: Nach dem Höherschlagen der Handgeräte werden die Hüfte und die Oberschenkel vom Eis weggenommen.	Die Projektion des Körperschwerpunkts wandert hinter die Standfläche. Dadurch lastet zwar mehr Gewicht auf den Handgeräten, aber durch die entstehende Sichelposition des Körpers werden die Frontalzacken beim Höhersteigen optimal belastet.

Bewegungsfluß: (im direkten Aufstieg)	Im Raupengang: Ausgangsstellung: Ruheposition mit stark gebeugten Oberarmen: • Beide Handgeräte werden nacheinander aus dem Eis gelöst und so hoch wie möglich neu eingeschlagen; • Ruheposition mit gestreckten Armen; • Einnehmen der Arbeitsposition; • so wird mit mehreren Schritten hochgestiegen, bis die Arme stark angewinkelt sind; • Einnehmen der Ruheposition mit stark gebeugten Armen.

Schaftzugpickel: Ruheposition von der Seite

Schaftzugpickel: Arbeitsposition Raupengang von der Seite

▶ *Tips für die Praxis:*
- *Im einfacheren Gelände ist es üblich, weil schneller, im Diagonalgang zu klettern: Ruheposition (erstes Handgerät wird möglichst hoch eingeschlagen); Höhersteigen in Arbeitsposition (zweites Gerät wird über dem ersten möglichst hoch eingeschlagen (Höhersteigen in Arbeitsposition);*
- *analog zum Felsklettern leisten vor allem die Beine die Hubarbeit. Gerade beim Klettern mit zwei Geräten in Schaftzugtechnik besteht die Gefahr, daß die Beinarbeit vernachlässigt wird;*
- *„weich greifen": Nach dem Einschlagen der Handgeräte mehr in den Handschlaufen als an den Händen hängen.*

Bessere Geländeausnutzung und andere Ursachen können auch im Steileis Querungen und Abstiege erfordern. Dabei handelt es sich lediglich um Variationen des oben beschriebenen Bewegungsflusses.

AUSGEWÄHLTE FERTIGKEITEN DER KÖNNER

Waren in den achtziger Jahren die oben beschriebenen Techniken noch vollkommen ausreichend, um sich an den „Testpieces" dieser Zeit zu messen, trifft dies Ende der Neunziger bei weitem nicht mehr zu. Das Sportklettern im Eis hat sich zunächst in die Richtung „immer steileres Eis", in den letzten Jahren in die Richtungen „immer dünneres Eis", „immer weniger Eis" entwickelt. Es ist kein Wunder, daß heutzutage die

schwersten Sport-Eisrouten der Welt von Kletterern begangen werden, die auch im Felsbereich zur Weltspitze zählen. Moderne Eisklettertechnik erfordert das gesamte bewegungstechnische Repertoire und die athletischen Voraussetzungen eines Spitzen-Sportkletterers. Den bewegungstechnischen Fertigkeiten des Könners lassen sich drei Problemstellungen zuteilen: extremes Steileis (90 Grad und steiler), dünnes Eis und Mixed-Gelände. Für diese drei Problemgruppen greifen wir jeweils ein Technik-

Eindrehtechnik

element heraus, welches eventuell auch dem weniger Extremen nützen kann. Wer sich eingehender mit den Bewegungsfertigkeiten des Könners beschäftigen will, dem sei Jeff Lowes „Ice World" (siehe Literaturverzeichnis) empfohlen.

Extremes Steileis: „Eindrehtechnik" im Eis

Diese Technik ist direkt aus dem Sportklettern übernommen (siehe Kapitel „Hallenklettern", „Bewegungstechnische Fertigkeiten").

Gelände und Voraussetzungen:	extremes Steileis, besonders geeignet für konkave Eisformationen
Funktion:	• Der Körperschwerpunkt wird über die Standfläche gebracht, dadurch wird die Armmuskulatur entlastet; • große Reichweite bei Kraftersparnis in der Bizepsmuskulatur.
Bewegungsbeschreibung: (Eindrehen nach rechts)	In der Arbeitsposition werden das linke Steigeisen mit der Außenseite und das rechte Steigeisen mit der Innenseite eingesetzt. Linke Hüfte und die Schulter des rechten, leicht gebeugten Armes drehen nach innen. So entsteht eine Spannung zwischen linkem Fuß und rechtem Eisgerät, welche ein Lösen und Setzen des rechten Gerätes mit großer Reichweite ermöglicht.

Eindrehen im Eis

Tips für die Praxis:
• *Das Einschlagen des Eisgeräts in eingedrehter Stellung erfordert einige Übung, da der Schlagarm im Schultergelenk verdreht ist;*
• *auch andere Technikelemente des Sportkletterns lassen sich zur Lösung von Problemstellungen im extremen Steileis anwenden. Z. B. können durch das Einnehmen der Froschstellung Rastpositionen gefunden werden. Auch das Problem der „offenen Tür" findet*

sich im modernen Eisklettern und kann durch Techniken wie „Pendelbein" oder „Foothooking" angegangen werden. Speziell für „Heel-Hooks" sind bereits Steigeisen mit einer entsprechenden zusätzlichen Zacke auf dem Markt.

Dünnes Eis: Setzen der Eisgeräte
Viele Eisrouten des sechsten Grades oder darüber führen über sehr dünnes Eis. Dünnes Eis kann von unterschiedlicher Konsistenz sein. Es kann hart und mit dem darunterliegenden Fels fest verhaftet sein, es kann aber auch morsch und schlecht verwachsen sein oder sich als solide Eisschicht präsentie-

ren, welche darunter hohl ist. In allen drei Fällen eignet sich die konventionelle Technik des Einschlagens wenig zum optimalen Plazieren der Eisgeräte.

Tip für die Praxis:
• Es ist darauf hinzuweisen, daß man in dünnem Eis neben den bewegungstechnischen Schwierigkeiten oft sehr große absicherungstechnische Schwierigkeiten antrifft. Deshalb sind Routen in dünnem Eis meist durch eine hohe psychische Anforderung gekennzeichnet. Nur große Erfahrung und bewegungstechnische Routine erlauben eine weitgehend sichere Begehung.

Eisqualität	Setzen der Eisgeräte
Hart und dünn, mit dem Untergrund verwachsen	Anstatt das Gerät mit voller Kraft einzuschlagen, empfiehlt es sich, durch mehrere gefühlvolle Schläge eine Einkerbung zu „picken", in die sich die perfekt geschliffene Haue (siehe Ausrüstung) verhakt. Zum gleichen Zweck können auch kleine Lufteinschlüsse „angepickt" werden. Die Steigeisen werden in derselben „pickenden" Art gesetzt. Bei Verwendung von Steigeisen mit Monozacken bieten sich die Kerben der Hauen auch als Trittmöglichkeiten an.
Morsch, schlecht verwachsen	Man halte gezielt Ausschau nach Bereichen dichterer Eisqualität und plaziere dort das Gerät. Auf engstem Raum lassen sich oft große Unterschiede antreffen. Lassen sich keine soliden Plazierungsmöglichkeiten mehr finden, so empfiehlt es sich, mit Eisgeräten und Steigeisen die Eisschicht zu durchschlagen und am darunterliegenden Fels Halt zu suchen.
Solide, aber hohl	Handgeräte und Steigeisen werden übereinander und nicht nebeneinander gesetzt, um einen waagrechten Bruch der Eisschicht zwischen zwei Einkerbungen zu vermeiden. Hohles Eis kann manchmal in technischer Hinsicht recht einfach zu klettern sein: Man durchschlägt mit den Handgeräten einfach das Eis und schafft auf diese Weise Griffe, die später als Tritte verwendet werden.

Mixed-Gelände: Einsatz der Eisgeräte im Fels (Dry-Tooling)

Mit den Händen im Eis und den Steileisgeräten im Fels – ein Widerspruch, der im modernen Eis-Sportklettern keiner mehr ist. Der Richtung „immer weniger" folgend, setzen sich viele der modernen Wassereisrouten hoher Schwierigkeit aus Eis- und Felskletterei zusammmen. Um unterbrochene Eisbereiche zu verbinden, sind dabei oft einzelne oder ganze Serien von Zügen mit den Eisgeräten auf trockenem Fels notwendig – Dry-Tooling.

Alle Grifftechniken, die man aus dem Felsklettern kennt, können auch mit den Eisgeräten durchgeführt werden: Belasten von Untergriffen und Seitgriffen, Kreuzzüge, Verklemmen der Hauen in Rissen, Piazzüge am Eisgerät. Man hat ständig die Wahl, einen Griff mit der bloßen Hand oder dem Eisgerät zu belasten. Machbar ist alles, was denkbar ist. Der Kreativität sind keine Grenzen

Steigeisen	• Auf Felstritten im steileren Gelände sind die Frontalzacken die Werkzeuge der Wahl. Monozacken haben gegenüber Dualzacken den Vorteil, daß sie weniger leicht vom Tritt herunterwandern und besser in Löchern plaziert werden können. • Auf Platten geringer Steilheit ist ein gleichmäßiges Belasten aller Vertikalzacken vorzuziehen.
Steileisgeräte	• An kleinen und großen Kanten kann man mit der Hauenspitze „hooken". Dazu ist eine leichte Veränderung der fabrikmäßig geschliffenen Haue zu einer hookähnlichen Form vorteilhaft. • Es können aber auch alle anderen Teile des Eisgerätes verwendet werden, um sie in Rissen verschiedener Weiten zu verklemmen.

Eisgerät, im Fels gesetzt

Steigeisen im Fels

gesetzt. Diese Form winterlichen Sportkletterns zeichnet sich meist auch bezüglich der Absicherung durch einen
Sportklettercharakter aus. Oft schaffen
Bohrhaken ein Fangnetz für Experi-
mente am persönlichen Limit. Wir
geben hier lediglich ein paar Tips zum
Einsatz von Eisgeräten und Steigeisen
im Fels.

Stürzen mit Eisgeräten

War gerade vom Sportklettercharakter
bestimmter Eisrouten die Rede, so darf
natürlich ein gewaltiger Unterschied
zum Sport-Felsklettern nicht uner-
wähnt bleiben: Der Eiskletterer ist mit
scharfen Waffen ausgestattet, welche im
Falle eines Sturzes ein hohes Verletzungsrisiko in sich bergen. Daher ist die
reine Technik des Stürzens, alle taktischen Überlegungen beiseite gelassen,
zu den Fertigkeiten des Eiskönners zu
zählen. Im reinen Eis ist auch der Könner bemüht, einen Sturz unter allen

Umständen zu vermeiden, nur im extremen Mixed-Klettern gehören kontrollierte Stürze mit zum Spiel.
Der entscheidende Moment ist wie im
Fels der Moment des Absprungs. Dieser
muß bewußt und kontrolliert erfolgen.
Danach kann man auf den Sturzverlauf
keinen Einfluß mehr nehmen. Die Körperhaltung und das Absprungverhalten
gleichen der Sturztechnik des Felskletterns. Besondere Aufmerksamkeit ist auf
die kontrollierte Führung der Handgeräte zu richten. Diese sollte neben und
nicht vor dem Körper geschehen.
Der gefährlichste Moment des Stürzens
ist der Anprall. Geschieht dieser auf Eis,
so sollten die Beine im Kniegelenk gebeugt werden, um nicht mit den Zacken
der Steigeisen hängenzubleiben und
eine Bänderverletzung hervorzurufen.
Für einen weichen Verlauf des Anpralls
ist neben dem Absprung des Stürzenden
das Verhalten des Sicherers verantwortlich.

Dry-Tooling

187

Sicherungstechnische Fertigkeiten

Elementare Voraussetzungen

Wie schon bei den bewegungstechnischen Fertigkeiten setzen wir hier routiniertes Sportklettern im Klettergarten voraus. Je höher die eistechnischen Schwierigkeiten und je länger die angepeilten Routen, desto weiter entfernt man sich auch sicherungstechnisch von den Fertigkeiten des Sportkletterers und begibt sich auf das Spielfeld des Alpinisten. In diesem Zusammenhang sind auch einige Querverweise auf das Kapitel „Alpines Sportklettern" notwendig. Die Methoden der behelfsmäßigen Bergrettung aus dem Klettergelände entsprechen im Eisklettern denen des Felskletterns.

Die sicherungstechnischen Fertigkeiten sind unterteilt in Kenntnisse zum Begehen von Einseillängenrouten und Kenntnisse für das Klettern von Mehrseillängenrouten. In beiden Fällen werden Achterknoten, Halbmastwurf und Mastwurf verwendet.

Einseillängenrouten

Der Begriff Einseillängenroute wird in diesem Zusammenhang im Sinne des Sportkletterns verstanden:

- Die Route weist an ihrem Ende einen soliden Umlenkpunkt außerhalb des Eises auf;
- über diesen Umlenkpunkt ist durch Ablassen (siehe Kapitel „Hallenklettern", „Sicherungstechnische Fertigkeiten") der Boden erreichbar, und

- für den Sicherer am Boden besteht keine Absturzgefahr.

Als solide Umlenkpunkte im Sinne des Sicherheitsstandards, der heute in Sportklettergebieten üblich ist (siehe Kapitel „Sportklettern im Klettergarten", „Sicherungstechnische Fertigkeiten"), können damit gelten:

- einzelner AV-Ring;
- zwei rostfreie Bohrhaken, die miteinander durch eine Kette oder durch zuverlässiges Seil- bzw. Bandmaterial verbunden sind;
- ein zuverlässiger Baum: mindestens Körperstärke, gut verwurzelt und nicht dürr.

Klettern mit Toprope-Sicherung

Über den gesamten Alpenraum verteilt finden sich in der kalten Jahreszeit kleinere Schluchten, an deren Wänden sich Wassereis bildet und die bereits klettergartengerecht mit Umlenkpunkten eingerichtet sind. Diese Umlenker sind z. T. leicht von oben erreichbar. Solche Gebiete eignen sich ideal für den Einsteiger. Hier kann dieser ohne größere zusätzliche sicherungstechnische Kenntnisse im Toprope erste Erfahrungen mit dem Wassereis machen und bewegungstechnische Fertigkeiten einüben. Die sicherungstechnischen Maßnahmen entsprechen denen des Sportkletterns. Einige Punkte sollten jedoch speziell beachtet werden:

- Für Kletterer und Sicherer besteht absolute Helmpflicht!
- Da sich die betreffenden Umlenkpunkte in einem feuchten Umfeld befinden, sind sie mit besonderem Argwohn zu beäugen. Die Verwen-

dung eines Sicherheitskarabiners zur Umlenkung versteht sich von selbst;

• der Sicherer sollte niemals in Fallinie des Kletterers stehen, um nicht von Eisbrocken getroffen zu werden.

Klettern im Vorstieg

Ist eine gewisse Bewegungssicherheit in einem Schwierigkeitsbereich erreicht, so kann zum Klettern im Vorstieg übergegangen werden. Dazu sind jedoch einige neue sicherungstechnische Fertigkeiten zu erlernen. Ist es beim Sportklettern mittlerweile üblich, sich nur mit dem Hüftgurt anzuseilen, empfehlen wir beim Eisklettern wegen der erhöhten Gefahr eines unkontrollierten Sturzes unbedingt die zusätzliche Verwendung eines Brustgurtes.

Kameradensicherung und Seilführung

Es kann, wie vom Sportklettern gewohnt, mit der Körpersicherung gearbeitet werden. Zwei Gründe sprechen beim Eisklettern für eine Verwendung der HMS-Bremse:

• Der Sicherer trägt beim Eisklettern meist Handschuhe, wodurch ein Durchrutschen des Seils leichter möglich ist. Daher ist wegen der höheren Bremskraft die HMS-Bremse der Achter-Bremse vorzuziehen;

• für den Fall eines Sturzes im Eis bei unter Umständen nicht ganz zuverlässigen Zwischensicherungen sollte besonderer Wert auf „weiches Sichern" (siehe „Hallenklettern", „Sicherungstechnische Fertigkeiten") gelegt werden. Hierbei hat die HMS-Bremse

klare Vorteile gegenüber der GriGri-Bremse;

• die richtige Seilführung am Körper ist beim Eisklettern von besonderer Wichtigkeit, da die Folgen eines unkontrollierten Sturzes aufgrund der scharfen Eisgeräte noch schwerer wiegen als beim Felsklettern. Es gelten dabei dieselben Grundsätze wie im Fels (siehe Kapitel „Hallenklettern", „Sicherungstechnische Fertigkeiten").

Setzen von Eisschrauben als Zwischensicherungen

In Wassereisrouten im Schwierigkeitsbereich des Anfängers und Fortgeschrittenen dienen größtenteils Eisschrauben als Zwischensicherungen. Eisschrauben stellen die verbreitetsten und sichersten Fixpunkte im Eis dar. Taktische Überlegungen zum Setzen von Eisschrauben werden im Kapitel „Eisklettern", „Taktik und kognitive Fähigkeiten" angesprochen. In diesem Abschnitt geht es rein um die Technik des Setzens. Die hohe Qualität moderner Eisschrauben sowie die heute verbreitete Ethik des Wassereiskletterns (siehe „Bewertung" und „Wettkampf") machen es möglich und erstrebenswert, Eisschrauben aus der Kletterstellung zu setzen, ohne sich mit dem Körper in ein Handgerät zu hängen. Dazu geht man folgendermaßen vor:

• Der Kletterer befindet sich in Ruheposition mit gestreckten Armen. Beide Handgeräte sind solide im Eis verankert;

• das Gerät der Arbeitshand (Gerät 1, bei einem Rechtshänder das rechte Gerät) wird entlastet, der Gleichgewichtserhalt wird nur über das

andere Handgerät erreicht (Gerät 2, in der linken Hand);

- Gerät 1 wird losgelassen: Je nach Art der Handschlaufe bleibt diese am Arm, wird also vom Eisgerät gelöst, oder sie wird mit der Hand verlassen;
- Einhängen einer vorübergehenden Zwischensicherung: Eine Expreß-schlinge wird in Gerät 1 eingehängt, und das Seil wird eingeklinkt – diese Zwischensicherung bleibt aber unbelastet;
- die Eisschraube wird einhändig eingedreht und die Zwischensicherung von Gerät 1 auf die Schraube umgehängt;
- Gerät 1 wird wieder aufgenommen, und die Kletterei wird fortgesetzt.

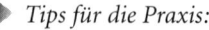

Tips für die Praxis:

- *Diese sauberste Art des Setzens einer Eisschraube erfordert die Verwendung des besten und leider auch teuersten Schraubenmaterials. Billige Schrauben sind oft zu schwergängig;*
- *die Eisschraube sollte etwa im Winkel von 90 Grad zur Eisoberfläche gesetzt werden;*
- *da die Haltekraft einer Eisschraube vor allem von der Eisqualität abhängt, ist es entscheidend, wo man sie setzt. Das Eis sollte dort möglichst dick (über Schraubenlänge) und dicht sein. Luft- und Schnee-Einschlüsse oder morsches Eis mindern die Haltekraft erheblich. Gegebenenfalls sollte man dieses schlechte Eis mit einigen Schlägen von der Oberfläche entfernen, bevor man eine Schraube setzt;*
- *konkave Eisformen wie Löcher, Dellen, Rinnen sind besser geeignet als konvexe Strukturen;*
- *reicht die Eisdicke zum Eindrehen der gesamten Schraubenlänge nicht aus, so kann bei guter Eisqualität die Haltekraft immer noch ausreichend sein. Man sollte dann aber unbedingt die Schraube direkt durch die Expreß-schlinge fädeln, um günstigere Hebelverhältnisse zu schaffen.*

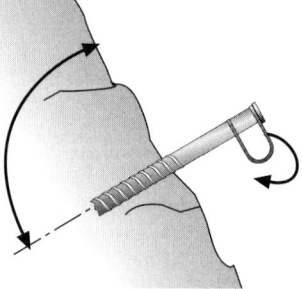

Setzen einer Eisschraube aus der Kletterstellung　*Setzen der Eisschraube im 90-Grad-Winkel*

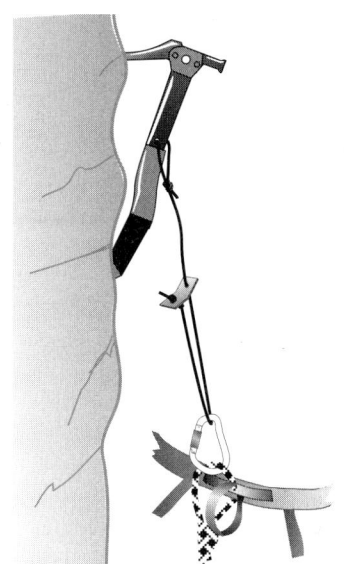

Im steilen und extrem steilen Eis kann es sehr anstrengend werden, Zwischensicherungen aus der Kletterstellung anzubringen. Hat man nicht das Bedürfnis, den Gedanken des Rotpunkts vom Sportklettern auf das Eisklettern zu übertragen oder fehlen die notwendigen konditionellen Voraussetzungen, so kann es sinnvoller sein, sich zum Setzen einer Eisschraube mit dem Körper an einem Eisgerät zu fixieren. Zur Aufhängung am Gerät gibt es zwei Möglichkeiten: (1) Einhängen einer Schlinge vom Anseilpunkt zum Eisgerät vor dem Setzen einer Eisschraube oder (2) ständige Verbindung von Anseilpunkt und einem Handgerät durch eine in der Länge verstellbare Schlinge. Dies bietet gerade für den Anfänger den Vorteil, daß er relativ schnell seine Arme entlasten kann, falls ihm einmal die Kraft ausgeht. Das „Zeltschnurprinzip" ist einfach und jederzeit in seiner Länge verstellbar. Daher kann in jeder Position eine Entlastung vorgenommen werden.

Bei beiden Möglichkeiten wählt man Gerät 2 zur Körperfixierung und geht dann beim Setzen der Eisschraube wie oben beschrieben vor. Es ist heute nicht mehr üblich, beide Geräte fest mit dem Körper zu verbinden. Der Vorteil des Sicherns der Geräte wird aufgehoben durch den potentiellen Nachteil, sich in den Leinen zu „verheddern". Trotzdem stellt eine doppelte Sicherung an beiden Geräten für den Vorstiegsanfänger eine zusätzliche Sicherheitsreserve dar und kann im Anfängerbereich ratsam sein.

Weitere Zwischensicherungen

Da Wassereis und Felsgelände sich oft in direkter Nachbarschaft befinden, moderne Eisrouten sogar durch Felsgelände führen (siehe „Ausgewählte Fertigkeiten des Könners"), kommt als weitere Zwischensicherungsmöglichkeit das gesamte Repertoire des Felskletterns in Frage. Man findet in Eisrouten Bohrhaken, geschlagene Normalhaken, Rißstrukturen, die sich zum Legen eines Klemmkeils anbieten, usw. Es sei nochmals betont, daß der Einsteiger in seinem Schwierigkeitsbereich zum Anbringen von Zwischensicherungen mit dem Einhängen von Bohrhaken und dem Setzen von Eisschrauben vollkommen auskommt. Trotzdem wollen wir auf einige Spezialitäten hinweisen, die besonders in den oberen Schwierigkeitsgraden an Bedeutung gewinnen.

Ausnutzung natürlicher Eisstrukturen zur Zwischensicherung: Analog zur Köpfchenschlinge im Felsklettern lassen sich „Eisköpfchen" oder gar ganze Eiskerzen mit einer Schlinge einfassen und als Zwischensicherung verwenden. In ähnlicher Weise lassen sich Lochstrukturen in der Eisoberfläche („natürliche Eissanduhren") zu Sicherungszwecken ausnutzen.

Spezialeishaken: Die „Hook"-förmigen Spezialeishaken bieten eine schnelle, aber fragwürdige Zwischensicherungsmöglichkeit im schwierigen Gelände. Sie werden einfach in der bereits vorhandenen Einschlagkerbe eines Eisgerätes verklemmt oder direkt in die Eisoberfläche eingeschlagen. Bei weichem Eis bieten sie größere Sicherheit als bei harten Verhältnissen.

Zwischensicherungen in dünnem Eis – Reihenschaltung von Eisschrauben: Diese Spezialtechnik kann in Routen mit dünner Eisauflage einen unverzichtbaren Sicherheitsgewinn bedeuten. Sie gehört in das Fertigkeitsrepertoire des Könners. Das Abbinden der unteren Schraube zur oberen erfolgt mittels Mastwurf.

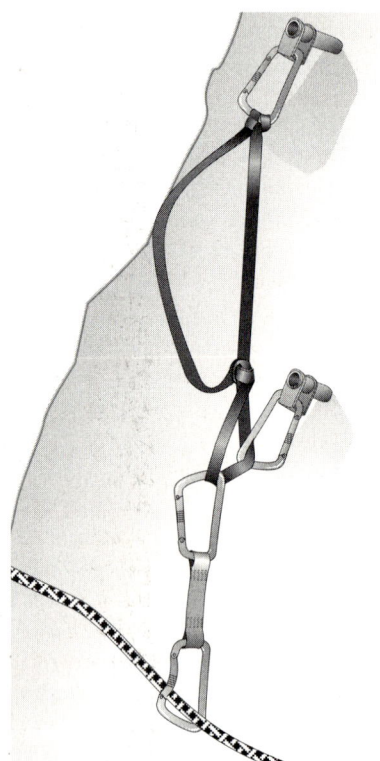

Eisschrauben, in Reihe gesetzt

BEGEHUNG VON MEHRSEILLÄNGENROUTEN

Strebt man das Klettern von Routen an, die nicht in die oben beschriebene Kategorie einer Einseillängenroute fallen, so verläßt man mehr und mehr das Feld des Sportkletterns. Man sollte in der Lage sein, Standplätze im Steileis einzurichten, sich als Seilschaft zu bewegen und sich durch Abseilen zurück auf den Boden zu bringen.

Der Standplatz im Steileis

Grundsätzlich dient ein Standplatz zur Sicherung des Kletterpartners. Er ist immer dann erforderlich, wenn sich der Sichernde in absturzgefährdetem Gelände befindet, und erfüllt zwei Funktionen: (1) Selbstsicherung des Sichernden mittels Mastwurf, (2) Kameradensicherung mittels HMS-Bremse. Nur in Ausnahmefällen ist es möglich, einen Standplatz außerhalb des Eises zu bauen (siehe Kapitel „Felsklettern", „Standplatzbereitung").
Ein Standplatz im Eis besteht mindestens aus zwei Fixpunkten. Als Fixpunkte kommen dieselben Möglichkeiten in Frage, die auch zum Anbringen von Zwischensicherungen verwendet werden.

Abgebundenes Kräftedreieck mit zwei Eisschrauben

In fast allen Fällen wird man als Fixpunkte zwei Eisschrauben verwenden. Beim Setzen dieser Schrauben ist besonders darauf zu achten, daß sie sich in solidem Eis befinden und möglichst vollständig eingedreht werden. Da man

im Eis im Unterschied zum Fels den genauen Ort dieser zwei Fixpunkte selbst bestimmen kann, läßt sich ein idealer Standplatz im Eis leichter standardisieren als im Fels:

• Die Eisschrauben werden in einem vertikalen Abstand von etwa 0,75 m und einem horizontalen Abstand von 0,25 m gesetzt und mit einer Bandschlinge doppelter Schulterlänge verbunden;

• diese Bandschlinge wird auf Höhe der unteren Eisschraube mittels Sackstich abgebunden. Ein Karabiner mit Sicherheitsverschluß wird wie abgebildet in die Bandschlinge eingehängt. Auf diese Weise entsteht ein Kräftedreieck, welches die auftretenden Kräfte in optimaler Weise auf die zwei Fixpunkte verteilt. Das Abbinden der

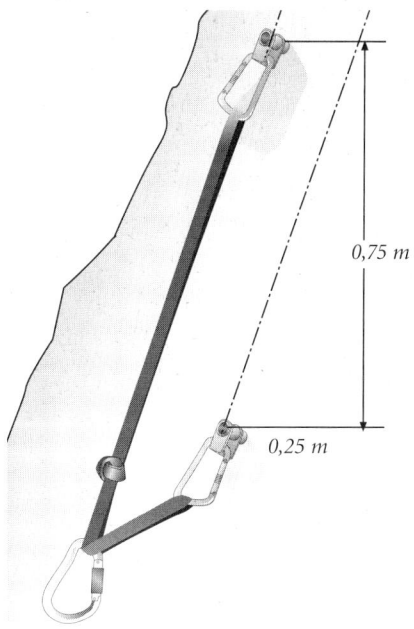

0,75 m

0,25 m

Standplatz im Eis

193

Bandschlinge verhindert, daß das Dreieck weit nach oben gerissen werden kann;

• dieser Karabiner bildet den Zentralpunkt, in den der Mastwurf der Selbstsicherung und der HMS-Karabiner der Kameradensicherung eingehängt werden.

Reihenschaltung von einer Eisschraube und einem Handgerät

In Sonderfällen, z. B. als Abseilstand in solidem Eis (siehe „Abseilen im Steileis"), kommt eine weitere Möglichkeit des Standplatzes in Frage: Es wird nur eine Eisschraube gesetzt. Diese wird durch ein gut gesetztes Handgerät hintersichert. Der Zentralpunkt befindet sich an der Eisschraube. Die Schraube ist durch eine Bandschlinge mittels Mast-

wurf mit dem Handgerät verspannt und somit hintersichert. Schraube und Handgerät sind in Reihe geschaltet.

Einrichten einer Toprope-Umlenkung im Eis

Zum Einrichten einer Toprope-Station im Eis verwendet man ebenfalls eine Reihenschaltung: Zwei Eisschrauben werden übereinander gesetzt und lose, d. h. mit Durchhang, in Reihe geschaltet. Der Umlenkkarabiner befindet sich in der unteren Schraube. Während des Toprope-Betriebes treten nur an ihr Kräfte auf. Sollte sich diese Schraube im Laufe der Zeit infolge von Druckschmelzung lockern, so ist sie durch die obere Schraube hintersichert. Auf dem Gletscher (im Sommer) sollten die Schrauben abgedeckt werden, um ein Ausschmelzen durch Strahlung zu verhindern (Schrauben immer wieder prüfen).

Reihenschaltung als Toprope-Station

Standplatz mit Schraube und Eisgerät, in Reihe geschaltet

DIE SEILSCHAFT IN AKTION

Aus Gründen der Zeitersparnis und um Mißverständnisse zu vermeiden, ist es ratsam, sich eine bestimmte Vorgehensweise beim Einrichten des Standplatzes und beim Standplatzwechsel anzugewöhnen. Damit verbunden sind eindeutige Seilkommandos, die Mißverständnisse zwischen den Seilpartnern weitgehend ausschließen.

Einrichten des Standplatzes und Standplatzwechsel

- Der Sichernde meldet dem Vorsteiger, daß noch etwa 5 m Restseil übrig sind.
- Der Vorsteiger sucht einen geeigneten Platz zum Einrichten des Standplatzes. Dabei spielen die Eisqualität, der Schutz vor möglichem Eisschlag und natürliche Standstufen eine wichtige Rolle.
- Der Vorsteiger schafft sich eine Standstufe im Eis, um die Wadenmuskulatur zu entlasten.
- Er setzt die untere Eisschraube und sichert sich an ihr mittels Mastwurf.
- Er vervollständigt den Standplatz bis zum Zentralpunkt (siehe „Standplatz im Steileis") und hängt seine Selbstsicherung in den Zentralpunkt um. Seilkommando: Stand!
- Der Sicherer nimmt den Vorsteiger aus der HMS-Sicherung. Seilkommando: Seil ein!
- Der Vorsteiger zieht das Restseil ein. Das Seilende wird ihm vom Seilzweiten durch das Kommando: Seil aus! gemeldet. Er nimmt den Seilzweiten in die HMS-Sicherung. Seilkommando: Nachkommen!

- Der Seilzweite hängt die Selbstsicherung aus, baut den Standplatz ab und beginnt nachzusteigen. Seilkommando: Ich komme!
- Hat der Seilzweite den Standplatz erreicht, so übernimmt er ohne Standplatzveränderungen seinerseits die Führung der nächsten Seillänge (Seilschaft in Wechselführung).

Verschiedene Seilschaftsformen

Zweierseilschaft: Die günstigste Seilschaftsform, bei der in Wechselführung geklettert wird. Bestehen größere Leistungsunterschiede zwischen den Seilpartnern, so übernimmt besser der Stärkere die Führung aller Seillängen. Dann ist ein Positionswechsel am Standplatz notwendig:

- Der Seilzweite hängt seine Selbstsicherung in einen neuen Zentralpunkt, der sich parallel zum alten Zentralpunkt befindet. Er nimmt den Seilersten in die HMS-Sicherung;

Vorsteiger sichert am fertigen Standplatz nach

• der Seilerste baut den alten Zentralpunkt ab und klettert los.

Praxistip für sehr steiles Gelände:
• *Der Sicherer fixiert sich zusätzlich am*
eingeschlagenen Eisgerät. Er belastet
dieses Gerät mit seinem Körpergewicht,
nicht den Zentralpunkt – so wird ein
Ausschmelzen der Standschrauben ver-
mieden.

Dreierseilschaft: Diese Seilschaftsform
hat im Eis gegenüber der Zweierseilschaft zwei Nachteile: Sie ist wegen notwendiger Standplatzwechsel langsamer,
und die Nachsteiger behindern sich
gegenseitig durch Eisschlag. Ist es dennoch nicht zu vermeiden, in Dreierseilschaft zu klettern, gibt es dafür zwei
Möglichkeiten.
• Paralleles Anseilen: Seilmaterial:
2 Halbseile. Diese Form der Seilschaft
gestattet gleichzeitiges oder getrenntes
Nachsteigen von zwei Seilpartnern.
Der Seilerste ist mit jedem seiner
Partner durch einen eigenen Seilstrang
verbunden. Dadurch ist ein direkter
Seilkontakt vom Sichernden zu jedem
der beiden Nachsteiger gewährleistet.
Bei gleichzeitigem Nachsteigen wird
ein Abstand von 4–5 m zwischen den
beiden Nachsteigern eingehalten.
• Anseilen an einem Seil: Sind die nach-
steigenden Partner annähernd gleich-
wertig und ist das Gelände nicht zu
schwierig, so kann auch mit einem
Seil angeseilt werden. Bei dieser Form
des Anseilens in Dreierseilschaft ist
ein direkter Seilkontakt nur mit dem
zweiten Nachsteiger möglich. Aus diesem Grund sollte der Schwächere der

beiden Nachsteiger am Hauptseil, der
Stärkere an der „Weiche" angeseilt
sein. Durch die Verwendung einer speziellen Seilklemme („Shunt") läßt sich
das Klettern mit Weiche optimieren.
Der erste Nachsteiger kann schneller
als der zweite in seinem Tempo nachsteigen.

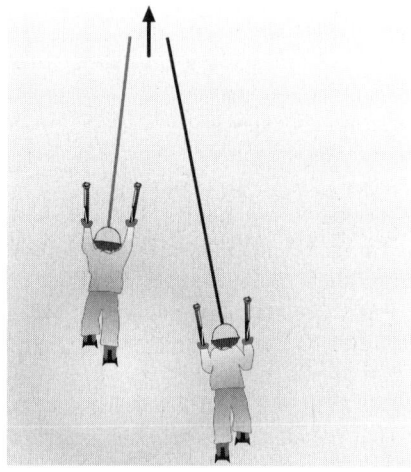

Dreierseilschaft mit parallelem Anseilen

Anseilen an einem Seil

ABSEILEN IM EIS

Häufig begangene Wasserfälle weisen
meist bereits eine gewisse „Infrastruk-
tur" für den Abstieg auf; d. h., es gibt
entweder eine Möglichkeit, außerhalb
des Eises abzusteigen, oder eine eingerichtete Abseilpiste. Bei der Beurteilung
vorgefundener Abseilstellen gelten dieselben Richtlinien wie bei der Beurteilung von Toprope-Umlenkpunkten.
Ausnahmen beim Abstieg oder ein
Rückzug können es aber notwendig
machen, Abseilstellen im Eis einzurichten.

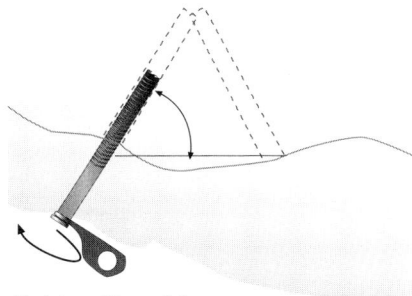

Abalakow-Eissanduhr

Fixpunkte zum Abseilen

Das Einfachste ist, eine Eisschraube als
Fixpunkt zum Abseilen zu verwenden.
Da Eisschrauben aber sehr teuer sind,
muß man versuchen, andere Abseilver-
ankerungen zu finden. Wir empfehlen
zwei Alternativen. Beide haben eine
solide Eisqualität zur Voraussetzung.
(1) Eissanduhren (Abalakow-Eissanduhr): Zwei in das Eis gebohrte Löcher
werden mit einer Reepschnur durchfä-
delt. In diesen Seilring wird das Seil
zum Abseilen eingefädelt. Es erfordert
einige Übung, mit dem zweiten Loch
das erste zu treffen. Zum Durchfädeln
der Reepschnur eignet sich die Draht-
schlinge eines Klemmkeils.
(2) Lösbare Schraube: Mit diesem Verfahren kann man an einer Eisschraube
als Fixpunkt abseilen, ohne diese
Schraube opfern zu müssen. In solidem
Wassereis ist das Verfahren absolut
sicher, allerdings nur unter der Voraussetzung, daß mit großer Sorgfalt vorge-
gangen wird:

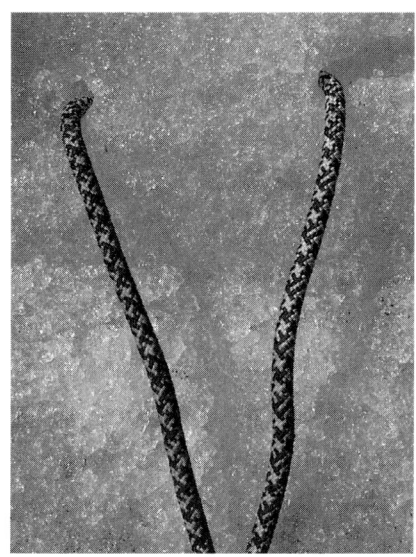

- poröses Eis wegkratzen;
- Schraube vor dem Eindrehen durch
  die Öse einer Expreßschlinge stecken;
- Schraube ins Eis drehen, bis die
  Expreßschlinge am Eis ansteht, dann
  wieder herausdrehen;
- lange Prusik an der Öse der Eisschraube befestigen und die Schraube
  wieder hineindrehen. Dabei wickelt
  sich die Prusikschlinge um die
  Schraube. Es sollte straff gewickelt

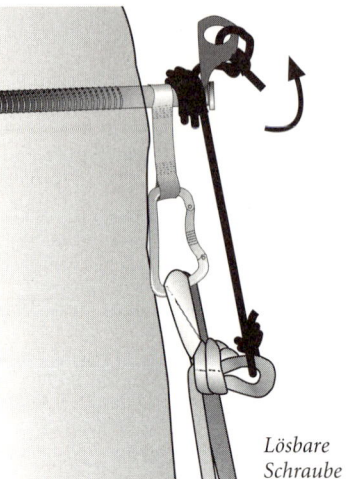

Lösbare Schraube

die Schraube herausgedreht. Achtung auf die herunterfallende Schraube.

Abseilen mehrerer Seillängen

Hinsichtlich der Abseiltechnik und der Vorgehensweise am Standplatz gibt es keine Unterschiede zum Abseilen im Fels (siehe Kapitel „Alpines Sportklettern", „Sicherungstechnische Fertigkeiten"). Soll über mehrere Seillängen abgeseilt werden, so kann man im Eis jedoch nicht darauf hoffen, am Ende einer Abseillänge eine bereits existierende weitere Abseilstelle vorzufinden. Dies hat zwei Konsequenzen:

• Die Seilenden sollten immer mit einem Achterknoten gegen ein Darüberhinausseilen gesichert sein, und

• derjenige, welcher zuerst abseilt, muß ca. 5 m vor dem Seilende einen Standplatz einrichten. Daran gesichert wird eine neue Abseilstelle eingerichtet (Abalakow-Sanduhr oder lösbare Schraube). Anmerkung: Bei den auftretenden Kräften an einem Abseilstand reicht bei solidem Eis die Reihenschaltung von einer Schraube und einem Eisgerät aus.

werden, die Expreßschlinge sollte von Wicklungen frei bleiben;

• in den verbliebenen Expreßschlingenkarabiner wird das Seil zum Abseilen eingehängt. In einen Seilstrang knüpft man eine kleine Sackstichschlaufe, in welche man das Ende des Prusiks knotet. Am selben Seilstrang wird dann das Seil später abgezogen;

• nach Beendigung der Abseilfahrt wird durch einen kräftigen und gleichmäßigen Zug am richtigen Seilende

Taktik und kognitive Fähigkeiten

Wie in allen anderen Disziplinen des Bergsports sind auch beim Eisklettern Taktik und kognitive Fähigkeiten wichtige Leistungs- und Sicherheitsfaktoren. Spezielle Fähigkeiten sind notwendig, um in den Stadien Tourenplanung, am Einstieg und während der Kletterei die für einen erfolgreichen und sicheren Verlauf der Klettertour notwendigen Entscheidungen zu treffen.

TOURENPLANUNG

Die Tourenplanung findet in erster Linie bereits zu Hause statt, sollte aber bis zum Einstieg mit der Realität verglichen und entsprechend flexibel gehandhabt werden. Es geht vor allem um eine geeignete Tourenauswahl. Als Informationsmittel steht die einschlägige Bergführerliteratur über die bekannteren Eisklettergebiete zur Verfügung, außerdem erscheinen in Fachmagazinen meist pünktlich zum Saisonbeginn detaillierte Gebietsvorstellungen. Da gerade das Wassereisklettern sehr verhältnisabhängig ist und sich die Eisverhältnisse schnell ändern können, ist die empfehlenswerteste Informationsquelle ein Anruf bei einem Kletterer im Gebiet. Auch das Internet kann mit entsprechenden Webseiten hilfreich sein. Um die erhaltenen Informationen richtig zu interpretieren, muß man in der Lage sein, Anstiegsskizzen zu lesen, diese hinsichtlich spezifischer Gefahren zu beurteilen und eine vernünftige zeitliche Planung durchzuführen.

Anstiegsskizzen und -beschreibungen

Direkt aus der Routenskizze kann man folgende Informationen herauslesen: Kletterschwierigkeit und Art der Kletterei – Wassereis oder Mixed,

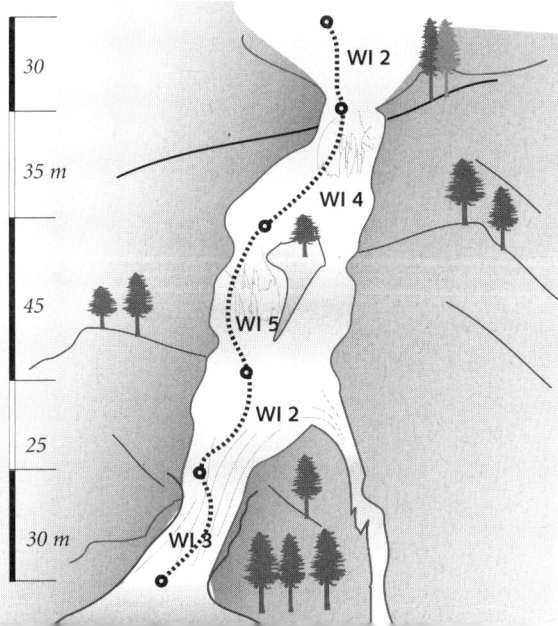

• Routenlänge, markante Gelände-
punkte bzw. die Form des Wasserfalls
– beides erleichtert das spätere Auffinden der beabsichtigten Route.

Zusätzlich zur Routenskizze sollten
sich in Veröffentlichungen weitere
Informationen finden. Man achte
besonders auf: Exposition der Route,
Zustieg, Abstieg, günstigste Jahreszeit
(meist Hochwinter oder Spätwinter),
Angaben über topographische Gebiets-
karten, spezielle Gefahren, Absicherung
und benötigtes Material, eine Informa-
tionsadresse vor Ort.

Achtung: Hinsichtlich Detailliertheit
und objektiver Richtigkeit können
Anstiegsskizzen und -beschreibungen
von Eisrouten niemals demselben An-
spruch wie das Topos einer Felsroute
gerecht werden. Eisrouten können bei
unterschiedlichen Verhältnissen völlig
verschiedene Schwierigkeiten aufweisen:
Reine Eisrouten werden zu Mixed-
Klettereien und umgekehrt. Besonders
im Einsteigerbereich beziehen sich
Schwierigkeitsangaben meist auf gute
Eisverhältnisse. Dies ist bei der Tourenauswahl zu beachten.

Um ein besseres Bild von der geplanten
Route zu erhalten, eignen sich Fotos
besonders gut. Vor Ort ist es so leichter
möglich, zu beurteilen, ob sich die
Route in guten Verhältnissen befindet.

Spezifische Gefahren

Eine richtige Interpretation der gewonnenen Informationen setzt voraus, daß
man spezifische Gefahren des Wassereiskletterns kennt und berücksichtigt.
Die wichtigsten unter ihnen sind Lawinen, Wärme und Eisschlag.

Lawinen: Ein Wasserfall schützt vor
Lawinen nicht! Lawinen – ein Schlag-
wort, das man eher mit Skibergsteigen
und Skifahren in Verbindung bringt als
mit Klettern. Aus diesem Grund neigt
gerade der Kletterer dazu, sich von
Lawinengefahr nicht besonders betrof-
fen zu fühlen. Mit dieser Einstellung
unterläuft ihm beim Wasserfallklettern
jedoch ein Trugschluß. Wasserfälle bilden sich dort, wo Wasser fließt – genau
den gleichen Weg nehmen auch Lawinen. Es geht also nicht so sehr um die
Möglichkeit, in der Route selbst ein
Schneebrett auszulösen, als vielmehr
um die Gefahr, die vom Einzugsgebiet
oberhalb des Wasserfalls ausgeht. Bei
einer entsprechenden Lawinensituation
kann diese Gefahr 1000 m oberhalb der
geplanten Kletterei lauern. Daher wird
sie auch leicht übersehen. Bei abgelege-
neren Zielen ist außerdem der Zustieg
bezüglich einer möglichen Gefährdung
durch Lawinen zu beurteilen. Eine
Einschätzung der Lawinensituation
setzt grundsätzlich ein gründliches
Kartenstudium und eine entsprechende
Interpretation des Lawinenlageberichtes
voraus.

▶ *Tip für die Praxis:
Wasserfälle, welche im Einzugsgebiet
möglicher Lawinenbahnen liegen oder
einen gefährdeten Zustieg haben, sollten
nur bis zur Gefahrenstufe 2-mäßig in
Betracht gezogen werden.*

Wärme: Der Wasserfall – ein fragiles
Klettergerüst! Fels ist entweder fest und
solide oder brüchig – und dies ziemlich
zeitunabhängig. Ganz anders liegen die

Verhältnisse beim Eis. Wasserfälle sind hinsichtlich ihres Wachstums, ihrer Eisqualität und der Möglichkeit des Einsturzes stark temperaturabhängig. Damit steht und fällt die Wassereissaison mit der Wetterentwicklung des Winters und kann regional sehr unterschiedlich sein. Eine genaue Vorhersage der zu erwartenden Verhältnisse benötigt sehr viel Erfahrung und ist meist nur dem Experten und Gebietskenner möglich. Dennoch gibt es einige Faustregeln, die dem weniger Erfahrenen bei der Tourenplanung nützen können.

• Starke Sonneneinstrahlung und Wärmeeinbrüche sind für die Stabilität von Wasserfällen gefährlich. Daher ist Vorsicht geboten bei Föhneinbrüchen und sonnseitiger Exposition. Es ist dann vermehrt mit Eisschlag und gar dem Zusammenbrechen ganzer Eisgebilde zu rechnen.

• Die kalten Temperaturen des Hochwinters lassen das Eis sehr hart und spröde werden. Wasserfälle sind zu diesen Zeiten stabil. Man muß aber damit rechnen, daß es mühsam ist, die Eisgeräte ohne Sprengwirkung zu plazieren und Schrauben zu setzen. Bei Temperaturen zwischen 0 und –5 Grad Celsius darf man die beste Eisqualität erwarten – sogenanntes „Softice": Eisgeräte und Schrauben lassen sich bei diesen Verhältnissen mühelos setzen, trotzdem besteht hinsichtlich der Stabilität des Wasserfalls noch keine erhöhte Gefahr.

• Ein feuchter Herbst und eine Kälteperiode im Hochwinter lassen gute Verhältnisse in tiefer gelegenen Gebieten entstehen.

• In einigen höher gelegenen Gebieten (z. B. im Pinistal in den Stubaier Alpen) findet man meist erst im späteren Winter gute Verhältnisse vor.

• Ähnlich der Lawinengefahr bedarf auch die Beurteilung der Eisverhältnisse, insbesondere bezüglich regionaler Unterschiede, ein möglichst genaues Studium des Winterverlaufs.

Eisschlag: Nichts Gutes kommt von oben! Eisschlag ist analog zum Steinschlag im Felsklettern die offensichtlichste objektive Gefahr beim Eisklettern. Man kann sie jedoch bereits in der Phase der Tourenplanung erheblich reduzieren. Die beiden Hauptursachen von Eisschlag sind hohe Lufttemperaturen und andere Kletterer. Der ersten Ursache begegnet man am besten durch den Verzicht auf das Eisklettern, der zweiten durch eine geeignete Zeitplanung und Routenwahl. Gerade im Einsteigerbereich gibt es in allen Gebieten verschiedene benutzerfreundliche „Modetouren". Es ist selten ratsam, sich eine derartige Route für das Wochenende vorzunehmen, da großer Andrang programmiert ist. Läßt sich dies nicht vermeiden, so sollte man versuchen, wenigstens der erste in der Schlange zu sein. Das bedeutet einen nicht sportklettergemäßen Frühstart.

Zeitliche Planung

Die zeitliche Planung steht in engem Zusammenhang mit der Tourenauswahl und den bestehenden spezifischen Gefahren. Die Zeitplanung findet daher auf drei Ebenen statt:

• Was ist die günstigste Saison für die beabsichtigte Tour?

- Welcher Tag ist für die geplante Tour geeignet? Stimmen die Eis- und Lawinenverhältnisse? Muß mit Andrang gerechnet werden?
- Wann brechen wir auf, und wie lange werden wir brauchen? Die letzte Stufe der zeitlichen Planung ist vor allem für Mehrseillängenrouten entscheidend. Sie ist für den Anfänger nicht einfach, und er neigt dazu, den Zeitbedarf zu unterschätzen. Einige Fragestellungen und Hinweise dazu:
- Ein sehr früher Start kann ratsam sein, um keine anderen Seilschaften über sich zu haben.
- Wieviel Zeit benötigt man für den Zustieg?
- Für die Vorbereitung am Einstieg, das Setzen von Zwischensicherungen, Standplatzbau und -wechsel benötigen Einsteiger wesentlich mehr Zeit als vielleicht vom Felsklettern gewohnt. Als Orientierungshilfen können gelten: 45 min bis 1 h für die Vorbereitungen am Einstieg, 1,5 h pro Seillänge für Vor- und Nachsteiger.
- Wie kompliziert und langwierig ist der Abstieg? Reicht das Tageslicht auch für den Abstieg aus?
- Sind genug Zeitreserven für unvorhergesehene Zwischenfälle eingeplant? Einsteiger sollten also davon ausgehen, daß ein Wasserfall von 4–5 Seillängen mit Zu- und Abstieg ein volles Tagesunternehmen ist.

Vorbereitungen am Einstieg

Wie bereits angesprochen, sollte die Tourenplanung bis zum Einstieg mit den Gegebenheiten verglichen und hinterfragt werden. Entscheidet man

sich schließlich, in die Route einzusteigen, so sollten einige Überlegungen und Vorbereitungen getroffen werden.

Inspektion der Route: Dabei versucht man, ein möglichst gutes Bild über den Routenverlauf, die Absicherungssituation, mögliche Schlüsselstellen und Rastpunkte zu erhalten. Anhand dieser Informationen entwickelt man eine Strategie für die geplante Seillänge.

Auswahl und Anordnung des Sicherungsmaterials: Der Vorsteiger muß, nachdem er die Seillänge in Augenschein genommen hat, eine geeignete Materialauswahl treffen. Dabei sind folgende Überlegungen sinnvoll:

- Bieten sich Sicherungsmöglichkeiten im Fels? Welche Sicherungsmittel benötige ich dafür?
- Die Anzahl der benötigten Eisschrauben richtet sich nach der subjektiven Schwierigkeit des Geländes. Als Richtwert für eine volle Seillänge können ca. zehn Schrauben gelten.
- Das Material wird am Gurt oder an einer Materialschlinge günstigerweise auf der Seite der Arbeitshand angeordnet. Bandschlingen werden schräg über eine Schulter getragen – und zwar parallel und nicht kreuzweise.
- Die Entscheidung, ob ein Rucksack mitgeführt wird, richtet sich nach der Routenlänge. Verbandszeug und trockene Handschuhe sollten jedoch Standard sein.

TAKTIK WÄHREND DER KLETTEREI

Die Taktik während der Kletterei betrifft vor allem Überlegungen zur Routen- und Standplatzwahl, zur Risikoabschätzung bezüglich eines Sturzes, zum Anbringen von Zwischensicherungen und zur Seilführung am Körper.

Routen- und Standplatzwahl
Der Vorsteiger sollte seine Route nach Möglichkeit so wählen, daß er den Sicherer nicht durch Eisschlag gefährdet. Dies geschieht am besten dadurch, daß er vom Standplatz aus nicht direkt nach oben, sondern zunächst nach schräg oben klettert. Ist dies nicht möglich, so muß der Vorsteiger verstärkt darauf achten, daß er keine größeren Eisschollen absprengt. Ähnliche Überlegungen gelten für die Wahl des Standplatzes. Er sollte im Idealfall gegen Eisschlag von oben geschützt sein oder

wenigstens außerhalb des Eisschlages der nächsten Seillänge liegen. Außerdem wird man versuchen, natürliche Eisstrukturen als Standstufen auszunutzen und so einen maximalen Erholungseffekt zu gewährleisten.

Risikoabschätzung bezüglich eines Sturzes
Ein Sturz sollte grundsätzlich nur dann bewußt in Kauf genommen werden, wenn er kontrolliert erfolgen kann. Dies ist jedoch im Wassereis aufgrund der Gefahr, sich mit den Steigeisen im Eis zu verhängen, so gut wie nie möglich. Wegen des hohen Verletzungsrisikos ist daher auch der Könner bemüht, einen Sturz im Wassereis unter allen Umständen zu vermeiden. Dies bedeutet, daß man mit einer gewissen Sicherheitsreserve, d. h. unterhalb der absoluten Leistungsgrenze, klettern sollte. Anders kann es in Mixed-Routen aussehen. Solide Bohrhaken und kleine Hakenabstände erlauben es z. T., komplizierte Bewegungen an der Leistungsgrenze wie im Sportklettern auszubouldern und dabei auch Stürze in Kauf zu nehmen. Man sollte sich jedoch auch hier des durch Steigeisen und Eisgeräte erhöhten Verletzungsrisikos bewußt sein.

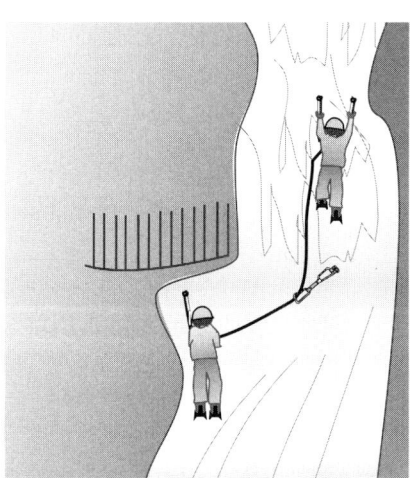

Idealer Standplatz und Routenführung

Anbringen von Zwischensicherungen

Leider läßt sich ein Sturz trotz guter Vorsätze nicht immer vermeiden. Ein schlecht plaziertes Eisgerät oder muskuläre Ermüdung können Gründe für einen Sturz sein, den man niemals bewußt in Kauf genommen hätte. Zwischensicherungen dienen in diesem Fall der Schadensbegrenzung. Dabei sollte man im Kopf haben, daß die Sturzhöhe etwa ein Drittel größer sein wird als der Abstand zur letzten Zwischensicherung. Seildehnung und dynamische Sicherung sind dafür verantwortlich. Die erste Zwischensicherung sollte recht bald nach dem Standplatz gesetzt werden, um die Möglichkeit eines Faktor-2-Sturzes zu beseitigen (doppelte Sturzhöhe gegenüber ausgegebener Seillänge). Ein derartiger Sturz stellt die größtmögliche Belastung der gesamten Sicherungskette dar und sollte unter allen Umständen vermieden werden. Auch im subjektiv einfachen Gelände sollte nicht vollständig auf Zwischensicherungen verzichtet werden. Dadurch hätte sich bereits manche tödlichen Unfälle vermeiden lassen. Andererseits gilt es jedoch auch, vor lauter Sichern das Klettern nicht zu vergessen. Man sollte sich angewöhnen, das Anbringen von Zwischensicherungen vorauszuplanen. Diese Antizipation kann von einer Zwischensicherung zur nächsten geschehen, darf jedoch die gesamte Seillänge und das zur Verfügung stehende Material nicht aus dem Auge lassen. Folgende Überlegungen spielen eine Rolle:
• Wo ermöglicht die Eisstruktur ein möglichst kraftsparendes Setzen einer Zwischensicherung? Diese Überlegung ist besonders dann von Bedeutung, wenn man bemüht ist, auch im Eis Rotpunkt unterwegs zu sein.
• Wo liegen besonders hohe Kletterschwierigkeiten? Vorher sollte eine Zwischensicherung untergebracht werden.
• Oft sind gerade die Ausstiege von Wasserfällen aufgrund einer Schneeauflage tückisch. Deshalb ist es ratsam, vor dem Ausstieg nochmals zwischenzusichern.

Bewertung und Wettkampf

Die Überschrift des Kapitels ist „Sportklettern im Eis". Versteht man Eisklettern als Sport, so wird der Leistungsvergleich zu einem unverzichtbaren Bestandteil. Analog zum Felsklettern sind dazu bestimmte Regeln notwendig, die Schwierigkeit verschiedener Routen muß durch ein Bewertungssystem vergleichbar sein, auch Wettkämpfe gehören dazu.

Ein objektiver Vergleich von Kletterleistungen ist beim Eisklettern noch schwieriger als beim Felsklettern. Zum einen liefert die verwendete Ausrüstung einen überproportionalen Beitrag zur Kletterleistung, zum anderen verändern wechselnde Eisverhältnisse die Schwierigkeiten einer Route laufend. Ein weitgehend objektiver Leistungsvergleich ist allein in Wettkämpfen möglich.

Ähnlich wie in den achtziger Jahren im Felsklettern entbrannte in den Neunzigern eine rege Diskussion über den hochwertigsten Begehungsstil einer Eisroute. Heute herrscht in diesem Punkt weitgehend Einigkeit. Man versucht, eine Route möglichst Rotpunkt zu klettern. Rotpunkt bedeutet analog zum Felsklettern, daß die Sicherungskette während der Begehung unbelastet bleibt. Alle Zwischensicherungen werden aus der Kletterstellung plaziert, d. h., man verzichtet auch beim Setzen von Eisschrauben darauf, das Körpergewicht von den Armen zu nehmen und mit einer Schlinge direkt auf ein Eisgerät zu übertragen.

WI 1	45–60 Grad steiles Kompakteis von guter Qualität.
WI 2	60–70 Grad steiles Kompakteis mit guten Sicherungsmöglichkeiten.
WI 3	70–80 Grad steiles Kompakteis, Steilaufschwünge wechseln mit guten Rastpunkten ab, an denen die Zwischensicherungen gesetzt werden können.
WI 4	Konstant 80 Grad mit senkrechten Passagen oder kleinen Säulen.
WI 5	Konstant 85 Grad mit längeren senkrechten Passagen.
WI 5	Andauernd senkrechtes Gelände in kompaktem Eis und an massiven Säulen.
WI 6	Andauernd senkrechtes Gelände, meist mit fragilem Röhreneis oder frei stehenden Säulen; dünne, 80–85 Grad steile Eisglasuren und senkrechte Kletterei an Eispilzen.
WI 6+	Andauernd senkrechtes bis leicht überhängendes Gelände, frei stehende bzw. frei hängende Eissäulen.
WI 7-	Frei stehende oder frei hängende Eissäulen oder kurze, aber extrem schwierige Einzelstellen an Eisüberhängen oder Säulen.
WI 7	Überhängendes Kompakteis, äußerst dünne, frei stehende bzw. frei hängende Eissäulen in Kombination mit überhängenden Eisbalkonen; 85–90 Grad steile Eisglasuren und Eispilze in überhängendem Gelände.

Übersicht: Bewertungsskala zum Wassereis (nach Zöbl 1999)

BEWERTUNGSSYSTEM

Neben dem Begehungsstil ist vor allem die klettertechnische Schwierigkeit der Maßstab, um Kletterleistungen indirekt zu vergleichen. Dazu hat sich auch im Eisklettern ein Bewertungssystem entwickelt. Dabei wird zunächst zwischen reinen Wassereisrouten (WI) und Mixed-Routen (M) unterschieden.

Wassereis (WI)
Aufgrund sich ändernder Verhältnisse ist die Einteilung von Wasserfällen in einzelne Grade besonders problematisch. Da sich erfahrungsgemäß Eisgebilde bis zum Grad 5 von Jahr zu Jahr ziemlich gleichförmig aufbauen, dürften sich die Abweichungen bis zu diesem Grad in Grenzen halten.

Mixed (M)
Die nach oben offene M-Bewertungsskala läßt sich aufgrund steigender Anforderungen an Kraft und Bewegungsrepertoire weitgehend durch einen Vergleich mit den entsprechenden Felsschwierigkeiten definieren. Die bis heute schwierigsten Mixed-Routen der Welt sind mit M 10 bewertet.
Die Bewertung gibt keine Auskunft über die Qualität der Absicherung und die damit verbundene psychische Anforderung einer Route.

WETTKÄMPFE

Dem Beispiel des Felskletterns folgend, hat sich in den letzten Jahren auch im Eisklettern ein Wettkampfzirkus entwickelt. Geklettert wird an künstlichen Eisformationen, meist an eisüberzogenen Stahlgerüsten. Am verbreitetsten sind zwei Wertungskriterien: (1.) Die Route muß „top" geklettert werden und (2.) die benötigte Anzahl von Schlägen mit den Eisgeräten.
Auch die ersten Wettkämpfe im „Eisbouldern" wurden bereits ausgetragen.

Mixed	USA	Frankreich	UIAA
M 1	1st – 3rd class		
M 2	4th class		
M 3	5.0 – 5.7	4 – 5a	IV – V
M 4	5.8 – 5.9	5b – 5c	VI– / VI
M 5	5.10	6a – 6b	VI+ / VII–
M 6	5.10+	6b+	VII / VII+
M 7	5.11	6b+ – 7a	VII+ / VIII
M 8	5.12	7a+ – 7b+	VIII+ – IX–
M 9	5.12 – 5.13	7c – 8a	IX / X–
M 10	5.13 – 5.14?	8a+ – 8b+	X / X+

Verschiedene Bewertungsskalen zum Mixed-Bereich

ALPINES EISKLETTERN

Alpines Eisklettern läßt sich vom Sportklettern im Eis nur bedingt aufgrund der Kletterschwierigkeit und der Art der Kletterei abgrenzen. So gibt es z. B. im Gebiet des Mont Blanc bereits Routen der Schwierigkeit M 7 und M 8 („Scotch on the rocks" von Steve Haston, „vol de nuit" von Robert Jasper). Der entscheidende Unterschied ist das alpine Umfeld, in dem man sich beim Eisklettern bewegt und von welchem für den Kletterer komplexere Anforderungen ausgehen können als beim Eis-Sportklettern. Diese Anforderungen sind denen des klassischen Felskletterns ähnlich: Zu- und Abstiege alpiner Routen sind oft komplizierter und langwieriger, die Route ist abgelegener und länger, die Kletterschwierigkeit inhomogener, aber andauernder.

Außerdem läßt sich alpines Eis auch hinsichtlich seiner Entstehung von Wassereis unterscheiden. Alpines Eis entsteht unter Einfluß der Schmelzumwandlung in einem längeren Prozeß aus Schnee: Schmelzwasser dringt in den Schnee ein und gefriert. Aus Eislinsen und Eiskernen entwickelt sich Firneis und schließlich Gletschereis.

Alpine Eisrouten stellen im Anforderungsprofil eine Kombination aus schwerer Hochtour und Eis-Sportklettern dar. Dies hat nur geringfügige Auswirkungen auf die notwendigen bewegungstechnischen Fertigkeiten und die Sicherungstechnik, verlangt jedoch ein größeres Repertoire an taktischen und kognitiven Fähigkeiten. Auch bezüglich der Ausrüstung muß der Kletterer auf die alpine Umgebung reagieren. In diesem Sinne liefert dieses Kapitel die nötigen Ergänzungen zum vorherigen.

Ausrüstung

Grundsätzlich kommt dieselbe Ausrüstung zum Einsatz, wie im Kapitel „Sportklettern im Eis" aufgeführt. Besonderheiten ergeben sich aus zwei Umständen:

1. Sowohl im Zu- und Abstieg als auch während der Kletterei hat man es oft mit Eis und Schnee unterschiedlicher Beschaffenheiten zu tun, und
2. man muß auf einen längeren Aufenthalt im Hochgebirge vorbereitet sein.

Bekleidung

Man sollte v .a. auf eine möglichst große Variabilität achten. Man muß damit rechnen, während einer Tour mit Temperaturschwankungen zwischen arktisch und karibisch konfrontiert zu sein, in der windstillen Wand zu schwitzen und am Gipfel im Sturm zu frieren. Das Zwiebelprinzip, Funktionsunterwäsche, evtl. eine Faserpelzschicht und eine Goretexschicht, empfiehlt sich daher auch hier.

Sturmhaube und warme Fäustlinge sollten auf alle Fälle mit dabeisein, bei starkem Wind ist zusätzlich eine Skibrille ratsam.

Schuhe: Die warme, trockene Variante eines Plastikbergschuhs sollte den leichteren, aber auch kältedurchlässigeren Lederbergschuhen vorgezogen werden. Falls bei winterlichen Verhältnissen für Zu- und Abstieg Ski zum Einsatz kommen und die technischen Schwierigkeiten nicht sehr groß sind, können Skitourenstiefel vorteilhaft sein. Wenn mit größerer Spurarbeit zu rechnen ist, sind Gamaschen ratsam, um die Füße trocken und damit warm zu halten.

Sicherungsmittel

Zusätzlich zu den Sicherungsmitteln, die in Wassereisrouten verwendet werden, können bei entsprechenden Verhältnissen ein oder zwei Firnanker ratsam sein.

Seile: Wegen der Möglichkeit eines schnelleren Rückzugs und eventuellen Vorteilen im Abstieg sind zwei Halbseile vorteilhafter als ein Einfachseil. Man sollte besonderen Wert darauf legen, 5–6 Bandschlingen einfacher und doppelter Schulterlänge mitzuführen. Damit können Zwischensicherungen entsprechend verlängert und Felsköpfe als Fixpunkte verwendet werden.

Hardware

Eisgeräte und Steigeisen: Welche Art von Eisgeräten und Steigeisen verwendet wird, hängt in erster Linie von den technischen Schwierigkeiten der beabsichtigten Route ab.

Für einen Großteil der klassischen Eistouren der Alpen (z. B. Ötztaler Alpen/ Wildspitze-Nordwand, Großglockner/ Pallavicini-Rinne) können die folgenden Empfehlungen gelten:

Eisgeräte: Geräte mit nicht zu stark gebogenem Schaft können in weichem Firn und tiefem Schnee besser verwendet werden als Stützpickel. Ein Gerät sollte mit einer Schaufel ausgestattet sein, um die Eisoberfläche vom Schnee zu befreien. Universalhauen sind vielseitiger verwendbar als Rohrhauen. Ein leichteres Eisgerät ist einem schwereren vorzuziehen.

Stollenbildung am Steigeisen

Steigeisen: Die Scherenbauweise hat gegenüber der Kastenbauweise vieler extremer Steigeisen die Vorteile der geringeren Stollenbildung und des geringeren Gewichts. Außerdem ist bei alpinen Routen dringend die Verwendung von Antistollplatten zu empfehlen, die die Stollenbildung wirksam eindämmen. Gerade im Abstieg birgt ein stollendes Steigeisen ein großes Unfallrisiko.

Sonstige Ausrüstung

Aufstiegshilfen: Die schneearmen Winter und warmen Sommer der letzten Jahre brachten es mit sich, daß viele klassische Eistouren üblicherweise nicht mehr im Sommer, sondern im Winter oder im Frühjahr geklettert werden. Für den Zu- und Abstieg kann man zu diesen Zeiten oftmals kaum auf Ski oder Schneeschuhe verzichten. Sollen die Aufstiegshilfen mit durch die Route genommen werden, bewähren sich Kurzski besonders gut.

Sonnenschutz: Im verschneiten Hochgebirge ist die UV-Strahlung besonders aggressiv. Daher darf man auf einen optimalen Sonnenschutz für Augen und Gesicht keinesfalls verzichten.

Erste-Hilfe-Paket: Man sollte sich bewußt sein, daß man auch in einem Notfall zunächst auf sich gestellt ist und nicht mit schneller Hilfe von außen rechnen kann. Biwaksack, Rettungsdecke und eine gutsortierte Bergapotheke gehören daher zur Standardausrüstung. Die Mitnahme von einem Handy oder Funkgerät vergrößert die Sicherheitsreserve beträchtlich und konnte schon manches Leben retten.

Lampe: Ist es wahrscheinlich, daß man Teile der Route bei Dunkelheit zurücklegen wird, muß jeder Kletterer eine Stirnlampe mit neuer Batterie dabeihaben.

Rucksack: Länge und Abgelegenheit alpiner Eisrouten machen es unabdingbar, mehr Ausrüstung mit in die Route zu nehmen als bei Wasserfällen. Daher wird üblicherweise mit Rucksack geklettert. Als Anhaltspunkt kann ein Rucksackvolumen von 25–40 l gelten. Jeder Ausrüstungsgegenstand sollte gut überlegt sein. Jedes überflüssige Kilo Gepäck macht eine Seilschaft unnötig langsam und erschwert die Kletterei.

Zusätzliche Ausrüstung einer alpinen Eistour

Bewegungstechnische Fertigkeiten

Die notwendigen bewegungstechnischen Fertigkeiten setzen sich aus den Fertigkeiten für die Hochtouren und für das Sportklettern im Eis zusammen.

Welche Fertigkeiten dabei von größerer Bedeutung sind, hängt zum einen von der Routenschwierigkeit, zum anderen von der Eisbeschaffenheit ab. Man kann es zu tun haben mit: Trittschnee, Firneis, weichem blauem Eis, hartem grauem bis schwarzem Eis, Mixed-Gelände.

Geländeform	Bewegungstechnik	Kapitel
Trittschnee	Gehen in Schnee	Hochtouren
Firn	Gehen im Firn	Hochtouren
	Variationen der Vertikalzackentechnik	
	Mischtechnik Frontal-/Vertikalzacken	Sportklettern im Eis
	Frontalzackentechnik mit Stützpickel	
	Frontalzackentechnik mit Kopfstützpickel	
Weiches, blaues	Variationen der Vertikalzackentechnik	Hochtouren
Eis	Frontalzackentechnik mit Schaftzugpickel	Sportklettern im
	Mischtechnik Frontal-/Vertikalzacken	Eis
Hartes, graues	Frontalzackentechnik mit Kopfstützpickel	
bis schwarzes Eis	Frontalzackentechnik mit Schaftzugpickel	
Mixed-Gelände	Elementare Felsklettertechniken	Hochtouren klassisches Fels- klettern
	Mixed-Techniken	Sportklettern im Eis

Übersicht: Geländeform, Bewegungstechnik, Kapitel im Buch

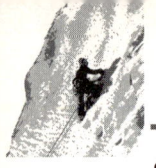

Sicherungstechnische Fertigkeiten

Die folgenden Formen ergänzen die Sicherheitstechnik der Hochtouren und des Sportkletterns im Eis.

Gleichzeitiges Klettern/ Seiltransport

Die Länge vieler alpiner Eisrouten und technische Schwierigkeiten, welche weit unter der persönlichen Leistungsgrenze liegen, können es sinnvoll erscheinen lassen, zumindest teilweise gleichzeitig zu klettern. Entschließt man sich dazu, gilt grundsätzlich die Empfehlung: Weg mit dem Seil! Das Seil ist in diesem Fall kein Sicherheitsfaktor, sondern ein Unsicherheitsfaktor: Die Seilpartner behindern sich gegenseitig im Kletterfluß, im Fall eines Sturzes bezah-

len alle für den Fehler eines einzelnen. Man sollte sich keinesfalls vom Beispiel professioneller Bergführer anleiten lassen, welche in Firnflanken einen oder zwei Gäste am kurzen Seil führen. Bergführer sind in dieser Technik speziell geschult. Durch viele Sturz- und Halteversuche kennen sie die Möglichkeiten und Grenzen dieser Führungsmethode. Für alle anderen sollte im

Aufgenommenes und abgebundenes Seil

Absturzgelände der Grundsatz gelten:
Wenn angeseilt wird, dann wird auch
gesichert. Auf das rein psychische
Sicherheitsgefühl, welches das Seil ver-
mittelt, verzichtet man besser.
Nur im Nicht-Absturzgelände ist der
Seiltransport als zeitsparende Methode
ratsam. Dazu nehmen beide Seilpartner
jeweils knapp die Hälfte des Seils über
die Schulter auf. Das Seilbündel wird
dann im Anseilpunkt abgebunden.

Spezielle Fixpunkte

Zusätzlich zu den im Wassereis verwen-
deten Fixpunkten lassen sich für alpine
Eisrouten noch drei weitere Arten von
Fixpunkten empfehlen. Sie können
weiterhelfen, wenn man weder solides
Eis noch Fixpunktmöglichkeiten im Fels
vorfindet.

T-Anker

Der T-Anker kann in Firn und Schneeauflage nützlich sein. Man kann ihn
zum Nachsichern oder Ablassen eines
Seilpartners oder als Abseilpunkt verwenden. Je kompakter und verdichteter
die Schneeauflage ist, desto größer ist
die Haltekraft eines T-Ankers.

Tips für die Praxis:
- *Die Bandschlinge muß durch eine
  Rinne laufen, damit sie auf den Anker
  eine Belastung nach unten und nicht
  nach oben überträgt;*
- *als Fixpunkte zum Abseilen können
  z. B. auch Steine als T-Anker verwendet
  werden.*

Kombinierte Rammpickel-Körpersicherung

Halteversuche haben gezeigt, daß allein
der Rammpickel keine ausreichende

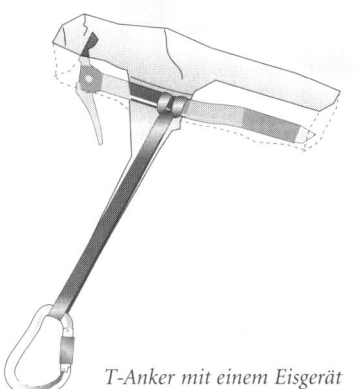

T-Anker mit einem Eisgerät

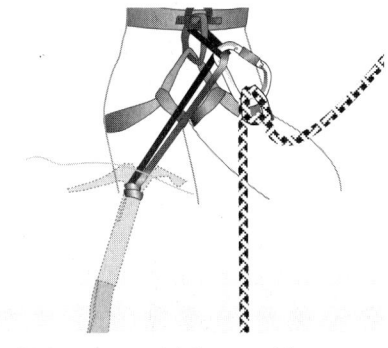

Kombinierte Rammpickel-Körpersicherung

Haltekraft aufweist. Um einen Gefährten nachzusichern oder abzulassen, ist
es wesentlich günstiger, den Rammpickel in Verbindung mit der Körpersicherung zu verwenden.

• Die Schneeauflage wird möglichst gut
  verdichtet;
• etwa 0,75 m vom Anseilknoten entfernt wird ein Mastwurf um den
  Schaft des Eisgeräts gelegt;
• das Eisgerät wird mit dem Schaft vollständig eingerammt und mit dem
  Körpergewicht hintersichert – es ist
  darauf zu achten, daß der Stützfuß
  einen guten Halt hat;
• die HMS-Sicherung wird in die Seil-
  schlaufe zwischen Anseilpunkt und
  Pickel eingehängt. Die Kraft verteilt
  sich so auf Pickel und Sichernden.

Eisbirne

Bei schlechter Eisqualität bietet sich die
Eisbirne als sicherere, wenn auch ar-
beitsaufwendigere Alternative zur Eis-
sanduhr oder lösbaren Schraube an. Sie
dient vorwiegend als Fixpunkt zum
Abseilen.

• Ein Eispoller in Form einer Birne wird
  aus dem Eis gehackt. Es ist darauf zu
  achten, daß sich das Seil nicht abstrei-
  fen kann.

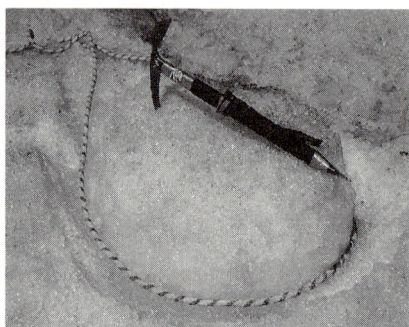

Eisbirne

Taktik und kognitive Fähigkeiten

Die komplexen Anforderungen alpiner Eisrouten fordern den Kletterer v. a. im taktischen und kognitiven Bereich. Es sind spezielle Fähigkeiten notwendig, um in den Phasen Tourenplanung, beim Zustieg und während der Kletterei die richtigen Entscheidungen zu treffen. In allen drei Phasen einer Tour macht es das alpine Umfeld mit seinen komplexen Gefahren schwieriger, die notwendigen Informationen aufzunehmen und zu interpretieren, als man es vom Wassereisklettern gewohnt ist.

Hochalpines Gelände mit Eisroute und Gefahrenstellen

Spezielle Risikofaktoren
Im Vergleich zu vielen Wassereisrouten kommen in alpinen Eisrouten weitere Gefahren hinzu, mit denen sich der Kletterer konfrontiert sieht. Außerdem sind die möglichen Auswirkungen dieser Gefahren im alpinen Gelände oft noch ernster als in Eis-Sportkletterrouten. Die betreffenden Gefahren lassen sich in die Kategorien „Risikofaktor alpines Umfeld" und „Risikofaktor Mensch" einteilen (siehe Kapitel „Bergsport ist Risikosport").

Risikofaktor alpines Umfeld (objektive Gefahren)
Lawinen: Die mögliche Gefährdung durch Lawinen betrifft sowohl den Zu- und Abstieg als auch die Kletterroute selbst. Lawinen können den Eiskletterer

in Form von Schneebrettern, Locker-schneerutschen und Eislawinen bedrohen. Lawinengefahr muß nicht nur die Wintermonate betreffen, sondern kann auch in den Sommermonaten auftreten. Besonders kritisch kann der Abstieg sein. Findet er erst spät am Tag statt, so läßt die Tageserwärmung die Gefahr von Naßschneelawinen anwachsen. Die Tourenplanung ist darauf auszurichten.

Steinschlag: Im letzten Jahrzehnt apern viele Eisrouten im Sommer fast vollständig aus: Unter dem Eis kommt loses Gestein zum Vorschein. Begeht man daher eine Route zu spät im Jahr, begibt man sich in erhöhte Steinschlaggefahr. Außerdem nimmt die Gefährdung durch Steinschlag aus felsigen Bereichen mit der Tageserwärmung zu.

Spaltensturz: Zu- und Abstiege alpiner Eisrouten führen größtenteils über Gletscher. Neuschnee, besonders wenn er mit Windeinwirkung gefallen ist, verdeckt offene Spalten. Nachmittags sind Brücken oft durchnäßt und damit labil. Daher sollte man spaltige Gletscherzonen bei derartigen Verhältnissen grundsätzlich angeseilt begehen. Der Spaltensturz im Zu- und Abstieg ist die größte Gefahr des Alleingängers.

Wettererscheinungen: Kälte und Nässe, besonders in dieser Kombination, kühlen den inaktiven Körper in kürzester Zeit aus. Damit werden sie bei überraschenden Schlechtwettereinbrüchen, Unfällen oder Notbiwaks zur ernsten Gefahr. Schneefall und Nebel machen die Orientierung schwierig und langwierig. Ein eigentlich einfacher Abstieg kann zur Schlüsselstelle der gesamten Tour werden. Neuschneeauflage steigert die Schwierigkeit von Felspassagen erheblich. Gewitter gehören besonders in den Sommermonaten zum Alltag. Sie lassen sich bei Unternehmungen im Eis durch eine geeignete Zeitplanung gut vermeiden. Gelingt dies nicht, so bringen Blitzschlag gepaart mit den bereits genannten Wettererscheinungen den Kletterer schnell in große Probleme.

Höhe: In vielen Eisrouten der Westalpen bewegt man sich oberhalb von 3500 m, einer Höhe, welche alle Arten von Höhenkomplikationen im Organismus hervorrufen kann. Wird man in schlecht akklimatisiertem Zustand auf dieser Höhe unfreiwillig etwa durch ein Notbiwak festgehalten, so erhöht sich diese Gefahr beträchtlich.

Wächtenbruch: Abstiege führen oft über Grate, die besonders in den Wintermonaten meterweit überwächtet sein können. Es ist nicht leicht zu erkennen, bis wohin das sichere Terrain reicht.

Dunkelheit: Überraschend einbrechende Dunkelheit ist neben den Wettererscheinungen Schneefall und Nebel die bedeutendste Ursache für eine unerwartete Vergrößerung der Schwierigkeiten in der Route und im Abstieg.

Risikofaktor Mensch

Oft werden die genannten natürlichen Gefahren erst zur Unfallursache, wenn sie gepaart mit Mängeln des Kletterers auftreten. Diese Mängel können im technischen, konditionellen, Erfahrungs-, im taktischen und psychischen Bereich liegen.

Fehlendes technisches Können: Je länger eine alpine Eistour ist, desto weiter sollten die klettertechnischen Schwierigkeiten unter dem persönlichen Grenzbereich liegen. Die technische Schwierigkeit, welche in Einseillängen-

routen im Wassereis bewältigt wird, läßt sich nicht einfach auf alpine Eisrouten übertragen.

Konditionelle Defizite: Die meisten alpinen Eisrouten sind mit Zu- und Abstieg sehr lange Unternehmungen. Daher fordern sie den Kletterer im konditionellen Bereich anders als die meisten Wassereisrouten. Es kommt vor allem auf eine bestens trainierte Langzeitausdauer bei Belastungen über 6 Stunden an.

Erfahrungsdefizite: Hauptrisikofaktor von Einsteigern in das alpine Eisklettern über das Wasserfallklettern. Theoretisches Wissen, technisches Können und konditionelle Fitneß ersetzen die Erfahrung nicht. Erst über Jahre hinweg gesammelte Erfahrung ermöglicht das rechtzeitige Erkennen und Vermeiden der genannten Gefahren. Mangelnde Erfahrung läßt sich nur durch eine entsprechend defensive Annäherung an Schwierigkeit und Risiko ersetzen.

Taktisches und psychisches Fehlverhalten: Als Folge der genannten Risikofaktoren ergeben sich oft psychisch bedingte Fehlentscheidungen, die erst den Anfang einer längeren Fehlerkette bilden. Beispiel: Wegen mangelnder Erfahrung fällt mir bei Dunkelheit die Orientierung und das Klettern schwer. Daher beschließe ich, erst bei Helligkeit zu starten. Wegen des späten Starts muß ich beim Abstieg einen durchweichten Steilhang queren. Der soeben genossene „Gipfelsieg" gibt mir ohnehin ein Gefühl der Unverwundbarkeit. Plötzlich befinde ich mich in „unvermeidbarer" Lawinengefahr!

TOURENPLANUNG

Oft werden schon zu Hause bei der Tourenplanung die Fehler gemacht, durch die man später während der Tour in Schwierigkeiten gerät. Es gilt, ein geeignetes Tourengebiet und Tourenziel auszuwählen, einen vernünftigen Zeitplan zu erstellen und einige besondere taktische Überlegungen anzustellen.

Tourenziel und Tourengebiet

Die wichtigsten Kriterien für ein geeignetes Tourenziel sind die Anforderungen und klettertechnische Schwierigkeit, die Jahreszeit und die zu erwartende Wetter- undLawinensituation.

Anforderungen und klettertechnische Schwierigkeit: Veröffentlichungen alpiner Eisrouten weisen oft neben der klettertechnischen Schwierigkeitsbewertung (WI bzw. M, siehe Kapitel „Sportklettern im Eis", „Bewertung und Wettkampf", Seite 205) eine Bewertung der Gesamtanforderung einer Route auf. In diese Bewertung fließen z. B. ein: Routenlänge, Abgelegenheit, Schwierigkeiten von Zu- und Abstieg, Anzahl der schwierigen Seillängen, Menge des in der Route vorzufindenden Materials, die Schwierigkeit, Sicherungen anzubringen, objektive Gefahren, die Möglichkeit des Rückzugs usw. Das Bewertungssystem ist weltweit leider nicht

---

Übersicht: Schwierigkeitsgrade und Beurteilung

I   kurze Route, wenig fordernd, leichter Abstieg

II   längere Route, mit wenigen naturgegebenen Gefahren und leichtem Abstieg

III   lange Route, heikler Abstieg, möglicherweise objektive Gefahren

IV   großzügige Route, welche große alpinistische Erfahrung fordert. Objektive Gefahren. Man kann einen langen Zustieg und einen schwierigen Abstieg erwarten.

V   lange Route in einer großen Wand, heikel und andauernd fordernd, die Seilschaft muß sich auf einem sehr hohen Könnensniveau befinden – auch was die Routenfindung und das Finden von Sicherungsmöglichkeiten betrifft. Viele anhaltend schwierige Seillängen, schwieriger Rückzug, langer und komplizierter Abstieg

VI   Route in einer großen Wand, die nur von den Besten an einem Tag durchstiegen werden kann. Die Route besteht praktisch nur aus anhaltend schwierigen Seillängen. Die Bedingungen sind selten gut, die Routenfindung ist kompliziert, die Absicherung schwierig. Ein Rückzug ist kaum möglich, der Abstieg ist lang und kompliziert, die Route möglicherweise stark objektiven Gefahren ausgesetzt.

VII Steigerung des Schwierigkeitsgrades VI in allen Belangen. Dieser Grad bleibt den schwierigsten Unternehmungen an den höchsten Bergen der Welt vorbehalten.

einheitlich. Üblich sind aber Schwierigkeitsgrade von römisch I–VII.

Jahreszeit: Die Verhältnisse und Gefahren alpiner Eisrouten variieren stark mit der Jahreszeit. Viele Eisklassiker, die noch vor zwanzig Jahren üblicherweise im Sommer begangen wurden, sind mittlerweile aufgrund der starken Ausaperung nur noch während der Wintersaison üblich. Man sollte sich aber bewußt sein, daß man im Hochwinter mit den kältesten Temperaturen und den kürzesten Tagen rechnen muß. In dieser Beziehung bietet der Spätwinter Vorteile.

Wetter- und Lawinensituation:
Die zu erwartende Wetter- und Lawinensituation sind entscheidende Einflußgrößen für die Wahl des Tourenziels. Besonders bei langen, ernsten Unternehmungen sollte die Wettervorhersage Luft für etwaige Verzögerungen in der Route lassen. Bei unsicherer Informationslage sollte man sich weniger anspruchsvolle Ausweichziele zurechtlegen.

Informationsquellen

Neben umfangreicher Bergführerliteratur und Veröffentlichungen in Fachmagazinen stehen folgende Informationsquellen zur Verfügung: Telefonische, persönliche Wetterberatung, Lawinenlageberichte, lokale Auskunftsstellen (Bergführerbüros, evtl. Hüttenwirte), Internetseiten von Wetterdiensten, Lawinenwarnzentralen, alpine Vereine. Eine aktuelle Übersicht findet sich im Anhang.

Zeitliche Planung

Die zeitliche Planung alpiner Eisrouten ist noch wichtiger, aber auch schwieriger als bei Wassereisrouten. Zustieg, Kletterroute und Abstieg sind dabei getrennt zu betrachten. Folgende Überlegungen sollten in einen Zeitplan eingehen:
• In Führern angegebene Zeiten sind generell für gute Verhältnisse und zügige Seilschaften kalkuliert. Daher sollte man eventuell einen Zeitaufschlag einrechnen;
• Neuschnee wirkt sich stark verzögernd auf den Zustieg aus;
• bei komplizierten Abstiegen sollte eine besonders große Zeitreserve zur Dunkelheit einkalkuliert werden. Falls der Abstieg durch die Tageserwärmung lawinengefährdet wird, ist ein besonders früher Start wichtig.

Besondere taktische Überlegungen

Ausrüstung: Es kommt darauf an, alles Notwendige, aber nichts Überflüssiges dabeizuhaben. Man muß sich bewußt sein, daß jedes überflüssige Kilo die klettertechnische Schwierigkeit steigert, Kraft und Zeit kostet. Daher sollte man sich angewöhnen, wirklich jeden Ausrüstungsgegenstand in die Waagschale zu werfen.

Logistik: Die Anreise, mögliche Stützpunkte im Tal, im Zu- und Abstieg sowie die Verpflegung während der Tour müssen geplant werden. Ist die vorgesehene Hütte bewirtschaftet, oder muß man sich auf Selbstversorgung einstellen? Wenn keine geeignete Hütte zur Verfügung steht, muß man auf ein geplantes Biwak eingerichtet sein.

Entscheidend ist auch die Frage nach der Verpflegung. Je nach Trainingszustand, Höhenlage und Vorermüdung muß man mit einem Flüssigkeitsbedarf von 2–5 l pro Tag und Person kalkulieren. Flüssigkeitsmangel mindert die Leistungsfähigkeit erheblich. Daher kann unter Umständen die Mitnahme eines Kochers zum Schneeschmelzen erforderlich sein. Als Verpflegung während der Kletterei eignen sich besonders Energieriegel, Schokolade und Trockenobst.

Akklimatisierung: Plant man eine Tour in Höhen über 3500 m, so ist es wichtig, sich vorher vernünftig zu akklimatisieren. Das kann z. B. dadurch geschehen, daß man eine kürzere, einfachere Route im selben Höhenbereich vorschiebt, um dann nach einem Ruhetag im Tal zur eigentlich geplanten Unternehmung aufzubrechen.

Taktik vor Ort und beim Zustieg: Im Tourengebiet, beim Hüttenaufstieg und beim Zustieg werden die Vorannahmen der Tourenplanung laufend überprüft und evtl. korrigiert. Ist für den Morgen ein Start bei Dunkelheit geplant, so ist es besonders wichtig, daß man sich schon am Vortag markante Orientierungspunkte einprägt, die auch mit der Stirnlampe erkannt werden können und so ein Auffinden des Zustiegs und der Route bei Dunkelheit ermöglichen. Rucksack und Material werden bereits am Vorabend gerichtet, um den morgendlichen Start nicht zu verzögern.

Taktik während der Kletterei: Die beste Tourenplanung läßt sich nur dann realisieren, wenn auch während der Kletterei

bestimmte taktische Grundsätze beachtet werden.

Orientierung in der Wand: Die Orientierung in der Wand kann während der Kletterei viel Zeit kosten oder sparen. Sie wird durch eine gute, griffbereite Routenskizze erheblich erleichtert. Man sollte fortlaufend wissen, in welchem Abschnitt der Route man sich gerade befindet. Dadurch lassen sich zeitaufwendige Verhauer weitgehend vermeiden. Während der Seilzweite nachsteigt, orientiert sich der Seilerste bereits über den Weiterweg und das dazu benötigte Material. Neben der räumlichen Orientierung darf man auch die zeitliche Orientierung nicht aus den Augen lassen. Dazu vergleicht man den tatsächlichen Tourenverlauf ständig mit dem Zeitplan. Auf gröbere Abweichungen sollte man entsprechend reagieren: Eventuell ist ein Rückzug sinnvoll, vielleicht läßt sich aus der Route ausqueren. Läßt sich die Dunkelheit nicht mehr vermeiden, so sollte man frühzeitig ein Biwak in Betracht ziehen und einen dafür günstigen Platz suchen. Ein günstiger Biwakplatz sollte in erster Linie sicher vor objektiven Gefahren und erst in zweiter Linie möglichst bequem sein.

Nahrungsaufnahme: Je länger die Unternehmung ist, desto wichtiger ist es, regelmäßig auch während der Kletterei Nahrung zu sich zu nehmen. Die Nahrungsaufnahme soll einerseits den Wasser- und Elektrolyt-Haushalt des Organismus in einem funktionsfähigen Bereich halten, andererseits die Energieversorgung sicherstellen. Wird die Nahrungsaufnahme vernachlässigt, so sind erhebliche Leistungsverluste unvermeidlich. Diese Leistungsverluste betreffen sowohl koordinative, wie auch konditionelle Fähigkeiten und bedeuten ein großes Sicherheitsrisiko. Um dies zu vermeiden, empfiehlt es sich, in einem Abstand von 1,5–2 h Nahrung in fester und flüssiger Form nachzuführen. Am zeitsparendsten geschieht dies während der Sicherungsarbeit am Standplatz.

BERGRETTUNG

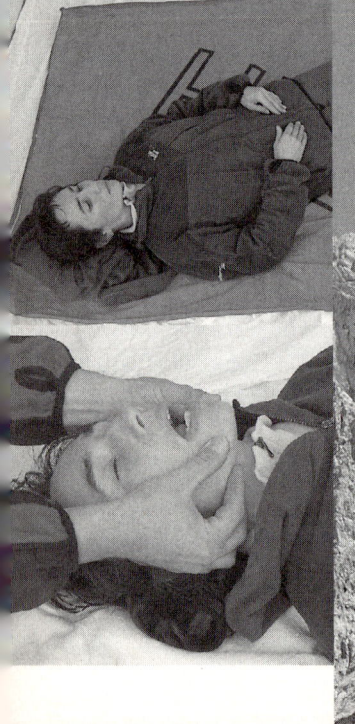

Im Falle des Falles

Trotz aller Kenntnisse und Erfahrungen kann jedem Bergsteiger und Kletterer ein Unfall passieren. Angemessenes Verhalten vor, während und nach einem Unglück kann verhindern, daß ein vielleicht harmloses Ereignis zu einer Katastrophe wird. Vorbeugende Maßnahmen sind fundierte Kenntnisse und Erfahrungen in den Bereichen Ausrüstung, bewegungstechnische und sicherungstechnische Fertigkeiten sowie Taktik und kognitive Fähigkeiten in der jeweiligen Disziplin. Setzt man diese Kenntnisse durch eine systematische Entscheidungsfindung auch in die Praxis um, so werden viele Unfälle gar nicht erst entstehen.

Vorausschauen

Jede schwierige, unvorhergesehene Lage läßt sich leichter meistern, wenn die Situation in Gedanken schon einmal durchgespielt wurde. Ein solches Vorausschauen verhilft im Falle der konkreten Gefahr zu angemessenem Verhalten. Man kann es z. B. schulen, indem man sich während einer Tour immer wieder Fragen stellt, die gedanklich zu lösen sind. Solche Fragen können etwa lauten:

- Was tue ich, wenn plötzlich eine Steinlawine herunterkommt?
- Wie verhalte ich mich, wenn ich auf diesem Schneefeld ausrutsche?
- Wo wäre hier in der Nähe der nächste, sichere Platz bei einem hereinbrechenden Unwetter?

Verhalten nach einem Unfall

Das oberste Gebot im Falle eines Unfalls lautet: Ruhe bewahren und nicht die Nerven verlieren! Genaue Überlegung und sicheres Handeln entscheiden nach einem Unfall oft über Leben und Tod eines Verletzten. Folgende Punkte müssen nacheinander bedacht werden:

- Kann die verletzte Person an der Unfallstelle versorgt werden? Oder muß sie evtl. sofort an einen sicheren Platz gebracht werden, wo sie und auch der Retter vor Steinschlag,

Wasser, Gewitter oder Lawinen geschützt sind?
- Besteht ein lebensbedrohlicher Zustand? Z. B. Bewußtlosigkeit, Atemstillstand, Herz-Kreislauf-Stillstand, Schock durch starken Blutverlust. Dann müssen umgehend lebensrettende Maßnahmen eingeleitet werden (siehe Erste Hilfe).
- Wie macht man sich an Ort und Stelle bemerkbar? In belebten Gegenden gibt man das alpine Notsignal, das auf der Rückseite eines jeden Alpenverein-Ausweises beschrieben ist. Ein Handy oder ein Funkgerät sind der sicherste Weg zu schneller Hilfe – sofern diese in den Bergen funktionieren.

Alpines Notsignal

Innerhalb einer Minute sechsmal in regelmäßigen Abständen ein hörbares oder sichtbares Zeichen geben – Pause von einer Minute – Zeichengeben wiederholen, bis Antwort erfolgt.

Antwort der Bergrettung: Innerhalb einer Minute wird dreimal ein Zeichen gegeben.

- Hilfe holen! Hat man keinen Empfang und bekommt man keine Antwort auf das alpine Notsignal, dann muß Hilfe geholt werden. Grundsätzlich gilt, daß ein Verletzter niemals alleine bleiben soll. Dies trifft besonders dann zu, wenn er ohne Bewußtsein ist. Ist man mit dem Verletzten allein, so ist es meist besser, an Ort und Stelle zu bleiben (evtl. Biwak). Hat man vor der Tour Angaben über die Tourenwahl, zum Ziel und zum Zeitplan hinterlassen, so kann man darauf hoffen, daß am richtigen Ort bald nach den Vermißten gesucht wird. Sind mehrere Helfer vor Ort, muß abhängig von der Leistungsfähigkeit der einzelnen entschieden werden, wer absteigt, um Hilfe zu holen. Man sollte immer daran denken, daß das Leben des Verunglückten vom sicheren Erreichen der nächsten Meldestelle abhängen kann. Doppelt vorsichtiges Absteigen ist deshalb oberstes Gebot. Die Meldung sollte bereits am Unfallort schriftlich abgefaßt werden. Es ist schon oft passiert, daß der Übermittler der Nachricht noch so verwirrt war, daß er keine genauen Angaben mehr machen konnte.

• Wo liegt die nächste Unfallmeldestelle? Die Meldung eines Bergunfalls, der eine Rettung notwendig macht, kann persönlich, per Handy oder Telefon an folgende Stellen geschehen: gekennzeichneten Unfallmeldestellen (Hütten, Gasthäuser, Liftstationen, etc.), Polizei-, Gendarmerie- oder Zollwachen sowie Bergrettungsstellen und Rettungsleitstellen.

• Wie lautet der Inhalt der Unfallmeldung? Vor der Meldung eines Unfalls sollte man sich über den Inhalt im klaren sein, um diesen dann in folgender Form abgeben zu können:

– Wer meldet? – Personalien angeben.

– Von wo? – Standort des Meldenden angeben.

– Was ist geschehen? – Kurze Beschreibung, Anzahl der Verletzten, Art der Verletzung.

– Wann ist es geschehen? – Uhrzeit des Unfalls.

– Wo ist es geschehen? – Genaue Ortsbezeichnung, nach Möglichkeit UTM-Koordinaten.

– Wetter im Unfallgebiet – klarer oder bedeckter Himmel? Wolkenuntergrenze? Sichtweite?

Rettung aus der Luft

Aufgrund des Inhalts der Meldung wird entschieden, ob eine Rettung aus der Luft oder durch ein Rettungsteam auf dem Landweg erfolgt. Die folgenden Verletzungen bzw. Umstände machen eine Rettung aus der Luft erforderlich.

Höchste Dringlichkeit: Bewußtloser oder bewußtseinsgetrübter Verunglückter durch Schock (bei schweren Verletzungen wie Mehrfachverletzungen, Brustkorbverletzungen, inneren Blutungen, Knochenbrüchen usw.), Schädel-Hirn-Trauma, Höhenhirnödem und Höhenlungenödem, allgemeine Unterkühlung, Hitzschlag, Kreislaufschock durch Herzinfarkt oder freies Hängen im Seil.

Hohe Dringlichkeit: Verletzte mit drohendem Blutungsschock (z. B. bei Oberschenkelbruch, offenen Verletzungen mit starker Blutung), Wirbelsäulenverletzungen mit und ohne Querschnittsymptomatik, ausgedehnte örtliche Erfrierungen, schwerer Erschöpfungszustand und andere schwere Erkrankungen.

Niedrige Dringlichkeit: Leichtverletzte (z. B. Unterschenkelbruch, Verrenkung eines großen Gelenks, größere oberflächliche Wunden), für die ein Hubschraubertransport nicht zwingend erforderlich wäre, aber empfehlenswert ist, weil ein herkömmlicher Abtransport für sie eine besondere Härte bedeuten würde, und Erkrankungen, die das Gehen einschränken.

Hubschraubertransport aufgrund äußerer Bedingungen: z. B. bei Lawinengefahr oder wenn Zugangswege unpassierbar sind.

Grundregeln für Rettung aus der Luft

Signale für den Rettungshubschrauber: Die in der Luftfahrt üblichen Signale und deren Bedeutung gelten auch für Bergsteiger, die in Kontakt mit Rettungshubschraubern treten wollen. Vor einer Landung sind lose Gegenstände (Rucksäcke, Bekleidung, Biwaksäcke etc.) vom Landeplatz zu entfernen.

Signale für die Hubschrauberrettung

Behelfsmäßige Bergrettung

Trotz Handys, Funkgeräten und allen anderen Errungenschaften der Zivilisation im Gebirge kann man sich im Fall eines Unglücks keinesfalls auf Hilfe von außen verlassen. Jeder Bergsportler, der sich abseits ausgetretener Pfade bewegt, muß in der Lage sein, sich oder seinen verunglückten Partner selbst zu retten. Dazu stehen für fast jede alpine Unglückssituation behelfsmäßige Rettungsmethoden zur Verfügung. Auf besondere disziplinspezifische Methoden wurde bereits in den jeweiligen Kapiteln eingegangen. An dieser Stelle werden allgemeine Möglichkeiten vorgestellt, mit denen ein Verletzter im absturzsicheren Gelände transportiert werden kann. In diese Situation können vom Sportkletterer bis zum Hochtourengeher alle Bergsportler kommen. Ist ein Verletzter nicht gehfähig (z. B. gebrochener Fuß), ansonsten aber in gutem Zustand und ist die Entfernung zur nächsten Hütte oder zum nächsten Talort nicht allzu groß, dann kann er von seinem Gefährten transportiert werden. Ein solcher Transport ist auch dann notwendig, wenn die Möglichkeit eines Hubschraubereinsatzes nicht gegeben ist.

Seilsitz
Materialien: ein Seil, Dreieckstuch, Bandschlinge o. ä.
- Das Seil wird in gleichmäßigen Schlingen aufgenommen (Länge ca. 60 cm);
- die Seilringe werden in zwei Hälften geteilt und mit einem Taschentuch, Dreieckstuch, Bandschlinge etc. zusammengebunden;

Rucksacksitz mit einem Helfer

Seilsitz

Rucksacksitz mit zwei Helfern

• dem Verletzten werden die Seilringe über die Oberschenkel gelegt;
• der Retter nimmt das Seil wie Rucksackgurte über die Schultern auf;
• beim Transport muß der Verletzte mit einer zusätzlichen Schlinge fixiert oder mit der Hand gehalten werden.

Rucksacksitz
Mit einem oder mit zwei Helfern.

Seiltrage
Ist es notwendig, einen Verletzten liegend abzutransportieren, dann sind seine Verletzungen meist schlimmerer Art. Hier empfiehlt es sich grundsätzlich, die Bergrettung zu verständigen, um einen organisierten Abtransport bewerkstelligen zu lassen. Ist dies nicht möglich, so muß eine behelfsmäßige Seiltrage gebaut werden.

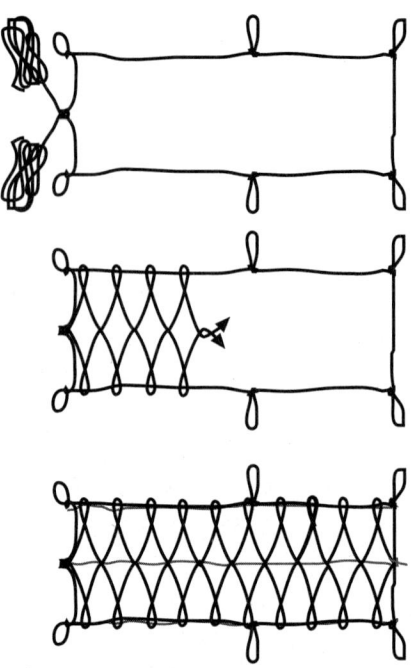

Seiltrage

Seiltrage
Materialien: ein Bergseil, ein Biwaksack; Reepschnüre und Rucksäcke.
• Auf Höhe der Füße, des Körperschwerpunkts und des Kopfes werden je zwei Achterknoten zu Tragschlingen geknüpft (siehe Abbildung). Der Abstand der gegenüberliegenden Knoten beträgt knapp eine Körperbreite. Ein weiterer Knoten beschließt diesen Rahmen;
• in diesen Rahmen wird mit dem restlichen Seil ein Geflecht geschlungen. Dieses Geflecht wird mit zwei Knoten an den oberen Achterknoten abgebunden;
• die Schlingenkreuzungen werden einschließlich der Tragschlaufen mit den Reepschnüren verknotet;

• der Verletzte wird dann in einen Biwaksack gepackt, auf die Trage gelegt und mit dem Restseil befestigt. Ein Rucksack kann als Kopfstütze, ein anderer als Kniepolster Verwendung finden. Beide Rucksäcke müssen fest auf die Seiltrage gebunden werden.

Biwaksackverschnürung
Diese Möglichkeit des Abtransportes läßt sich nur im Schnee durchführen: Auf den ausgebreiteten Biwaksack werden möglichst viele weiche Gegenstände als Polster für den Verletzten gelegt. Den Verletzten legt man diagonal auf den Biwaksack und schlägt die überste-

henden Seiten über ihn. Zur Verschnü-
rung bindet man Schneebälle oder Steine mit ein. Zum Ziehen oder Bremsen
bindet man weitere Schnüre ein.

Vorbereitung Biwaksackverschnürung: diagonal auf dem Biwaksack

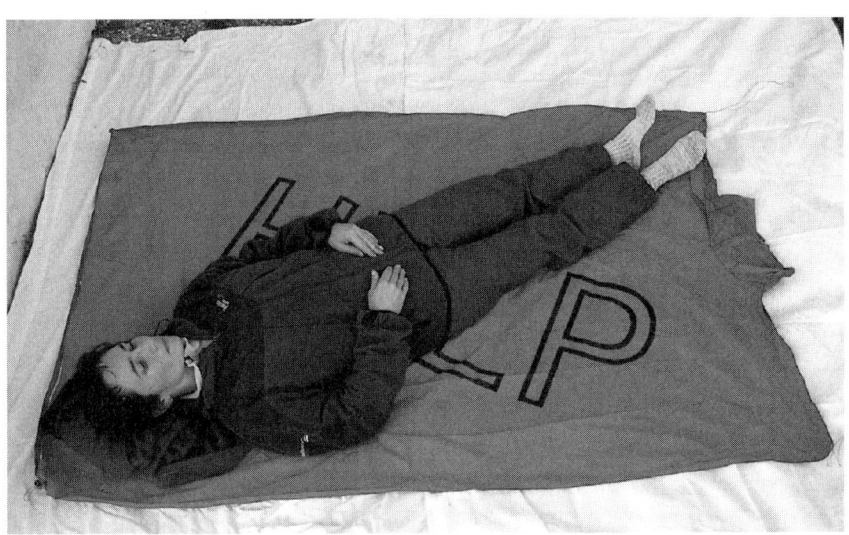

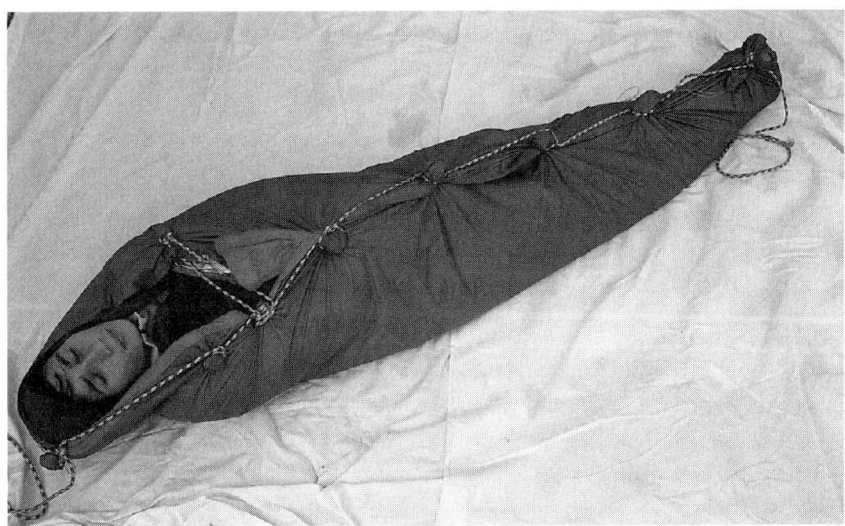

Biwaksackverschnürung

Erste Hilfe

Jeder Bergsportler sollte im eigenen Interesse als Ersthelfer ausgebildet sein. Die Ersthilfe bei einem Unfall im Gebirge ist besonders wichtig, dauert es doch oft Stunden, bis eine ärztliche Versorgung möglich ist. Die folgenden Seiten sollen der Auffrischung und Ergänzung der eigenen Kenntnisse der Ersten Hilfe im Gebirge dienen. Sie können die von verschiedenen Institutionen (Rotes Kreuz, Volkshochschulen usw.) angebotenen praktischen Kurse allerdings nicht ersetzen.

Ausrüstung

Um bei einer Verletzung erfolgreich helfen zu können, benötigt jeder Bergsteiger und Kletterer eine Grundausstattung medizinischer Hilfsmittel (Bergapotheke). Dies gilt für den sonnigen Klettergarten genauso wie für die abgelegene Skitour.
Tagestouren: 2 elastische Binden verschiedener Breite, 2 Verbandspäckchen (steril verpackt), sterile Wundauflagen (Kompressen), Tape (Leukoplast), Schnellverband (Pflaster), 1 Dreieckstuch, Schmerzmittel (z. B. Wirkstoff Diclofenac zum Auflösen), 1 Alu-Rettungsfolie, Einmalhandschuhe.
Mehrtägige Touren zusätzlich: Salbe gegen Verbrennungen (auch Sonnenbrand), Medikament gegen Durchfall (Wirkstoff Loperamid), Augentropfen gegen Bindehautentzündung, Kopfschmerztabletten gegen leichte Höhenbeschwerden (Aspirin, Vorsicht bei Verletzungen wegen Blutungsneigung).

Maßnahmen der Ersten Hilfe

Im Falle eines Unfalls informiert eine kurze Untersuchung über die Vitalfunktionen des Verunglückten:
- Bewußtsein: Ist er ansprechbar, reagiert er auf Schmerzreize?
- Atmung: Bewegt sich der Brustkorb, hört man Atemgeräusche?
- Herz-Kreislauf-System: Ist der Puls an der Halsschlagader tastbar?

Die nachfolgend beschriebenen Maßnahmen sind auf das Ergebnis dieser Untersuchung auszurichten. Je nach Zustand der Vitalfunktionen unterscheidet man die Fälle 1 bis 4:

1. Fall: Bewußtsein, Atmung, Herz-Kreislauf-System intakt;
ggf. Stillung von Blutungen und Wundversorgung, Bergung in möglichst angenehmer und schmerzfreier Lagerung. Ständige Beobachtung des Verletzten und Kontrolle der Vitalfunktionen während des Abtransportes, da sich jederzeit ein lebensbedrohlicher Zustand einstellen kann.

2. Fall: Bewußtlosigkeit, aber Atmung, Herz-Kreislauf-System intakt;
es besteht die Gefahr, daß der Verletzte durch eine Verlegung der Atemwege (zurücksinkende Zunge, Erbrochenes, Blut u. a.) erstickt. Sofortmaßnahme:
- Kopf überstrecken, stabile Seitenlagerung, wenn möglich;
- Kopf tiefer lagern als den übrigen Körper;
- Achtung: Bei Verdacht auf Wirbelsäulenverletzungen den Bewußtlosen so behutsam wie möglich lagern, notfalls in der vorgefundenen Lage belassen.

3. Fall: Bewußtlosigkeit, keine Atemzeichen, aber tastbarer Halsschlagaderpuls;

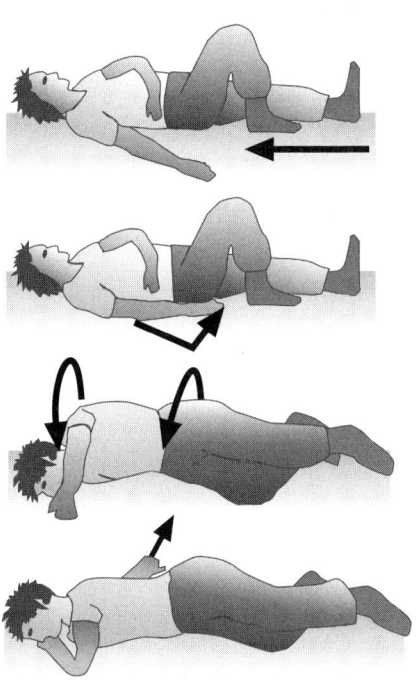

Stabile Seitenlagerung

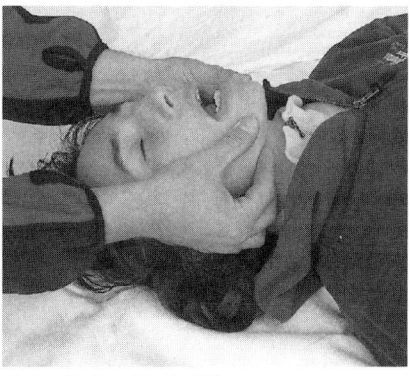

Esmarchscher Handgriff

• wichtig ist das Freimachen und Freihalten der Atemwege. Sofortmaßnahme: Mund öffnen, mit dem Finger
Mundhöhle und Rachen säubern;
• Zuhilfenahme des Esmarchschen
Handgriffs: Unterkiefer nach vorne
ziehen und Kopf zurückdrehen;
• Sonderfall: Bei Verdacht auf eine
Verletzung der Halswirbelsäule nur
den Esmarchschen Handgriff anwenden, weitere Bewegung der Halswirbelsäule vermeiden, Kopf nicht überstrecken!
Falls der Verunglückte jetzt nicht wieder
zu atmen beginnt: Atemspende durch
Mund-zu-Nase-Beatmung:

• Kopf des Verunglückten überstrecken
und seinen Mund mit der unter das
Kinn geschobenen Hand verschließen;
• tief einatmen, Nase dicht mit dem
Mund umschließen und Ausatemluft
kräftig in die Nase des Verunglückten
einblasen, dabei dessen Brustkorb-
bewegung beobachten;
• am Ende des Beatmungszuges wird
der Mund des Patienten geöffnet, um
das Entweichen der Luft zu erleichtern;
• danach wird ein neuer Beatmungszug
begonnen: insgesamt beim Erwach-
senen etwa 12mal, bei Kindern 20mal
pro Minute.
4. Fall: Bewußtlosigkeit, keine Atmung,
kein tastbarer Puls an der Halsschlagader;
Sofortmaßnahmen: Atemwege freimachen und Atemspende, wie oben beschrieben. Zusätzlich Herzdruckmassage, um Gehirn und Herz so lange
mit sauerstoffreichem Blut zu versor-
gen, bis der Kreislauf des Verunglückten
wieder in Gang kommt. Wichtig: die
Technik der Herzdruckmassage sollte

unbedingt in einem entsprechenden Kurs gelernt und in regelmäßigen Abständen wiederholt werden! Einige Grundsätze:

• den Verunglückten mit dem Rücken auf hartem Untergrund lagern (im Schnee auf Skiern o. ä.);
• Beine hochlagern;
• der Druckpunkt befindet sich drei Finger breit oberhalb des Solarplexus;
• keine Herzdruckmassage ohne gleichzeitiges Beatmen;
• bei den Beatmungszügen soll die Herzdruckmassage nicht unterbrochen werden!
• Bei zwei Helfern: auf je fünf Herzmassagen eine Beatmung ausführen; bei einem Helfer: nach fünfzehn Herzmassagen zwei kurze kräftige Beatmungszüge. Frequenz bei der Herzdruckmassage: ca. 80/min;
• nicht ruckartig drücken: Druck- und Entlastungsphase sollten gleich lang sein;
• alle 1–2 min eine Pulskontrolle durchführen.

Schock

Ein Schock ist ein lebensbedrohlicher Zustand, der bei Nichtbehandlung zum Versagen der Vitalfunktionen führt! Zu einem Schock kommt es durch ein Mißverhältnis zwischen Blutbedarf und strömender Blutmenge. Eine Ursache dafür ist starker Blutverlust durch innere oder äußere Blutungen. Auch plötzliche Gefäßerweiterungen, hervorgerufen durch nervöse Faktoren wie starker Schmerz oder ein Sturz, können zum selben Ergebnis führen. Kennzeichen eines Schocks sind Blässe, kalter Schweiß, schneller Puls (mehr als 100 Schläge/min), Blutdruckabfall (Handpuls ist nicht oder kaum mehr tastbar). Sofortmaßnahmen:

• Schocklagerung, 20–30 Grad Hochlagerung der Beine, 15 Grad Schräglagerung, Kopf tief;
• Ursache beheben: z. B. Blutstillung;
• Schutz vor Auskühlung;
• Beruhigung des Verunglückten.

Achtung: Der kardiale Schock, also der Schwächezustand als Folge eines Herzanfalls, darf keinesfalls mit der Schocklagerung behandelt werden. Hier ist eine Oberkörperhochlagerung (ca. 30 Grad) angezeigt. Der vermehrte Blutrückstrom bei der Schocklagerung könnte das Herz überlasten. Die Schocklagerung soll den Kreislauf beim Blutverlust stabilisieren.

Schädel-Hirn-Verletzungen

Entscheidendes Kriterium für ein stattgefundenes Schädel-Hirn-Trauma ist die Bewußtlosigkeit, auch wenn sie nur Sekunden andauerte. Besonders in Verbindung mit einer Erinnerungslücke, Übelkeit, Erbrechen.
Bei Schädel-Hirn-Verletzungen besteht die Gefahr eines Hirndruckanstiegs, der zu einer starken Schädigung des Gehirns und zum Tod führen kann. Sofortmaßnahmen:

• Lagerung mit erhöhtem Kopf und Oberkörper;
• Atemwege freihalten, dabei Kopf nicht überstrecken, da evtl. eine Mitverletzung der Halswirbelsäule vorliegt;
• ständige Überprüfung der Vitalfunktionen.
• Auch bei geringen Verletzungen ist ein

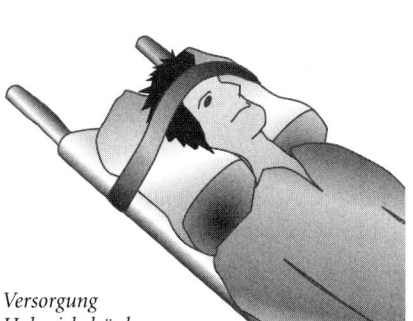

*Versorgung
Halswirbelsäule*

Arztbesuch mit einer Röntgenunter-
suchung des Schädels obligatorisch,
um kleinere Einblutungen auszuschließen.

Wirbelsäulenverletzungen

Bei dem geringsten Verdacht auf eine
Wirbelsäulenverletzung darf der Verletzte so wenig wie möglich bewegt werden, um eine zusätzliche Schädigung
des Rückenmarks zu verhindern.
Bei Verletzungen der Halswirbelsäule
wird der Kopf zwischen zwei Polstern
(zusammengerollte Kleidung) stabilisiert. Es ist grundsätzlich ein Abtransport mit dem Hubschrauber anzustre-
ben.

Knochenbrüche

Bei Bergunfällen ist die Unterscheidung
zwischen offenen und geschlossenen
Knochenbrüchen von großer Bedeutung. Offene Knochenbrüche sollten
nur steril abgedeckt und geschient werden. Keine Reinigungsversuche vornehmen. Grobe Fehlstellungen sollten möglichst durch dosierten Längszug eingerichtet werden.
Bei Frakturen der unteren Gliedmaßen

ist ein Abtransport durch Bergwacht
oder Hubschrauber angezeigt, bis dahin
wird die betroffene Extremität hoch
gelagert. Ist eine organisierte Rettung
nicht möglich, so sollte der Bruch vor
dem behelfsmäßigen Abtransport geschient werden. Zum Erkennen von
Knochenbrüchen:
• Schmerzen, Schwellung, gestörte Ge-
  brauchsfähigkeit (unsichere Zeichen);
• abnorme Lage, atypische Beweglichkeit, Knochenreiben (sichere Zeichen).

Prellungen, Verstauchungen

Kennzeichen für Prellungen und Ver-
stauchungen sind Schwellung, Überwär-
mung, Druck und Bewegungsschmerz.
Sofortmaßnahmen:
• äußere Kühlung mit feuchten
  Umschlägen, Schnee o. ä.;
• Kompressionsverband mit elastischer
  Binde, Tapeverband, nicht zu fest, um
  Blutzirkulation nicht zu behindern;
• Hochlagerung und Ruhigstellung des
  betroffenen Gliedes.

Wunden

Wunden sollten grundsätzlich keimfrei
abgedeckt werden.
• Blutungen werden mittels Druckver-
  bänden gestillt (siehe Skizze);

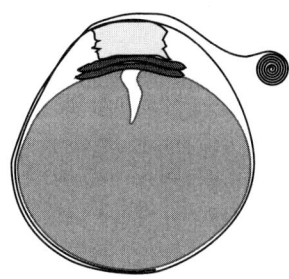

- keine Salben oder Puder verwenden;
- das Abdrücken (also der Fingerdruck im Notfall direkt auf die Blutung oder, wenn möglich, besser auf die Schlagader herzwärts der Wunde) ist sinnvoll;
- das Abbinden ist eine Notfallmaß-

nahme bei drohendem Verblutungstod;
- die blutende Extremität hoch lagern;
- Blutstillung geht vor Infektionsverhütung, falls kein keimfreies Material vorhanden ist (Schockgefahr!).

Lagerung bei Verletzungen

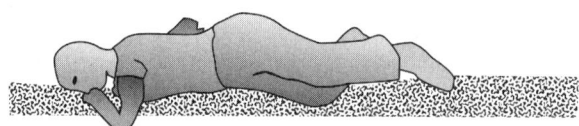

Seitenlagerung: grundsätzlich bei Bewußtlosigkeit

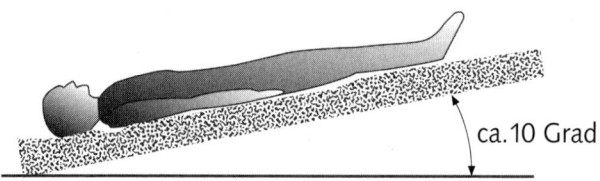

ca. 10 Grad

Schocklagerung: Kopf tief, Beine hoch

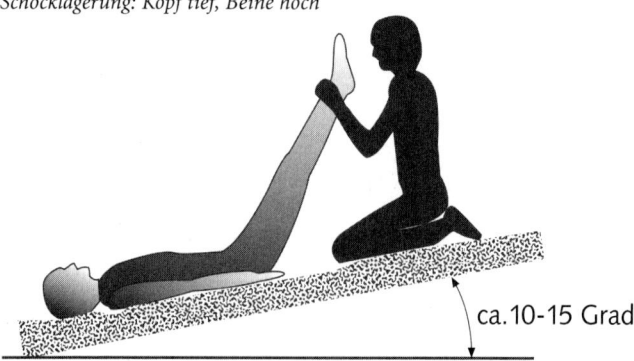

ca. 10-15 Grad

Schocklagerung mit Beinen in „Taschenmesserposition"

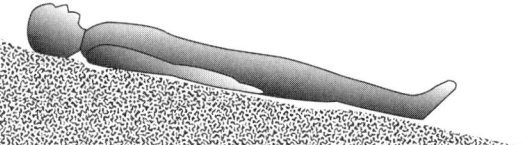

Starker Blutandrang im Kopf (zum Beispiel bei Schlaganfall)

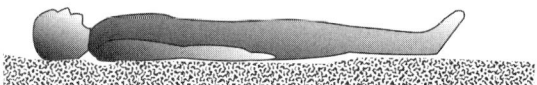

Verdacht auf Wirbelsäulenverletzung oder Beckenbruch bei erhaltenem Bewußtsein

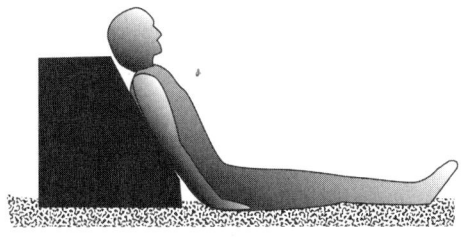

Schädelverletzungen bei erhaltenem Bewußtsein oder Schockzeichen

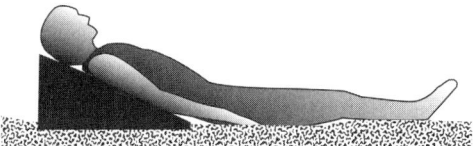

Brustkorbverletzungen – starke Atemnot jeder Ursache

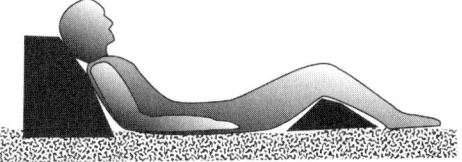

Verletzungen und Erkrankungen des Bauchraums

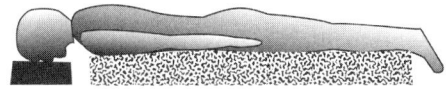

Starke Blutungen des Gesichts – Blutungen aus Mund und/oder Nase

Allgemeine Informationen

QUELLEN FÜR BERGSTEIGERISCHE INFORMATIONEN
Alpine Auskunftsstellen

Deutscher Alpenverein	0 89/29 49 40
OeAV	00 43/5 12/58 78 28
Alpenverein Südtirol	00 39/04 71/99 38 09
Chamonix	00 33/4 50/53 22 08

ALPINE WETTERBERICHTE

Alpenvereinswetterbericht (gesamte Alpen)	0 89/29 50 70
Deutscher Wetterdienst (nur aus Deutschland)	
• Alpenwetter (gleicher Text wie AV-Wetter)	01 90/11 60-11
• Zugspitzwetter	-12
• Gardaseeberge	-16
• Schweizer Alpen	-17
• Ostalpen	-18
• Bayerische Alpen	-19

Alpenwetterberichte in Österreich

• Alpenwetter	0900911566-80
• Gardaseeberge	0900911566-84
• Schweizer Alpen	0900911566-83
• Ostalpen	0900911566-82
• Persönliche Beratung	00 43/5 12/29 16 00

Schweiz

• Aus dem Ausland	00 41/11 62
• Inland	11 62
• Mt.-Blanc-Gebiet	1571262 -17
• Schweizer Alpen	-18
• Ostalpen	-19
• „Wetterprognose im Dialog"	1576152
• Persönliche Beratung	00 41/15 75 26 20

LAWINENLAGEBERICHTE

Bayern

Tonband	089/12101210
Persönl. Beratung	089/1210 1555
Faxabruf	089/12101130
Videotext	BR Tafel 646

Tirol

Tonband	0043/512-1588
Persönl. Beratung	0043/512-581839
Faxabruf	0043/512-581839-81
Videotext	ORF Tafel 615

Vorarlberg

Tonband	0043/5522-1588

Salzburg

Tonband	0043/662-1588
Persönl. Beratung	0043/662-8042-2170
Faxabruf	0043/662-8042-3033

Oberösterreich

Tonband	0043/732-1588
Persönl. Beratung	0043/732-7720-2485

Kärnten

Tonband	0043/463-1588
Persönl. Beratung	0043/463-536-2897

Steiermark

Tonband	0043/316-1588
Persönl. Beratung	0043/316-242200
Faxabruf	0043/316-242300

Südtirol

Tonband	0039/0471-271177
Persönl. Beratung	0039/0471-414740
Faxabruf	0039/0471-414779

Schweiz

Tonband	0041/1-187
Persönl. Beratung	0041/81-4170111
Faxabruf national (nur in der CH)	0900 592021
Faxabruf Graubünden (nur in der CH)	0900 592034
Faxabruf Zentralschweiz (nur in der CH)	0900 592091
Schweiz Videotext	DRS Tafel 198

INFORMATIONEN IM INTERNET

Wetter

- www.alpenverein.de (Alpenwetter)
- www. sma.ch (u. a. mit guten Lokalprognosen für die Schweiz und vielen guten Links)
- www.sfdrs.ch/meteo (u. a. mit vielen guten Links)
- www. wetterleuchten.de (u. a. mit sehr schönem Satellitenbild der Alpenländer)
- www.wetterzentrale.de (u. a. mit sehr guten Links)
- www.wetteronline.de (u. a. mit sehr gutem Alpenwetterbericht)

Lawinenlageberichte

Lawinenwarndienst Bayern:
http://www.lawinenwarndienst.bayern.de
http://www.alpenverein.de
Österreich mit verschiedenen Regionen Tirols:
http://www.lawine.at
Schweiz:
http://www.slf.ch

NOTRUFNUMMERN IN DEN ALPEN

• Bayern	19222
• Europäische Notrufnummer	112
• Österreich	140
• Schweiz	1414
• Italien	118

Literatur/Medien

Klettern, Sportklettern Fels/Halle

- Hoffmann, M.: Sportklettern. Klettertechnik & Sicherungspraxis. München 1992.
- Hoffmann, M./Pohl, W.: Felsklettern Sportklettern. Alpin-Lehrplan Band 2. München, Wien, Zürich 1996.
- Kümin, Ch./Kümin, M./Lietha, A.: Sportklettern. Einstieg zum Aufstieg. Bern 1997.
- Schmied, J./Schweinheim, F.: Sportklettern. München 1996.
- Semmel, Ch.: „Trainingslehre". Unveröffentlichtes Manuskript des DAV 1999.

Eisklettern

- Lowe, J.: Ice World-Techniques and Experiences of Modern Ice Climbing. Seattle 1996.
- Jasper, R.: „Eis oder was?". In: Alpenvereinsjahrbuch Berg 1999. München 1998.
- Zöbl, H.: Eisfallklettern. In: Land der Berge, 1999/1, S. 59.

Sicherheit, Sicherung

- Hoffmann, M.: Richtig anseilen. In: klettern, 1999/1, S. 60–62.
- Hoffmann, M.: Richtig sichern. In: klettern, 1999/3, S. 72–73.
- Hoffmann, M.: Stand in der Wand. In: klettern, 1999/6, S. 56–57.
- Leuchsner, V.: Richtig einbinden, aber wie? In: klettern, 1999/5, S. 72–73.
- Leuchsner, V.: Reibungsklettern – Grundregeln und Technik. In: klettern 1999/5, S. 58–60.
- Randelzhofer, P.: Derzeit übliche Sicherungsgeräte und ihre Wirksamkeit (Teil 1). In: Mitteilungen des DAV, 1997/3, S. 259–260.
- Randelzhofer, P.: Derzeit übliche Sicherungsgeräte und ihre Wirksamkeit (Teil 2). In: Mitteilungen des DAV, 1997/4, S. 331–332.
- Randelzhofer, P.: Zur Funktion und Wirkung von Sicherungsgeräten beim Klettern. Diplomarbeit FH München. München 1996.
- Schrag, K.: Anseilen beim Sportklettern. In: Mitteilungen des DAV, 1997/6, S. 475–476.
- Schrag, K.: Anseilen beim Sportklettern. In: Mitteilungen des DAV, 1995/2, S. 107–108.
- Schrag, K.: Sichern beim Sportklettern. In: Mitteilungen des DAV, 1995/3, S. 192.
- Schrag, K.: Sichern beim Sportklettern. In: Mitteilungen des DAV, 1998/2, S. 116–117.
- Schrag, K.: Anseilen beim Sportklettern. Mitteilungen des DAV, 1995/2, S. 107 – 108.
- Schrag, K.: Abseilen – aber sicher! In: Panorama, Mitteilungen des DAV, 1999/3, S. 72–73.

- Schubert, P.: Sicherheit und Risiko in Fels und Eis. München 1994.
- Schubert, P./Stückl, P.: Sicherheit am Berg. Alpin-Lehrplan Band 5. München, Wien, Zürich 1999.
- Schubert, P.: Schwachstelle Karabiner und Festigkeit von Anseilschlaufen. In: Mitteilungen des DAV, 1996/4, S. 315–316.
- Schubert, P.: Neuartige Gefahren beim Sportklettern. In: Mitteilungen des DAV, 1996/3, S. 251–252.
- Schubert, P.: Klettersteigausrüstung heute. In: Panorama, Mitteilungen des DAV, 1999/4, S. 65–67.
- Schubert, P.: Sicher auf Klettersteigen. In: Panorama, Mitteilungen des DAV, 1999/4, S. 68–69.

Bergrettung
- Freudig, T./Martin, A.: Bergrettung. Immenstadt 1995.

Weiterführende Literatur

Sportklettern
- Adams, R.: Konditionstraining im Sportklettern. Unterrichtsgrundlage der Kurse für „Fachübungsleiter-Sportklettern" im DAV (Hrsg.). München 1990. (vergriffen)
- Köstermeyer, G./Tusker, F.: Sportklettern – Technik- und Taktiktraining. München 1997.
- Köstermeyer, G.: Peak Performance – Klettertraining von A–Z, Hersbruck 1999.
- Hochholzer, T./Eisenhut, A.: Sportklettern. Verletzungen – Prophylaxe – Training. München 1999.
- Winter, S.: Sportklettern mit Kindern und Jugendlichen, München 2000.
- Neumann, U./Goddard, D.: Lizens zum Klettern. Köln 1995.

Sicherheit, Sicherung
- Müller, W.: Sommerbergsteigen/Sportklettern, Biel 1995.
- Schubert, P.: Eine bisher noch nicht bekannte Unfallgefahr mit Karabinern mit Verschlußsicherung. In: Mitteilungen des DAV, 1997/6, S. 475–476.
- Schubert, P.: Probleme mit Verschlußsicherungen von HMS-Karabinern. In: Mitteilungen des DAV, 1994/1, S. 73–74.
- Schubert, P.: Gefahren mit der Selbstsicherung. In: Mitteilungen des DAV, 1994/5, S. 365–366.
- Schubert, P.: Vorsicht mit dem Band(schlingen)knoten. In: Mitteilungen des DAV, 1994/4, S. 293–294.

- Schubert, P.: Noch einmal Band(schlingen)knoten. In: Mitteilungen des DAV, 1995/1, S. 73–74.
- Schubert, P.: Gefahr durch Selbstaushängen von Karabinern. In: Mitteilungen des DAV, 1995/5, S. 381–382.
- Schubert, P.: Scharfkantenprüfung von Zwillingsseilen und Einfachseilen. In: Mitteilungen des DAV, 1992/5, S. 465–466.
- Schubert, P.: Die neuen Zwillingsseile. In: Mitteilungen des DAV, 1992/4, S. 385.
- Schubert, P./Mägdefrau, H.: Wie stark altern Seile durch Gebrauch (Teil 1). In: Mitteilungen des DAV, 1992/1, S. 73–74.
- Schubert, P./Mägdefrau, H.: Wie stark altern Seile durch Gebrauch (Teil 2). In: Mitteilungen des DAV, 1992/2, S. 225–226.
- Schubert, P./Mägdefrau, H.: Wie stark altern Seile durch Gebrauch (Teil 3). In: Mitteilungen des DAV, 1992/3, S. 313–314.
- Schubert, P.: Die ersten beiden gerissenen Anseilgurte. In: Mitteilungen des DAV, 1998/2, S. 205–206.
- Schubert, P.: Ablassen und Abseilen – ein gewaltiger Unterschied. In: Panorama, Mitteilungen des DAV, 1999/3, S. 70–71.
- Schubert, P.: Redundanz für doppelte Sicherheit. In: Panorama, Mitteilungen des DAV, 1999/2, S. 60–61.

Orientierung

- Finsterwalder, R.: Die Alpenvereinskarte und ihr Gebrauch. München 1990.
- Fuchs, H./Hasenkopf, A.: Orientierung/Alpine Gefahren. Alpin-Lehrplan 10. München 1988.
- Gurtner, M.: Karten lesen. Handbuch zu den Landeskarten. Wabern 1998.
- Linke, W.: Orientierung mit Karte, Kompaß und GPS. Herford 1998.
- CD-ROM: Swiss Map Trophy. Der spielerische Umgang mit Landschaft und Karte. Wabern 1996. (ausgezeichnet!)

Wetterkunde

- Albisser, P.: Kleine Wetterkunde für Bergsteiger. Brugg 1992.
- de Bont, G.: Wolkenatlas. Stuttgart 1987.
- Neukamp, E.: Wolken, Wetterkompaß. München 1998.
- Roth, G.: Wetterkunde für alle. München 1999.
- Walch, D./Neukamp, E.: Wolken, Wetter. München 1998.
- Watts, A.: Das Wetterhandbuch. Bielefeld 1998.
- CD-ROM: Frater, H.: Wetter und Klima. Berlin, Heidelberg, Düsseldorf 1998.

Zu den Autoren

Dieter Elsner, Jahrgang 1954, Sport- und
Geographiestudium, staatlicher Berg- und
Skiführer seit 1980, seit 1984 Mitglied im
Bundeslehrteam des Deutschen Alpenver-
eins; von 1984 bis 1998 Mitglied im
Bergführer-Bundeslehrteam; seit 1984
Dozent am Sportzentrum der Technischen
Universität München.
Expeditionen in Südamerika, Pakistan und
Nepal (u. a. als Leiter der erfolgreichen DAV-
Trainingsexpedition zum Kangtega).

Jochen Haase lebt im Chiemgau, dem Tor zu
den Berchtesgadener Alpen. Privat und
beruflich als Profibergführer und Mitglied
des Bundeslehrteams des Deutschen
Alpenvereins (DAV) tätig, bilden die Berge
seit langem den Mittelpunkt seines Lebens.
In den letzten Jahren absolvierte er drei
Expeditionen an die schwersten 7000er des
Karakorums und erfolgreiche Führungen an
den höchsten Bergen Südamerikas. Ob beim
Sportklettern bis zum neunten Grad oder
auf Expeditionen im Himalaja und in
Patagonien – stets steht für ihn das Erlebnis
im Vordergrund. Seine Eindrücke und die
Prinzipien eines sicheren Bergsports gibt er
in erlebnispädagogischen Veranstaltungen
auch an Schulklassen weiter.

Danksagung

Zum Abschluß möchten wir all denen unseren Dank aussprechen, die uns in den düsteren Stunden eines Autors mit Rat und ermutigenden Worten weitergeholfen haben. Für die Bereitstellung von Bergausrüstung danken wir insbesondere den Firmen INVIA und MAMMUT. Dr. Christoph danken wir für die Durchsicht des Abschnittes Erste Hilfe.

Bildnachweis

Alle Fotos von Jochen Haase und Dieter Elsner außer:
Seite 187, 207 von Gebrüder Huber.

Stichwortverzeichnis

Die besten Übungen

KRAFTTRAINING MIT DEM
THERA-BAND®

roro

Weitere Informationen in der
Rowohlt Revue, kostenlos im
Buchhandel, und im **Internet:
www.rororo.de**

rororo sport

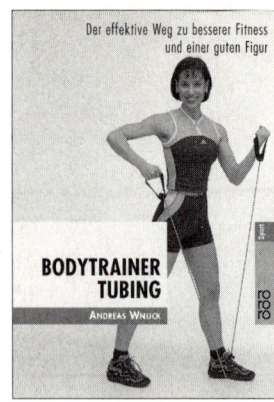